大学生
创业法律实务

第2版

主　编◎叶　虹
副主编◎柴始青　占光胜

清華大學出版社
北京

内 容 简 介

本书是为那些有志于创业的大学生们编写的，全书以企业活动的创办过程为主线，力图全程展现创业活动的关键步骤和主要细节，并结合实例讲解创业过程中的相关法律问题，包括从企业创办的筹备到企业设立登记，从企业经营管理到企业终止解散，以及创业纠纷处理等，以帮助初次创业的大学生了解整个依法创业过程，加强依法创业的意识，提高依法创业的能力，降低创业的法律风险，为大学生成功创业提供法律保障。

本次改版增加了创业法律风险防范、创业项目选择、进出口贸易、创业企业融资、HSE 管理等法律实务介绍，并根据新《公司法》及注册登记制度改革的最新规定相应修改了企业创办筹备、设立登记的部分内容；同时还增加了新案例（包含最高人民法院公布的指导案例），更新了引用的法律法规。

本书力求用通俗易懂的语言，把复杂的法律问题深入浅出地介绍给读者。本书既可以作为高等院校创业教育的教材使用，也很适合广大创业者、企业管理者自学创业法律知识时阅读参考。

图书在版编目（CIP）数据

大学生创业法律实务/叶虹主编. -2 版. —北京：清华大学出版社，2015（2019.2重印）
ISBN 978-7-302-39250-7

I. 大… II. 叶… III. 企业法-基本知识-中国 IV. D922.291.91

中国版本图书馆 CIP 数据核字（2015）第 024127 号

责任编辑：杜春杰
封面设计：刘 超
版式设计：魏 远
责任校对：吕伟平
责任印制：丛怀宇

出版发行：清华大学出版社
   网 址：http://www.tup.com.cn，http://www.wqbook.com
   地 址：北京清华大学学研大厦 A 座 邮 编：100084
   社 总 机：010-62770175 邮 购：010-62786544
   投稿与读者服务：010-62776969，c-service@tup.tsinghua.edu.cn
   质 量 反 馈：010-62772015，zhiliang@tup.tsinghua.edu.cn
印 装 者：清华大学印刷厂
经 销：全国新华书店
开 本：185mm×230mm 印 张：17.75 字 数：357 千字
版 次：2009 年 9 月第 1 版 2015 年 7 月第 2 版 印 次：2019 年 2 月第 4 次印刷
定 价：45.00 元

产品编号：057068-02

编委会

序

近年来，全国各地高等院校越来越重视大学生创业教育，创业教育的重要性已经不言而喻，而现在的问题是怎样开展。

浙江科技学院作为较早开展大学生创业教育活动的一所工科院校，立足自身实际，围绕"具有国际化背景的高层次应用型人才"的培养目标，对大学生创业教育和校园创业文化建设的开展进行了积极的探索和实践，力图将大学生创业教育打造成充分展现学校办学特色的一张新名片。经全国青联、国际劳工组织（ILO）批准，浙江科技学院在浙江省内建立了首家 KAB 俱乐部，大学生 KAB 俱乐部被评为省级优秀社团；制定了关于资助学生自主创业的试行办法，专门设立了"大学生创业专项自主基金"，扶持大学生的创业活动；先后创建"新生创业实践教育"、"导师制下的贯穿四年专业实践"、"以创业实践社团为载体的校园文化活动"以及"大学生创业广场"等创业平台，2008 年又被杭州市列入首批大学生创业培训机构。

当然，所有这一切还远远不够，多年的大学生创业教育实践告诉我们，大学生们最需要的不仅是通过系统的创业课程学习全面的创业知识，而且还要培养创业实践能力，这是创业教育不可或缺的基础环节。令人欣喜的是，越来越多的教师自觉地加入到大学生创业教育的事业中来，把他们的专业知识、实践经验和大学生创业教育紧密结合起来，开设了针对性很强的创业教育相关课程，对大学生创业教育作了有益的探索和研究，这对于充实创业教育队伍，推动创业教育进一步发展十分重要。

本书的作者长期从事大学生法律素质教育，同时也十分关注大学生创业教育的开展，他们敏锐地发现当前创业教育存在的一个薄弱环节，即创业法律素质的培养。为了全程指导创业大学生依法创业、合法经营以及应对创业纠纷，提升大学生创业法律素质，他们开设了"大学生创业法律实务"课程，并编写了本书。在当今法治社会的背景下，创业活动的每一个环节都离不开法律，创业者的一个基本素质就是要懂得如何依法开展创业活动。如果一个创业者不懂法或者不重视法律，不但可能深陷违法的深渊，而且也无法很好地保护自身权益。与创业相关的法律问题相当复杂，笔者努力把复杂的法律问题讲得简明易懂，使本书具有较强的可读性。除了有志于创业的大学生们，本书对于任何想要了解创业过程中法律问题的读者都很有指导意义。

虽然不是人人都需要去创业，但是每一个大学生都需要接受创业教育。希望本书能够成为大学生们的良师益友，也希望能有更多、更好的创业教育类著作不断涌现出来。

是为序。

浙江科技学院党委副书记
陈　浩

第 2 版前言

2014 年 10 月 23 日，中国共产党第十八届四中全会通过《中共中央关于全面推进依法治国若干重大问题的决定》，依法治国必然离不开依法创业、依法治企，对于今天的创业大学生来说，学习法律知识，提高依法创业的意识和能力，显得尤为紧迫和重要。

从 2009 年本书第一次出版以来，许多与创业相关的法律、法规有了重要修订、调整，例如《公司法》、《商标法》、《劳动合同法》、《安全生产法》、《消费者权益保护法》、《税收征收管理法》、《清洁生产促进法》、《环境保护法》、《食品安全法》、《广告法》、《民事诉讼法》、《计算机软件保护条例》、《企业名称登记管理规定》、《商业特许经营备案管理办法》等；同时，一些新的法律、法规相继出台，如《社会保险法》、《个体工商户条例》、《网络交易管理办法》；为了支持小微企业的发展，国务院 2012 年 4 月还发布了《国务院关于进一步支持小型微型企业健康发展的若干意见》（国发〔2012〕14 号）。尤其值得一提的是 2013 年 12 月 28 日《公司法》的修订，及国务院 2014 年 2 月 7 日发布的《国务院关于印发注册资本登记制度改革方案的通知》，根据新《公司法》及注册资本登记制度改革方案的规定，取消了公司注册资本最低限额，取消了工商登记验资制度，以企业年度报告公示制度取代原有的年检制度……这一系列的举措，推进了工商注册制度便利化，大大降低了创业门槛，对于广大的创业者来说无疑是一个实实在在的重大利好。

在法律环境变化的同时，创业实践领域也发生了许多重要事件，产生了一些重要的与创业活动相关的典型案例，如国美电器创始人黄光裕锒铛入狱，山东有毒快递致人死伤事件，青岛输油管道爆炸案，王老吉、加多宝商标权之争，腾讯、奇虎不正当竞争纠纷等。这些事件或案例或是令人唏嘘，或是发人深思，给创业者们上了一堂堂生动鲜活的创业课程：创业有风险，依法创业大有学问。

有鉴于此，本次改版作了如下重要修订：

第一章特别新增了创业法律风险防范的内容，从刑事、民事、行政处罚等角度介绍创业过程中可能面临的法律风险，提出企业法律风险管理概念，以增强大学生创业者法律风险防范意识；由于大学生创业企业大部分为小微企业，因此还在第一章增加了国家鼓励小微企业发展的相关法规和政策的介绍。

第二章增加了有关创业项目选择的内容，提示如何防范招商骗局、如何分辨直销与传销的界限等；删除了企业创办筹备阶段验资环节的内容。

第三章根据新《公司法》及注册资本登记制度改革的规定，做了大幅度调整，更新了相关登记表格，将企业年检替换为企业年度报告。

第四章新增了"进出口贸易"一节，介绍如何依法进行进出口贸易活动；同时根据《商标法》及其实施条例的最新修订，相应修改了商标的定义、商标申请等内容。

第五章新增了《消费者权益保护法》的内容，从市场营销角度介绍消费者权益保护及市场竞争活动中企业的义务、责任及法律风险防范。同时，增加职业健康保护、安全生产的内容，将原有第四节环境保护义务调整为 HSE（健康、安全、环境）管理；相应缩减了融资管理的篇幅，突出创业企业如何融资的内容。

各章节引用涉及的法律法规，均根据最新修订情况作了相应的调整和修订。

本次改版，特别增加了许多新案例，如中国首富黄光裕成为阶下囚案，大学生传销团伙致人死亡案，海外代购构成走私案，山东有毒快递致人死伤案，多家奶粉企业垄断价格被罚近七亿案，"假一赔万"网店店主被判赔万元案，王老吉、加多宝商标权之争案，腾讯、奇虎不正当竞争纠纷案，百度 19 亿美元收购 91 无线案等，并从最高人民法院公布的典型案例中精选部分案例，增强了案例的时效性、实用性和权威性。此外，本次改版对部分超级链接引用的资料也进行了更新。

本书改版依然按照原来的分工由编委会成员集体合作完成，即：第一章、第六章，叶虹；第二章，何志刚、王劲、柴始青；第三章，王劲；第四章，占光胜、柴始青、叶虹；第五章，占光胜、柴始青；第七章，顾建亚。最后由叶虹负责统稿。

第1版前言

伴随着自主创业热潮的兴起，创业教育类书籍也如雨后春笋般涌现于市。但综观这些书籍，编者发现当下创业教育存在一个问题，那就是法律在创业中的地位和作用没有得到应有的重视。

这不能不说是个令人困惑和遗憾的现象。成功创业需要什么？资金，技术，管理，人才？……这些固然都没错，但是在法治社会里，创业活动必不可少的一个要素就是法律！《汤姆森商法教程》告诉我们，"那些踏入商业世界的人会发现他们要服从数不清的法律和政府规定"。创业事实上是一个法律行为，一旦开始创业，哪怕你只是设立一家规模很小的企业，也会涉及许多复杂的法律问题。你的任何创业活动，在没有创造财富之前，就已经开始创造法律关系、引致法律后果，而你则须承担相应的法律义务和责任。一个创业者如果不懂法，最危险的就是可能触犯法律，甚至导致犯罪；而另一个严重的后果就是可能在经济活动中吃亏，不能很好地保护自己的利益。忽视法律的创业者，就像一个表演空中飞人的杂技演员拒绝使用保险绳，是对企业、对自己的不负责任，危险随时都可能降临。

"曲突徙薪"的故事大家都很熟悉，说的是战国时期齐国人淳于髡到别人家去做客，看到主人家的烟囱太直了，火势很猛，灶边又堆放着柴禾，于是建议主人把烟囱改装得曲折一些，把柴禾搬远一点，以免遭受火患。但主人没当回事。没过几天，这家果然失火了，邻居们都赶来救火，最终把火扑灭。为了感谢救火者，主人大办宴席，但唯独没有请淳于髡。大家觉得很奇怪，当中一个人说，"如果你早听了他的话，这次大火根本就是可以避免的。你感谢我们帮忙救火，难道就忘了他提出'曲突徙薪'的一片好心吗？"在现实生活中不乏和这则故事中的"主人"犯同样错误的创业者，他们往往在吃了苦头之后才知道法律的重要性，其实法律风险防范的关键在于防患于未然，也就是把危险消灭在萌芽状态。

法律对成功创业的重要性特别体现在法律的影响是根本性的、长远性的，一个错误的法律决定，也许在决策的当时并没有显示出它的危害，但在若干年后却可能导致企业陷入麻烦和被动之中，甚至走向倒闭。本书第一章特别向创业者们提示了创业的法律风险，希望大学生创业者在创业之初就能树立法律风险防范意识，为成功创业打下坚实的基础。

本书编写的初衷就是帮助创业者：

❑ 全面了解与创业相关的法律知识；

❑ 熟悉依法创业的整个流程；

❑ 尽可能远离创业的违法陷阱；

❑ 尽可能降低创业的法律风险；

❑ 提高运用法律手段保护创业成果的能力。

为便于读者阅读和自学，本书试图站在创业者的角度解读创业问题，每节下均采用问题式的小标题，让读者跟着问题去寻找答案。编写过程中力求用通俗易懂的语言，把复杂的法律问题深入浅出地介绍给读者。每章开头有本章要点提示，每节开头有关键词提示，正文中穿插案例、法条、小贴士，每章结尾安排了超级链接、实务演练、案例评析等内容。创业过程中涉及的法律问题是复杂而繁多的，鉴于本书的法律普及性质，篇幅有限，同时考虑到初次创业者的特点，因此，本书不求面面俱到，在编写过程中强调简明扼要、通俗易懂，在保证信息量的同时，压缩了一些可有可无的内容。对于希望进一步学习法律知识的读者，建议研读一些更专业的法律类书籍。

本书是集体合作的结晶，编写分工情况如下：第一章、第六章，叶虹；第二章，何志刚、王劲、柴始青；第三章，王劲；第四章，占光胜、柴始青、叶虹；第五章，占光胜、柴始青；第七章，顾建亚。叶虹负责全书的统稿。

浙江科技学院党委副书记陈浩（已调任台州学院党委书记）在百忙之中欣然为本书作序；本书编写、出版过程中得到了浙江科技学院社科部王学川老师、创业教育研究所吴益仙老师、团委钭利珍老师、清华大学出版社杜春杰女士、浙江科技出版社莫老师等的关心和帮助，在此一并表示衷心的感谢。

最后还要特别感谢各位读者朋友们。或许您是正在求学的莘莘学子，或许您已经义无反顾地踏上了激情的创业旅程，在阅读本书或者创业的过程中，有什么问题和想法尽管提出来，欢迎来邮至 yehong@tclawfirm.com。

目　　录

第 一 章

成功创业从依法创业开始

本章要点提示

- ☑ 创业与法律的关系
- ☑ 创业者必须了解的法律规定
- ☑ 与大学生创业相关的扶持性政策
- ☑ 如何防范创业法律风险
- ☑ 如何提高依法创业能力
- ☑ 如何查询法律、法规

　　成功创业需要什么？资金、技术、管理、人才？……这些都没错，但是在法治社会里，创业活动必不可少的一个要素就是法律！《汤姆森商法教程》的作者说："对于想在商界有所建树的人来说，当今时代对他们需要掌握的基本法律原理和知识提出了很高的要求。"[①]对于渴望创业的大学生来说，在真正创业之前学习相关的法律知识、掌握基本的法律实务，是重要的准备工作。如果你确实没有时间，那么拿着这本书，找到你最需要的东西，哪怕是临时抱佛脚，相信也一定会对你的创业大计颇有裨益。

第一节　创业与法律的关系

　　关键词：创业、法律、创业与法律的关系

一、什么是创业

　　创业（Venture）是一个激动人心的词语，当今时代的大学生正生逢一个号召和鼓励创业的时代。从不同角度出发，人们给创业下的定义也有很多种，就本书而言，我们所说的

---

① [美]罗杰·勒鲁瓦·米勒. 汤姆森商法教程[M]. 阎中坚等，译. 北京：中国时代经济出版社，2003：1.

创业是指通过创办企业，开展营利性活动的行为。通俗地说，就是"自己当老板"。

创业是一项高风险的活动，据不完全统计，创业的失败率达 70%，而大学生创业的成功率仅为 2%～3%。然而这些并不能浇灭创业者创造财富的巨大热情。事实上，尽管对于有些人来说，创业是迫于就业压力而作出的颇有些无奈的选择，但越来越多的人钟情于创业，是为了实现自己的豪情壮志。阿里巴巴创始人马云曾经立下宏愿：创办全世界最伟大的中文公司。今天，像马云这样的创业者已经成为众多后来者心中的偶像。

创业是一项价值创造活动。创业者从无到有开创新的事业，在为自己积累财富的同时，也积极推动了整个社会的繁荣发展。

二、什么是法律

有人说，在法制日益健全的今天，法律已经渗透到我们生活的每一个角落。

那么什么是法律？

按照社会生活的经验，法律是我们任何人都必须遵守的规定。

按照我国法学界的通常说法，法律（广义的法律）[①]是反映统治阶级意志的，由国家制定或认可并以国家强制力保证实施的行为规范的总和。[②]

当然制定法律的主体在实际操作时不可能是"国家"，而是依法取得立法权的国家机关。不同类别、不同级别的国家机关制定的法律又有不同的名称、不同的效力，了解这点非常重要。我国《立法法》对此作出了详细规定，具体如表 1-1 所示。

表 1-1　不同机关制定的法律

名　称	制　定　机　关	效　力	适 用 范 围	示　例
宪法	全国人民代表大会	国家的根本大法，效力最高	全国	《中华人民共和国宪法》
法律（狭义的法律）	全国人大或者全国人大常务委员会	效力仅次于宪法	全国	《中华人民共和国企业所得税法》
行政法规	国务院	效力次于宪法和法律	全国	《中华人民共和国企业所得税法实施条例》（国务院令第 512 号）
地方性法规	地方（省、自治区、直辖市和较大的市[③]）人大及其常务委员会	效力次于宪法、法律、行政法规	该地方	《浙江省实施〈中华人民共和国道路交通安全法〉办法》

[①] "法律"这一概念在使用时有广义和狭义之分。
[②] 刘宗桂. 法律基础教程[M]. 北京：法律出版社，2003：1.
[③] "较大的市"指省、自治区人民政府所在地，经济特区所在地或国务院批准的市。

续表

名　称	制定机关	效　力	适用范围	示　例
自治条例和单行条例	民族自治地方（自治区、自治州、自治县）的人大	效力次于宪法、法律、行政法规	该民族自治地方	《云南省玉龙纳西族自治县自治条例》
部门规章	国务院下属部门	效力次于宪法、法律、行政法规	全国	《商品零售场所塑料购物袋有偿使用管理办法》（商务部令2008 年第 8 号）
地方政府规章	地方政府	效力次于宪法、法律、行政法规、地方性法规	该地方	《浙江省技术秘密保护办法》（浙江省政府令第 198 号）《杭州市商业特色街区管理暂行办法》（杭州市政府令第 216 号）

　　一般规律是：同级人民代表大会（以下简称为人大）制定的要比政府制定的效力高；上级制定的要比下级制定的效力高。

　　根据法律调整社会关系的领域和调整方法的不同，还将法律分成不同的法律部门，如宪法、行政法、民商法、经济法、刑法、诉讼法等。

三、创业者为什么必须学法、懂法

　　学法当然就是为了懂法。创业者如果不懂法，最危险的就是可能触犯法律，甚至导致犯罪。"不知情者得免责，不知法者不免责"（拉丁法谚），一旦犯了法，就得承担法律责任，要想以自己不懂法为由要求网开一面那是行不通的。

　　【案例】大学生创业先锋竟被判刑（资料来源：中华网）
　　小卢是广东一所知名高校的学生，早在上大三的时候，小卢就和同学一起创办了一家数码科技公司，筹建广州首家城市生活指导网站，被媒体誉为"广东大学生 IT 界创业第一人"，同学们也公认其才华横溢。然而，几年后当他再次引起人们关注时，却是因为在网络上"传播淫秽物品牟利"而被判刑。原来，为吸引更多客户以获利，小卢的公司在 2004 年开始建立电影网站，开设成人区上传淫秽电影，在短短几个月的时间里，已经有近千名会员注册、浏览其上传的淫秽电影。最终法院对其判处有期徒刑 18 个月，此时的小卢刚刚过了 26 岁的生日。
　　评析：从年轻有为、才华横溢的大学生创业先锋到阶下囚，违法经营不但不能赢得创业的成功，反而让小卢吞下了难言的苦果。

不懂法还有一个严重的后果，那就是可能在经济活动中吃亏，难以很好地保护自己的利益。例如，如果不注重依法订立合同，可能导致合同无效或者使自己在合同履行过程中陷于被动局面。创业者必须记住，只有合法的创业活动才会受法律保护。

有的人说，反正我又不会犯法，不学法没关系。这种想法的错误之处有二：第一，既然你没学过法律，怎么知道自己不会触犯法律呢？新的规定层出不穷，如果你不及时跟进了解，就很容易因为不懂法而犯错误。例如，超市免费提供塑料袋曾经是惯例，但如今再这么做就是违法了。第二，即便你不会犯法，但如果别人犯法侵害了你，你该如何运用法律武器自我保护呢？所以说，在当今这个法治时代，不学法、不懂法是万万不行的。如果一个创业者不懂法或者不重视法律，就好比是一个表演空中飞人的杂技演员拒绝使用保险绳，是对企业、对自己不负责任，危险随时都可能降临。

四、创业与法律的关系

如果我们说法律是我们必须遵守的强制性规定，给人感觉似乎是法律限制了我们的自由，其实法律的重要作用在于保护我们的权利，调节人与人之间的关系。

创业与法律的关系主要表现在以下几方面。

1. 法律的完善推动创业活动的发展

改革开放30年来，我国的创业法制环境不断完善，推动了5次"创业热"的形成和发展[①]，从1980年第一个个体工商户在浙江温州诞生，到20世纪80年代末的"下海潮"、90年代初的"公司热"，一次次"创业热"背后是我国历次修宪一再确认了创业致富的合法性，并同时颁布了一系列法律、法规，以规范创业活动，如《私营企业暂行条例》（1988年7月1日起施行）；《公司法》（1993年通过，1999年、2004年修正，2005年修订，2013年第三次修正，2006年1月1日起施行）；《个人独资企业法》（1999年通过，2000年1月1日起施行）；《合伙企业法》（1997年通过，2006年修订，2007年6月1日起施行）等。这些法律给予人们各种可供选择的创业形式，极大地激发了人们的创业热情和创造力。从2002年开始各级政府纷纷出台扶持和优惠政策，鼓励大学生创业，又掀起了大学生创业的热潮（第五次"创业热"）。30年来，通过不懈的努力，一个鼓励创业、保护创业的良好的法制环境正在逐步完善。创业、致富的行为不再是"罪恶"或者可能"违法"的冒险，而是受我国法律保护、鼓励、支持的，同时也是受到社会尊重的正当事业。正是法律的完善，保障了创业者的合法权益，推动了我国创业活动的蓬勃发展。

2. 创业活动的整个过程、各个方面都必须符合法律的规定

《汤姆森商法教程》开篇即指出："那些踏入商业世界的人会发现他们要服从数不清的

---

① 吴强. 创业辅导手册[M]. 南京：南京大学出版社，2006：2-3；陈高林. 创业法制管理[M]. 北京：清华大学出版社，2005：9-12.

法律和政府规定。"①这是因为创业事实上是一个法律行为，一旦开始创业，哪怕你只是设立一家规模很小的企业，也会涉及许多复杂的法律问题。任何创业活动，在没有创造财富之前，就已经开始创造法律关系、引致法律后果，还须承担相应的法律义务和责任。创业活动的整个过程、各个方面都必须符合法律的规定。例如，在选定创业项目的时候，不但要考虑一个项目是否能赚钱、自己是否感兴趣等因素，还要搞清楚国家的法律、政策，是否允许创业者开展经营。例如，杭州市发改委 2013 年发布了《杭州市产业发展导向目录与空间布局指引（2013 年本）》，列出了杭州市 2013 年度鼓励类、限制类、禁止（淘汰）类的三类产业发展目录。如果你想在杭州创业，那么很显然，应当尽量选择投资鼓励类的项目，而避开限制类、禁止类的项目，因为当地政府不会批准你经营。又如筹集资金，很多大学生都感叹创业最大的门槛就是资金。筹集资金的关键是怎样合法地筹集到资金，否则陷入"非法集资"的泥沼就麻烦了。

3. 依法创业能够降低创业风险

前面我们说过，创业是一项高风险的事业。创业的风险来自很多方面，如市场因素、行业竞争、人员素质、财务状况等，法律风险也是其中之一。简单地说，法律风险是指由于创业者不依法创业而导致其遭到法律制裁或其权益受到侵害的可能性，它主要包括两种情形，一种是创业者违反法律规定而被制裁的情形，如生产假冒伪劣商品；另一种是创业者没能充分运用法律所赋予的权利，而导致自身权益受损的情形，如签约时不充分审查合同条款，导致订立"不平等条约"②。法律风险完全是可以防范的。如果创业者依法从事创业活动，将企业经营中的各项活动纳入法制轨道，就能够有效避免因不懂法而导致的创业风险，从而帮助企业平稳发展。有的创业者往往在吃了苦头之后才知道法律的重要性，其实法律风险防范的关键在于防患于未然，也就是把危险消灭在萌芽状态，就像"曲突徙薪"这则故事中的"主人"，如果他能听从忠告，后面的火灾是完全可以避免的。

4. 创业纠纷的处理和解决需要法律手段

在创业过程中，创业者、创业企业要和方方面面打交道，包括政府部门、其他创业者和企业（有时候是你的竞争者，有时候是你的合作者）、消费者等。在这些错综复杂的关系当中，矛盾和纠纷是难免的，一旦产生纠纷，在具体纠纷的解决过程中，我们最需要了解的是如下几个方面。

第一，我们的合法权益到底是什么？我们可以据理力争的法律依据到底有哪些？我们的主张到底有没有道理？只有做到心中有数，我们才能守住自己的底线，既不至于不明不白地丢弃了自己的合法领地，也不至于陷入强词夺理、无理取闹的境地。

---

① [美]罗杰·勒鲁瓦·米勒. 汤姆森商法教程[M]. 阎中坚等，译. 北京：中国时代经济出版社，2003：1.
② 参见：法律风险管理网，http://www.legal-risk.cn/.

第二，如果协商不成，还有哪些合法的解决途径？不得已的时候该怎样打官司？怎样才能及时、妥善地解决这些问题，最大程度地保护自己的合法权益？

这些显然都需要创业者学习法律知识，学会运用法律武器和法律手段。

第二节　创业相关法律法规及政策

关键词：创业相关法律、法规、扶持性政策、小微企业

一、与创业密切相关的法律

作为创业者，你必须了解以下与创业密切相关的法律规定。

（1）规定企业如何设立、组织、解散的法律，如《公司法》、《合伙企业法》、《个人独资企业法》、《公司登记管理条例》、《企业破产法》等。我们在设立企业之前，就必须了解这些法律法规的有关规定，包括设立企业要符合哪些条件、企业的组织机构应如何设置、企业的规章制度应如何制定等。

（2）规范企业劳动关系的法律，如《劳动法》、《劳动合同法》、《就业促进法》、《社会保险法》、《工伤保险条例》、《最低工资规定》等。我们常说，21世纪最缺的是人才，每个企业都需要用人，而要处理好企业与劳动者之间的关系，使劳动者充分发挥其积极性为企业创造效益，就必须严格按照这些法律、法规的规定办理。

（3）与知识产权相关的法律，如《专利法》及其实施细则、《商标法》及其实施条例、《信息网络传播权保护条例》、《计算机软件保护条例》等。知识产权的重要性毋庸置疑，对于今天的中国企业来说，怎么强调都不过分。通过了解这些法律法规，我们能懂得如何保护自己的知识产权，也更能懂得如何避免侵犯他人的知识产权。

（4）规范企业市场交易活动的法律，包括《合同法》、《担保法》、《产品质量法》、《反不正当竞争法》、《反垄断法》、《广告法》、《消费者权益保护法》等。这部分法律法规主要解决的是合法经营、公平交易问题。

（5）规范国家宏观调控行为的法律，如《环境保护法》、《对外贸易法》、税法、金融法、投资法等。在这里，政府是管理者，企业是被管理的对象，但是企业如果对政府行为有异议，也可以通过行政复议、行政诉讼等途径讨说法。

（6）与创业纠纷解决的相关法律，如《民事诉讼法》、《行政诉讼法》、《仲裁法》、《劳动争议调解仲裁法》等。

二、国家出台了哪些大学生创业的扶持性政策

从 2002 年开始，上至中央下至各级地方政府，纷纷出台各项扶持政策，支持、鼓励大学生创业。这些政策主要包括如下几个方面。

1. 行政事业性收费减免

大学生从事个体经营，可以免交工商登记费①等行政事业性费用。

2007 年 4 月 22 日，国务院办公厅发出《关于切实做好 2007 年普通高等学校毕业生就业工作的通知》（国办发〔2007〕26 号），指出："对从事个体经营的高校毕业生，除国家限制的行业外，自工商行政管理部门登记注册之日起 3 年内免交登记类、管理类和证照类的各项行政事业性收费。"免交的收费项目具体包括以下几种。

（1）工商部门收取的个体工商户注册登记费（包括开业登记、变更登记、补换营业执照及营业执照副本）、个体工商户管理费、集贸市场管理费、经济合同鉴证费、经济合同示范文本工本费；

（2）税务部门收取的税务登记证工本费；

（3）卫生部门收取的行政执法卫生监测费、卫生质量检验费、预防性体检费、卫生许可证工本费；

（4）民政部门收取的民办非企业单位登记费（含证书费）；

（5）劳动保障部门收取的劳动合同鉴证费、职业资格证书工本费；

（6）国务院以及财政部、国家发展改革委员会批准设立的涉及个体经营的其他登记类、证照类和管理类收费项目。

（7）各省、自治区、直辖市人民政府及其财政、价格主管部门按照管理权限批准设立的涉及个体经营的登记类、证照类和管理类收费项目。

2. 提供政策性贷款支持

支持创业大学生申请小额担保贷款，贷款利息可获财政贴息。

为解决大学生创业的老大难——筹资难问题，2003 年国办发〔2003〕49 号《通知》要求："有条件的地区由地方政府确定，在现有渠道中为高校毕业生提供创业小额贷款和担保。"而国办发〔2007〕26 号《通知》则进一步明确了贷款贴息政策，指出："对自主创业且符合条件的毕业生，在其自筹经费不足时，可向当地经办银行申请小额担保贷款，对从事微利项目的，贷款利息由财政承担 50%。"

---

① 根据财政部、国家发展改革委、国家工商总局《关于停止征收个体工商户管理费和集贸市场管理费有关问题的通知》（财综〔2008〕61 号），自 2008 年 9 月 1 日起在全国统一停止征收个体工商户管理费和集贸市场管理费。

各地的政策各有特色，如武汉市人事局发布《关于鼓励和支持各类人才在全民创业中发挥主导作用的若干意见》（武人〔2008〕41 号），武汉市大中专毕业生创办企业最高可享受 100 万元贴息贷款。天津市对初次创业的高校毕业生给予 2 万～5 万元的小额贷款支持；对创业成功后，还款及时、信誉度高、经营好的创业者，还将提高贷款额度，延长还款期限，给予年度 10 万元的循环贷款支持。

3. 提供创业培训等创业服务

包括创业培训、创业项目推介、创业政策咨询、专家评析、创业孵化、融资服务、开业指导和后续服务等创业服务。创业培训形式很多，目前不少地方开始建立创业见习（实训）基地，实行创业见习（实训）补贴政策。

4. 落户政策

符合条件的创业大学生可以在创业当地落户。

如杭州市规定，"在杭州市区自主创业的普通高校应届毕业生，可凭毕业证书、户口迁移证、同意落户证明、工商登记的营业执照和税务登记证明到落户地公安派出所申请办理落户手续。"武汉市则明确规定，"对来我市领办、创办企业的普通高校本科及以上学历的毕业生不受限制，大专学历毕业生在毕业两年内，办理毕业生就业落户等相关手续"。

5. 资助政策

如北京市教育委员会发布《关于实施北京市大学生科学研究与创业行动计划的通知》（京教高〔2008〕6 号），决定正式启动大学生科学研究与创业行动计划，创业大学生最高可获得政府 1 万元的资助。

苏州市出台《苏州市区创业补贴实施办法》（苏劳社就〔2008〕27 号），对"经创业培训初次创业大学生"等 10 类困难人群，给予一次性创业补贴 2 000 元。

杭州市则出台了《杭州市高校毕业生创业资助资金实施办法（试行）》（杭人才〔2007〕370 号、杭财教〔2007〕799 号）。

6. 税收优惠

虽然目前国家尚无专门针对大学生创业的税收优惠政策，但是大学生创业时还是可以根据现有税收优惠政策，享受减免（具体参考本书第五章第三节及超级链接）。例如，按照《企业所得税法》规定，小微企业、国家重点扶持的高新技术企业，可减征税；从事农、林、牧、渔业项目，从事符合条件的环境保护、节能、节水项目及符合条件的技术转让所得可以免征、减征企业所得税。有些地方为鼓励大学生创业，允许大学生参照下岗失业人员享受再就业的有关税收优惠政策。

鉴于扶持性政策各地各有不同，具体可以咨询当地人事、税务、工商等政府部门。

三、国家出台了哪些鼓励小微企业发展的扶持性政策

小微企业是小型微型企业的简称，是人员规模、资产规模与经营规模都比较小的经济单位。如对于工业企业来说，从业人员 20～300 人，且营业收入 300 万～2 000 万元的为小型企业；从业人员 20 人以下或营业收入 300 万元以下的为微型企业[①]。

初创企业一般都是小微企业，可以享受小微企业的扶持政策。近些年来，国家出台了许多扶持小微企业发展的政策，主要有以下几种。

1. 税收优惠和财政支持

如国家对小微企业给予减按 20%的税率征收企业所得税；在对年应纳税所得额低于 20 万元（含 20 万元）的小微企业减按 20%的税率缴纳企业所得税的基础上，其所得减按 50%计入应纳税所得额；在全面实施增值税转型改革的基础上，降低增值税小规模纳税人的征收率（自 6%和 4%统一降至 3%）；统一并提高了增值税和营业税的起征点（提高至 3 万元）；免征金融机构对小微企业贷款印花税等。

同时还给予小微企业政府财政资金支持、政府采购支持，政府采购项目预算不低于 18%的份额专门面向小微企业采购；减免部分涉企收费并清理、取消各种不合规收费等。

2. 金融政策

融资难历来是小微企业最头疼的一个问题。为此，国务院明确要求商业银行对符合国家产业政策和信贷政策的小微企业给予信贷支持，适当提高对小微企业贷款不良率的容忍度。同时通过加快发展小金融机构，拓宽融资渠道，加强对小微企业的信用担保服务等，缓解小微企业融资难问题。规范对小微企业的融资服务，禁止金融机构对小微企业贷款收取承诺费、资金管理费，严格限制收取财务顾问费、咨询费等费用。

3. 技术创新政策

从 2009 年开始，每年中央预算内技术改造专项投资中安排 30 亿元资金，专门支持中小企业的技术改造，接下来将扩大安排用于中小企业技术进步和技术改造资金规模，重点支持小型企业开发和应用新技术、新工艺、新材料、新装备，提升自主创新能力，促进节能减排，提高产品和服务质量，改善安全生产与经营条件等。完善企业研究开发费用所得税前加计扣除政策。鼓励小型微型企业发展现代服务业、战略性新兴产业、现代农业和文化产业，走"专精特新"和与大企业协作配套发展的道路。鼓励科技人员利用科技成果创办小型微型企业，促进科技成果转化。

[①] 详见《中小企业划型标准规定》。

4．市场开拓政策

鼓励小型微型企业运用电子商务、信用销售和信用保险，大力拓展经营领域。改善通关服务，简化加工贸易内销手续，开展集成电路产业链保税监管模式试点。

5．企业管理提升政策

实施中小企业管理提升计划，重点帮助和引导小微企业加强财务、安全、节能、环保、用工等管理。加强品牌建设指导，引导小型微型企业创建自主品牌。加强对小型微型企业劳动用工的指导与服务，拓宽企业用工渠道。以小微企业为重点，每年培训50万名经营管理人员和创业者。制定和完善鼓励高校毕业生到小型微型企业就业的政策。

6．小微企业集聚发展政策

规划建设小企业创业基地、科技孵化器、商贸企业集聚区等，积极为小型微型企业提供生产经营场地。对创办三年内租用经营场地和店铺的小型微型企业，符合条件的，给予一定比例的租金补贴。改善小型微型企业集聚发展环境。

7．公共服务政策

到2015年，支持建立和完善4 000个为小型微型企业服务的公共服务平台，重点培育认定500个国家中小企业公共服务示范平台，发挥示范带动作用。实施中小企业公共服务平台网络建设工程，增强政策咨询、创业创新、知识产权、投资融资、管理诊断、检验检测、人才培训、市场开拓、财务指导、信息化服务等各类服务功能，重点为小型微型企业提供质优价惠的服务。

第三节　创业法律风险防范

关键词：法律风险、风险防范、企业家犯罪、法律风险管理

一、什么是法律风险

如前所述，法律风险是由于不懂法或者不依法创业而可能遭到法律制裁或权益受到侵害的风险。它是一种可以有效控制的创业风险，创业法律风险的控制效果，往往与创业者的法律素养及法律风险管理能力成正比，即法律素养越高、法律风险管理能力越强，法律风险就越能得到有效的防控；如果创业者法律意识淡薄，则这种风险发生的可能性就会大大增加。

随着法制的不断健全，法律对企业的影响力也越来越大，违反法律的后果也越来越严

重。法律风险发生后不仅会给企业带来直接经济损失，而且会严重影响企业的品牌和形象，并且会导致政府部门吊销经营牌照等行政处罚，情况严重时甚至导致犯罪而让企业负责人、高管承担刑事责任。

【案例】从中国首富到阶下囚（资料来源：和讯网，黄光裕的不归路）

国美电器创始人黄光裕曾为中国首富，他创办的国美电器曾经是中国最大的家电连锁销售商，全国门店 1 300 多家，员工近 30 万，年销售额 1 000 亿元。2008 年 10 月 7 日 "2008 胡润百富榜" 揭晓，时年 39 岁的黄光裕以财富 430 亿元第三次成为中国内地首富。然而一个月后的一天，黄光裕因涉嫌操纵股价突然被北京警方带走调查。2010 年 5 月 18 日，黄光裕案一审宣判，法院认定黄光裕犯非法经营罪、内幕交易罪、单位行贿罪，三罪并罚，决定执行有期徒刑 14 年，罚金 6 亿元，没收财产 2 亿元。

评析：从 4 000 元创业起家到身价 430 亿元的中国首富，黄光裕曾经是许多创业者仰视和膜拜的偶像，然而今天人们谈起黄光裕，更多的是一声叹息。因为无视法律，他不仅付出了自由和金钱的代价，而且他一手创办的国美电器也深受其害。受黄光裕涉案影响，国美电器之后的发展陷入颓势，被原先紧随其后的家电连锁业老二苏宁电器迅速赶超，家电业霸主地位不再。

二、创业者可能面临哪些法律风险

2013 年的一份问卷调查[①]显示，企业面临的十大法律风险，依次是合同法律风险、安全事故风险、市场营销风险、海外投资风险、重组并购上市等资本运营风险、知识产权风险、纠纷诉讼风险、人力资源风险、税收风险、环境保护风险。从法律风险可能带来的不利后果进行分析，可以将法律风险分为四大类[②]。

1. 刑事责任风险

创业者触犯刑事法律的规定，便面临着刑事处罚的风险。有人说，企业成长自有高峰低谷，企业家身陷囹圄才是真正的大败局[③]，在创业的过程中，创业者心中应当警钟长鸣：千万不能触碰刑事犯罪的底线！

然而，近年来企业家犯罪的新闻频频曝光。北京师范大学中国企业家犯罪预防研究中心 2014 年 1 月 5 日发布的《2013 中国企业家犯罪报告》[④]指出，截至 2013 年 12 月 31 日，

---

① 国务院法制办公室，http://www.chinalaw.gov.cn/article/xwzx/fzxw/201310/20131000392144.shtml.
② 吴江水. 完美的防范——法律风险管理中的识别、评估与解决方案[M]. 北京：北京大学出版社. 2010：8-11.
③ 项先权，唐青林. 企业家刑事法律风险防范[M]. 北京：北京大学出版社，2008.
④ 正义网，http://news.jcrb.com/jxsw/201401/t20140105_1298885.html.

共搜集到 2013 年度新发生的企业家犯罪案件 463 例，涉案企业家共计 599 位。与上一年度的企业家犯罪报告相比，2013 年通过公共媒体搜集的企业家犯罪案例数增加 80%，涉案企业家人数增加 120%。企业家俨然已经成为涉嫌刑事犯罪的高危职业。该报告指出，前述犯罪案例主要集中在财务管理、贸易、融资、安全生产、工程承揽、物资采购、招投标、人事调动、产品质量、公司设立变更、证券投资等环节。可见，几乎企业生产经营的每一个环节都是危险地带，都可能涉及刑事责任。

2. 行政处罚风险

行政处罚是创业者违反行政法规、地方性法规、规章的强制性规定，而被行政机关处罚时承担的法律责任。企业面临行政处罚的风险要远远大于刑事风险，由于企业经营活动的方方面面都会涉及行政法律规范，稍有疏忽，即可能处于违法的边缘。

根据《行政处罚法》规定，行政处罚的种类包括警告、罚款、没收违法所得、没收非法财物、责令停产停业、暂扣或者吊销许可证、暂扣或者吊销执照、行政拘留以及法律、行政法规规定的其他行政处罚，严重的行政处罚可能导致企业经营资质被吊销。尽管行政处罚看上去没有刑事责任那么严厉，但对于企业而言，不重视行政处罚风险的防范，后果也会很严重。

3. 民事责任风险

民事责任的风险，是创业过程中常见的一种法律风险，它是由于创业者违反民事法律规范，不履行民事义务或侵害他人民事权益等所引致的承担民事法责任的风险。例如，签订借款合同后未按时支付利息或者归还本金，需要承担逾期付款违约金或者赔偿出借人损失；又如生产销售侵犯他人注册商标的产品，应当停止侵害并赔偿商标权人的损失等。

民事责任风险往往容易被忽视，因为太过常见，后果又往往不太严重。但是如果不注意防微杜渐，有时候也可能因为一点小的问题而导致重大不利后果。例如，不少破产企业，起初只是几笔贷款到期利息无法及时支付，但是由于处理不当，导致所有银行宣布贷款提前到期，供应商纷纷要求结算货款，造成资金链断裂，最终兵败如山倒，不得不走向破产。

4. 单方权益丧失风险

单方权益丧失是指创业者由于自身原因丧失其本应享有的权益，或者无法维护自身权益的风险。究其原因，往往是创业者法律意识不强，缺乏自身权益保护意识，或是工作经验不足，出现疏忽或失误。例如，有的企业本可以享受的税收优惠政策，因为不懂法而一直未享受；有的企业被他人侵权，却未及时主张赔偿，导致超过诉讼时效而失权等。

事实上，企业的某一个违法行为，可能同时构成刑事责任、行政责任、民事责任风险。如用非食品原料生产食品的，既可能构成生产有毒有害食品罪，也可能面临质量监督部门、食品药品监督管理部门的行政处罚，与此同时，购买了该问题食品的消费者，还可以要求生产者赔偿其损失。因此，法律风险是系统性风险，如果注重防范法律风险，其好处是显而易见的（几大风险同时得到控制），而一旦疏于防范，其不利后果可能是"屋漏偏逢连夜雨"，让你措手不及，局面难以收拾。

三、创业者如何防范法律风险

杰克·韦尔奇先生说，企业管理人员有责任像管理商业风险一样管理法律风险。防范法律风险，创业者首先必须学法、懂法，增强依法创业的意识。但是光有意识还不够，还需要提升自身的法律风险管理能力，建立起从识别、评估直至解决方案的完善的法律风险管理制度是企业防控法律风险的根本之路。"市场经济就是法治经济"，作为市场经济活动的主体，企业的所有行为都要受到法律的约束，企业法律风险可能发生在企业运营的所有领域和各个环节，因此法律风险的防控必须落实在企业运营的所有领域和所有环节，落实到企业所有制度、所有人员和所有活动上。

企业风险管理体系的建立主要包括制度的建立、人员的配备、流程的完善。如一个合同风险管理制度，需从合同订立前的尽职调查、合同谈判、合同审查、合同履行、合同争议解决、合同档案管理等方面建立全程控制体系，只有这样，才能真正让法律风险无处藏身，最大限度地降低企业风险。

第四节　大学生创业法律素质培养

关键词：法律学习方法、法律法规查询

一、大学生怎样学习法律知识、提高依法创业能力

首先要恭喜你，法律知识似乎是最适合自学的知识之一，我们常常听到一些毫无法律基础的人通过努力自学通过司法考试的案例。当然对于创业者而言，关键是提高自己的法律意识，学习必要的与创业相关的法律知识，以便在创业过程中能够作出明智、正确的法律决定。为此，你除了需要学习一些法律基础知识外，还需特别注重与创业相关的法律信息，因为充分的信息是正确决策的前提。法律是公开信息，对你而言，你的主要工作就是经常关注法律的更新，搜集尽可能多的资料。后面我们会专门介绍查询法律规定的途径和方法。

此外，还应多关心法律新闻及法律类专题节目，如今日说法、给你说法、庭审现场、现在开庭等。这些节目中有最新的动态信息、生动的案例，以及专业的法律分析，对于提升你对法律的理解会大有帮助。

最后，向有经验的创业者或者律师等专业人士咨询，在作重要决策之前听取正确意见和建议，可以帮助你减少决策失误，提高依法创业能力。

二、怎样查询法律、政策信息

查询的途径有很多，如政府公报、法律类书籍、期刊、辞典、报纸等。如今通过网站查询也非常方便，下面给大家介绍几个主要网站。

1. 中央人民政府（国务院）网站

具体方法：在登录国务院网站（http://www.gov.cn/）首页后，单击"法律法规"栏目，即可查询到最新法律法规，还可以对法律、行政法规、地方性法规、部门规章、地方政府规章、单行条例和自治条例、国际条约、司法解释进行分类查询。

示例：

第一步，打开互联网，在地址栏中输入 http://www.gov.cn/，登录国务院网站，如图 1-1 所示。

图 1-1　国务院网站首页

第二步，光标移至"政策"专栏，如图 1-2 所示。

第三步，单击进入"法律法规"栏，如图 1-3 所示。

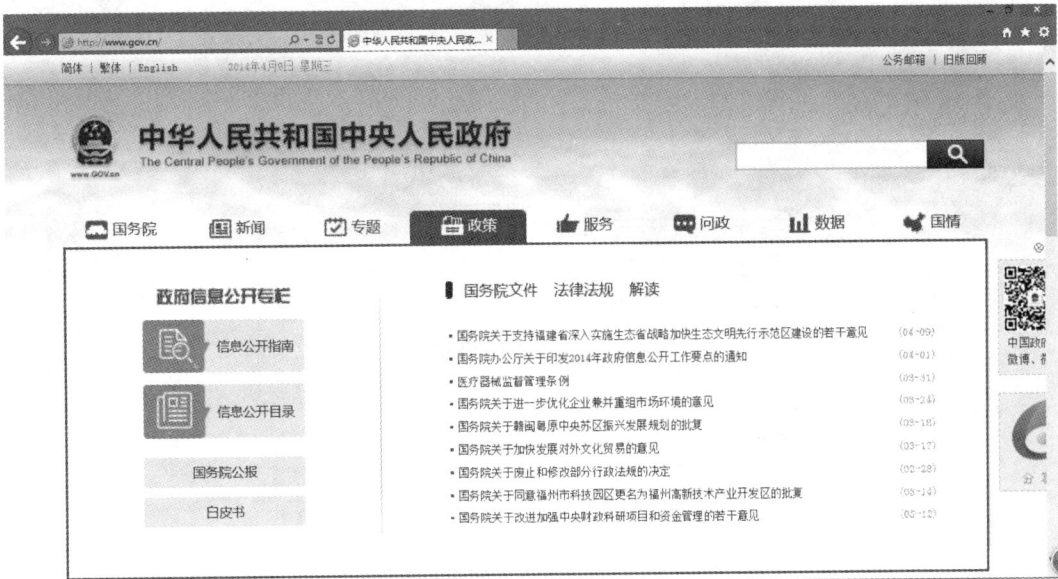

图 1-2 "政策"专栏

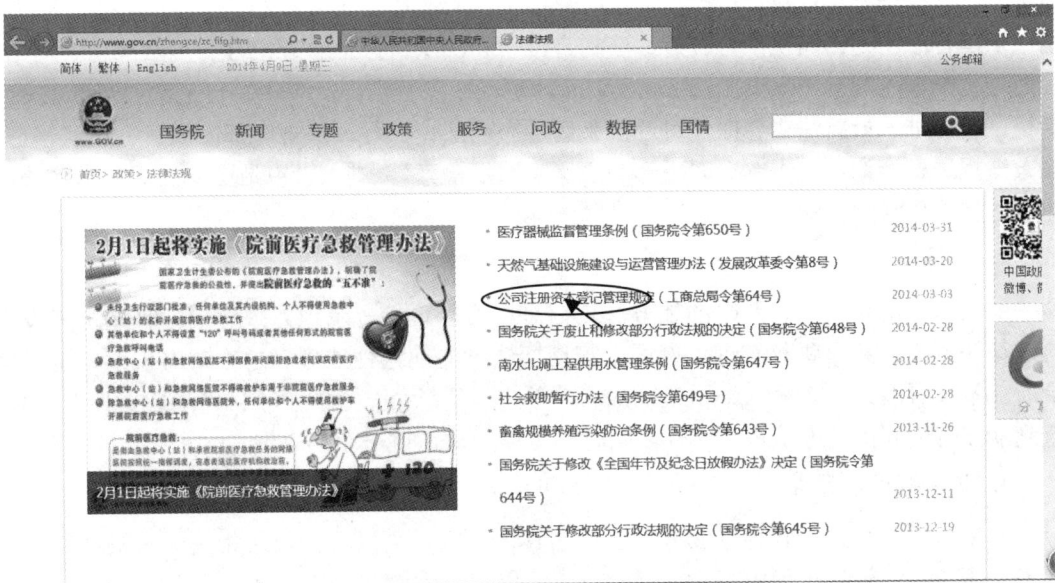

图 1-3 法律法规栏

第四步，单击"公司注册资本登记管理规定"，打开该文件，即可看到工商总局令第 64 号《公司注册资本登记管理规定》的具体内容，如图 1-4 所示。

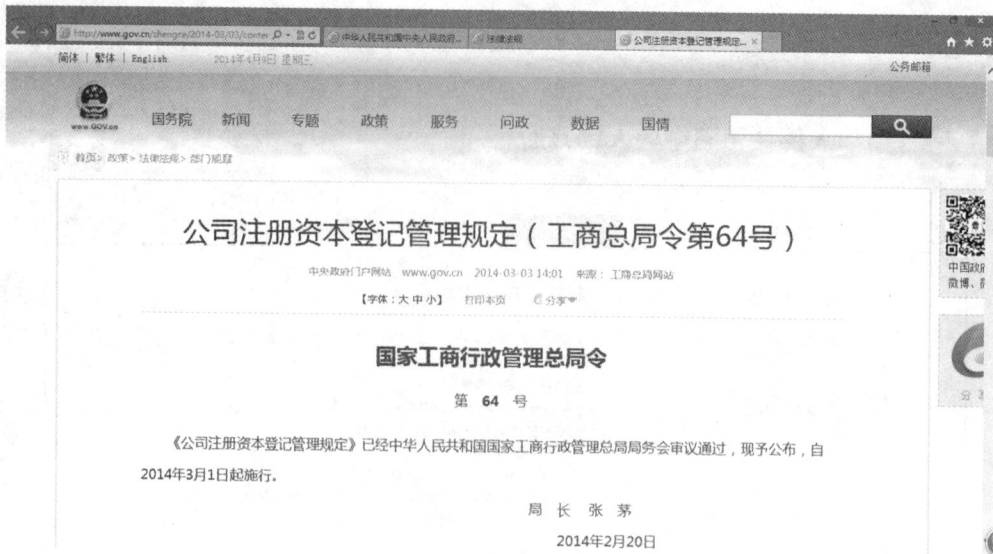

图1-4 公司注册资本登记管理规定

2. 中国普法网（司法部主办）

中国普法网是由司法部办公厅、法制宣传司和法制日报社联合主办的司法部官方网站。在地址栏中输入 http://www.legalinfo.gov.cn/，登录中国普法网，单击首页上部"最新法规"专栏，即可进入最新法规界面，对近年来新颁布的法律、行政法规、部门规章、司法解释、地方法规进行查询。单击首页右下部的"法律法规检索"，进入"中国法律法规信息系统"，即可进行法律法规检索。

3. 地方政府网站

如果想了解更具体、及时的地方法规信息，可以直接登录地方政府网站，通过其设立的法律法规查询栏目进行查询。例如，查询浙江省的地方性法规、地方政府规章，可以登录浙江省政府网站（http://www.zj.gov.cn/），单击"信息公开"的子栏目"法规文件"，即可查到浙江省最新的地方法规、文件，同时还可以对此作进一步的查询。

4. 国务院部委网站

如果想要了解某一较为专业方面法律的具体规定，可以直接登录相关国家机关的官方网站。例如，查询知识产权法律法规，可以登录国家知识产权局网站（http://www.sipo.gov.cn/），单击"政策法规"专栏，即可查询到有关专利、商标、版权的法律法规。

政府网站的一般优势是权威、免费。除法律法规外，还能及时查询到重要的政策信息、最新动态等。缺点是有的政府网站收集的法律法规不够全面，更新不够及时，而且不少网站没有建立搜索功能，导致查询不便。

5. 其他常用法律法规查询网站

综合性查询网站：

北大法律信息网（北大法宝）　http://www.chinalawinfo.com/

中国法律信息网（法律之星）　http://law.law-star.com/html/lawsearch.htm

法律图书馆（西湖法律书店办）　http://www.law-lib.com/

专业性查询网站：

天下房地产法律服务网　http://www.law110.com/

这些网站的优点是搜索功能强大，便于有针对性地查找法律法规，一般都号称更新最及时、收集的法律法规最全面；缺点是免费查询的范围受限制，查询某些法律法规要收费。

【超级链接】

一、部分国家机关网址

全国人民代表大会　　　　　　http://www.npc.gov.cn/

最高人民法院　　　　　　　　http://www.court.gov.cn/

最高人民检察院　　　　　　　http://www.spp.gov.cn/

中央人民政府（国务院）　　　http://www.gov.cn/

司法部　　　　　　　　　　　http://www.moj.gov.cn/

发展和改革委员会　　　　　　http://www.ndrc.gov.cn/

商务部　　　　　　　　　　　http://www.mofcom.gov.cn/

人力资源和社会保障部　　　　http://www.mohrss.gov.cn/

环境保护部　　　　　　　　　http://www.zhb.gov.cn/

教育部　　　　　　　　　　　http://www.moe.edu.cn/

科技部　　　　　　　　　　　http://www.most.gov.cn/

工业和信息化部　　　　　　　http://www.miit.gov.cn/

公安部　　　　　　　　　　　http://www.mps.gov.cn/

民政部　　　　　　　　　　　http://www.mca.gov.cn/

财政部　　　　　　　　　　　http://www.mof.gov.cn/

国土资源部　　　　　　　　　http://www.mlr.gov.cn/

住房和城乡建设部　　　　　　http://www.mohurd.gov.cn/

交通运输部　　　　　　　　　http://www.moc.gov.cn/

水利部　　　　　　　　　　　http://www.mwr.gov.cn/

农业部　　　　　　　　　　　http://www.agri.gov.cn/

文化部	http://www.mcprc.gov.cn/
卫生和计划生育委员会	http://www.nhfpc.gov.cn/
中国人民银行	http://www.pbc.gov.cn/
海关总署	http://www1.customs.gov.cn/
国家税务总局	http://www.chinatax.gov.cn/
国家工商行政管理总局	http://www.saic.gov.cn/
国家质量监督检验检疫总局	http://www.aqsiq.gov.cn/
国家知识产权局	http://www.sipo.gov.cn/
中国银行业监督管理委员会	http://www.cbrc.gov.cn/
中国证券监督管理委员会	http://www.csrc.gov.cn/
中国保险监督管理委员会	http://www.circ.gov.cn/
浙江省人民政府	http://www.zj.gov.cn/
浙江法院网	http://www.zjcourt.cn/
浙江省工商局	http://www.zjaic.gov.cn/
中国杭州（杭州市政府）	http://www.hangzhou.gov.cn/
杭州市工商局	http://www.hzaic.gov.cn/
杭州市人力资源和社会保障局	http://www.hzsrsj.gov.cn/
杭州毕业生就业公共网	http://www.hzbys.com/
中国杭州大学生创业服务网	http://hzcy.hzrc.com/

二、杭州市高校毕业生自主创业优惠政策（摘自《杭州市高校毕业生就业创业政策问答》，资料来源：中国杭州大学生创业服务网）

1. 高校毕业生在杭自主创业能享受哪些优惠政策？

答：高校毕业生在杭自主创业能享受到创办企业相关费用减免、创业资助资金无偿资助、入驻大学生创业园、房租补贴、会展补贴、免费人才招聘和人事代理服务等优惠政策。

2. 高校毕业生创业的经营场所有什么优惠政策？

答：高校毕业生在校区租房或在大学生创业园创办公司的，凭校方或创业园管理部门出具的申报证明即可办理登记；股权投资企业和电子商务、文化创意、软件设计、动漫游戏等现代服务产业的内资企业试行"一址多照"，同一地址可以作为两个以上企业住所（经营场所）登记；无前置审批的内资公司试行"一照多址"，住所和经营场所在同一县域范围内的，可以申请在企业营业执照"经营范围"后加注经营场所地址，免于另行办理分支机构登记。从事生物医药、新能源、新材料、海洋新兴产业和高端装备制造业等战略性新兴产业以及服务业中筹建周期较长的涉及前置审批的企业，可申办筹建营业执照。

3. 大学生创业资助资金种类有哪些？

答：为鼓励大学生创新创业，市财政每年从市人才专项资金中安排一定数额的资金设立杭州市大学生创业资助资金（包括商业贷款贴息及项目无偿资助两种），用于资助符合条件的大学生在杭州市区创业。项目无偿资助和商业贷款贴息两者不能重复申请。其中项目无偿资助分为 2 万元、5 万元、8 万元、10 万元、15 万元、20 万元六个等级；商业贷款贴息是对实际应支付贷款利息给予 50%贴息，五年内只能享受一次，贴息期限最长不超过 2 年，最高额度为 2 万元。

4. 高校毕业生自主创业享受怎样的落户政策？

在杭州市区自主创业的普通高校毕业生（仅限法人），可凭毕业证书、接收地毕业生就业主管部门确认的毕业生就业报到证、迁往地址为杭州市区的户口迁移证、同意落户证明、工商登记的营业执照和税务登记证明，由本人到落户地公安派出所申请办理落户手续。

5. 高校毕业生从事个体经营可享受哪些税收政策优惠？

答：对持《就业失业登记证》（注明"自主创业税收政策"或附着《高校毕业生自主创业证》）的高校毕业生从事有关个体经营（除限制行业外）的，在 3 年内按每户每年 8 000 元为限额，依次扣减其当年实际应缴纳的营业税、城市维护建设税、教育费附加和个人所得税。

6. 大学生村官创业可享受哪些政策优惠？

答：符合条件的大学生村官在杭自主创业的，对创业项目分 3 万元、6 万元、10 万元、15 万元、20 万元五档予以无偿资助；对创业大学生村官实际支付的贷款利息和担保费，3 年内分别给予总额不超过 4 万元的贴息和总额不超过 9 000 元的全额补贴。

7. 什么是杭州市杰出创业人才培育计划？

答：为更好地推动大学生创业企业做大做强，培育造就一批新锐"杭商"，杭州制订并推出了杰出创业人才培育计划。计划推荐选拔对象的范围为 2005 年及以后普通高校毕业，在杭州主城区注册成立的大学生创业企业和留学人员创业企业法定代表人。对入选的杰出创业人才培育对象可享受优先推荐参加企业经营管理人才"356"培训、杭州市大学生创业学院创业精英班等优惠政策，并给予每位培育对象 50 万元的扶持培育资金，用于创业培训、研修指导、创业扶持、考察交流等；或者给予最高不超过 40 万元的银行贷款贴息。

8. 杭州市大学生创业企业可享受哪些人事服务？

答：杭州市大学生创业企业可享受的人事服务有免费现场招聘、免费网上招聘专区、免费就业创业网上服务、免费人事代理服务、免费创业咨询。工商营业执照发证之日起三年内，大学生创业企业可免费参加市人力社保部门组织的大型人才招聘会，免费在杭州人才网和中国杭州大学生创业服务网上发布招聘信息，每年可免费 6 次参加杭州人才市场举办的人才集市进行招聘，免费为大学生自主创业企业提供人事代理服务。

9. 大学生创业园可以提供哪些创业服务？

答：大学生创业园为大学生创业提供政策咨询、各类扶持资金申请、企业登记注册、商务、融资等方面的"一站式"服务。

10. 入驻大学生创业园在经营场地方面有何优惠？

答：新办大学生创业企业入驻市级大学生创业园的，2年内可获得创业园所在地区政府（开发区管委会）提供的50平方米以内的免费经营场地。具体申请条件和流程可咨询创业园所在区人力资源和社会保障局，具体联系方式见附件。

11. 在创业园外房租补贴的标准是什么？

答：大学生创业企业在创业园外租赁房屋用于创业的，3年内由纳税地财政给予房租补贴，补贴标准为第1年补贴1元/（平方米·天）、第2、3年补贴0.5元/（平方米·天）（实际租用面积超过100平方米的，按100平方米计算；房租补贴超过实际租房费用的，按实际租房费用补贴）。办理流程可咨询企业注册地所在区人力资源和社会保障局，具体联系方式见附件。

12. 高校毕业生可否申请小额担保贷款？

答：毕业2年以内的高校毕业生自主创业自筹资金不足的，可按规定申请不超过30万元的小额担保贷款，贷款期限不超过3年。对从事微利项目的，给予全额贷款贴息；对从事其他项目的困难家庭高校毕业生给予100%贷款贴息、其他人员给予50%的贷款贴息，贴息期不超过3年。对2名以上高校毕业生设立合伙企业的，可适当提高贷款额度。鼓励金融机构为无固定资产、无法提供合适担保对象的创业高校毕业生，提供信用贷款。

13. 高校毕业生创业可以享受哪些税收减免政策？

答：高校毕业生创办的符合税法规定条件的小型微型企业，可按《浙江省人民政府办公厅关于促进小型微型企业再创新优势的若干意见》（浙政办发〔2012〕47号）有关规定享受企业所得税减免政策。对高校毕业生创办的纳税确有困难的中小企业，报经地税部门批准，可给予减免房产税和城镇土地使用税的优惠。对毕业2年以内的高校毕业生从事个体经营的，按每户每年2 000元为限额减免地方水利建设基金，减免期为3年。

14. 高校毕业生从事网络创业有什么优惠政策？

答：高校毕业生在网上交易平台通过实名注册认证从事电子商务（网店）经营，经人力社保部门认定领取《网上创业就业认定证明》且符合相关条件的，可按规定申请小额担保贷款，享受贴息政策；可参照城镇个体劳动者参加社会保险，其中，按规定缴纳社会保险费满1年的，可参照高校毕业生从事个体经营社会保险补贴政策给予1 000元的一次性自主创业社会保险补贴，所需资金从就业专项经费中列支。

【实务演练】

1. 结合自身体会，谈谈为什么创业者必须学法、懂法？
2. 登录某一国家机关网站或法律法规查询网站，进行法律法规查询练习。

【案例评析】

半路夭折的开店梦想

小金是一名在校大学生，看着别人创业致富，他的心里也痒痒的。经过一段时间的市场调查，他决定和同学一起在学校附近开一家饰品店。说干就干，2007年上半年他和同学一起筹集了2万元资金，向一个姓王的老板租了一间店面。签店面租赁协议的时候，双方说好租期三年，每年租金1万元，先付后用，一年一付。协议签订后小金付清了第一年的1万元租金。接下来小金他们开始对店面进行装修，为了不影响学业，他们每天晚上开工一直干到凌晨，虽然很辛苦，但想到能实现自己的创业梦想，所有的辛苦都变得微不足道了。

正当小金他们轰轰烈烈准备开业的过程中，一位不速之客突然找到了他们，说自己是店面的房东，要求他们立刻停止装修，并且告诉小金，他们和王老板签订的店面租赁协议是无效的，因为王老板无权将店面转租。这对于小金他们来说，无疑是晴天霹雳，因为和王老板签订协议后至今，他们已经交了房租1万元，装修投入了5000多元，加上进货花去的钱，大家凑的2万元创业资金已经差不多用光了。这个时候不让他们开业，意味着所有的投入血本无归，要知道这2万元钱可是他们东拼西凑好不容易才筹来的！

（资料来源：中青在线—中国青年报）

评析：根据我国《合同法》规定，未经房东同意，承租人是无权转租房屋的。案例中的王老板作为承租人，擅自转租店面给小金他们的行为是无效的，因此小金他们不能用这个店面开店。现在小金他们只能去找王老板理论，要求王老板赔偿损失，如果王老板不肯赔偿，小金他们还得通过打官司才能尽可能减少自己的损失。

眼下大学生创业过程中上当受骗的事还真不少，光是因为转租店面导致纠纷的案例就占了很大比例。这些失败的教训告诉我们，大学生创业仅有热情是远远不够的，还应具备必要的法律意识和法律知识。小金他们如果多学一点法律知识，在和王老板签订店面租赁协议前仔细查看房产证等证件，就不至于陷入如此困境。

第二章

企业创办筹备法律实务

本章要点提示

- ☑ 如何选择创业项目
- ☑ 如何选择初次创业的企业形式
- ☑ 如何拟订企业章程
- ☑ 如何给企业取名字
- ☑ 哪些企业需要前置行政审批
- ☑ 如何筹集创办资金

【案例】

小施马上就要大学毕业了，她发现要找个满意的工作真不容易，于是产生了自己创业的想法。因为特别喜欢美国电影《电子情书》（*You've Got Mail*）中女主角的那家街角儿童书店，她也打算开一家儿童书店，在条件成熟时还打算实施连锁经营。她向开书店的朋友讨教了经验，进行了市场调查，现在已经形成了一份详细的创业计划书。

你现在是不是像小施一样迫不及待地要着手开创自己的事业了？我们应该从哪里开始呢？要把激动人心的创业想法变成现实，必须借助于一定的实体，也就是说我们首先要设立一家自己的企业。那么，如何选择合适的创业项目？如何设立自己的企业？创办企业要经过哪些程序？本章将具体介绍创业项目的选择、企业的法律形式、给企业取名字、筹集资金以及有关前置审批事项等筹备工作。

第一节 创业项目的选择

关键词：创业项目、产业指导目录、招商骗局、特许经营、直销、传销、网店、并购

一、选择创业项目该注意什么

一个好的创业项目，可能是一个好的产品（或服务），或是一个好的创业模式，但它首先必须是合法的。所谓合法的创业项目，是指要开展的创业项目，包括产品（服务）、创业模式为国家法律、政策所允许。另外，在选择创业项目时，还要避免被一些看上去很美的招商广告所迷惑，而上当受骗。

为确保创业项目的合法性，选择创业项目时应注意以下内容。

1. 事先了解当地政府产业政策

产业政策是政府干预产业发展、引导投资方向的各种政策的总和。国家发展和改革委员会制定的《产业结构调整指导目录》是我国各类企业选择投资项目时应当遵循的依据。产业目录由鼓励、限制和淘汰（禁止）三类目录组成。不属于鼓励类、限制类和淘汰（禁止）类，且符合国家有关法律、法规和政策规定的，为允许类（允许类不列入目录）。企业选择投资项目时，只能选择鼓励类、允许类，限制类和淘汰（禁止）类是不允许投资的。

各级地方政府又会结合本地区产业发展实际，制定各地方产业目录。因此，在选择创业项目前，一定要先"入乡问俗"，了解创业所在地政府产业目录，知道哪些项目能做，哪些项目不能做，搞清楚之后再来确定自己的创业方向，以免创业因先天不足而夭折。

2. 了解创业项目涉及的前置审批事项

企业经营范围分为一般经营项目和许可经营项目，如果你的创业项目属于需经有关部门批准的项目，如快递业务，那么在企业设立前需先取得相关批准，这就是前置审批（详见本章第五节）。

3. 论证企业经营模式的合法性

企业经营模式可以有很多种，如电子商务和传统商务，线上销售和线下销售，单店经营和连锁（特许）经营，直销和传销，内贸和外贸等。从目前国家管制的角度看，电子商务、连锁（特许）经营、直销、传销、外贸都有相应的法律法规加以约束调整，因此在选择经营模式时，一定要了解该种经营模式所涉及的法律规定，熟悉依法操作规则，以免因为不懂法而栽了跟头。

4. 认清种种招商、投资骗局

目前社会上存在各种形式、花样翻新的招商、投资骗局，利用人们想尽快发家致富的心理来骗人、骗财。如有的传销组织以招工、招商为名，诱骗他人参加传销；有的以投资理财、私募、虚构项目等为由吸引社会投资，行非法集资犯罪之实；有的根本没有连锁经营资质的企业，到处以小投资大回报诱惑他人加盟；有的经营不善濒临倒闭的店铺，"包装"之后高价转让……面对种种骗局，一定要提高识别能力，自觉抵制各种诱惑。天上不会掉馅饼，越是宣扬"高额回报"、"快速致富"的投资项目，越是要多问几个为什么，进行冷静分析，才能避免上当受骗。

【小贴士】公安部发布安全提示：警惕7种非法集资犯罪手段（资料来源：新华网）

2011年底，公安部发布安全提示，提醒广大群众正确认识投资风险，特别要警惕7种典型的非法集资犯罪手段：

假借股权投资基金名义，依托公司网站，虚构投资项目，以高息吸引社会公众投资；

以康体疗养等名义，邀请客户休闲度假，并以高利或享受免费服务等为诱饵，吸引客户签订康体疗养投资合同；

在互联网设立公司网站，假称公司股票即将在美国、香港或欧洲等地上市，吸引投资者购买原始股，获得所谓溢价收益；

依托所谓投资咨询、担保公司等企业，假借"投资理财"名义进行虚假宣传，并以高利吸引社会公众投资；

以投资黄金等名义，以高利吸引社会公众投资；

以发展农村连锁超市为名，采用召开"招商会""推介会"等方式，以高息进行"借款"；

以投资养老公寓、异地联合安养等为名，以高利诱导加盟投资。

二、如何区分直销和传销

【案例】大学生传销团伙致人死亡案（资料来源：东莞日报）

2011年3月2日上午9时，广东省东莞市某法院大法庭内，一片寂静。9名穿着囚服，手脚戴着镣铐的年轻人，一字排开坐在被告席前。7男2女，均是刚毕业的大学生，带着创业、发财的梦来到东莞，如今却坐在被告席上，被以故意伤害罪，组织、领导传销活动罪追究刑事责任。据记者了解，9名被告所属的传销组织中多为刚走入社会的大学毕业生，成员之间多为同学、校友、师兄师妹的关系。不少人起初也是被同学以有好工作为由骗来，经洗脑后心甘情愿从事传销活动。2009年12月初，一个名叫刘长治的大学生被骗到传销窝点，因刘不愿参与传销活动，遭9名被告胁迫、殴打致死，并被投江抛尸。

案例中的大学生，起初或是怀抱创业梦，或是想找个好工作，结果却误入传销骗局，走上不归路，可见非法传销的危害有多大！这也是国家坚决禁止传销的原因之一。

1. 如何区分直销和传销

根据《禁止传销条例》、《直销管理条例》的规定，传销是明令禁止的一种非法经营行为，直销是合法经营行为。那么如何区分直销和传销呢？

传销，是指组织者或者经营者发展人员，通过对被发展人员以其直接或者间接发展的人员数量或者销售业绩为依据计算和给付报酬，或者要求被发展人员以交纳一定费用为条件取得加入资格等方式牟取非法利益，扰乱经济秩序，影响社会稳定的行为。

直销，是指直销企业招募直销员，由直销员在固定营业场所之外直接向最终消费者推销产品的经销方式。

直销和传销的区别，主要有以下几方面。

（1）直销以"单层次"为主要特征；传销以"拉人头"、"入门费"、"多层次"、"团队计酬"为主要特征。传销的本质在于通过发展下线实现财务的非法转移与聚集，并未创造社会价值，这是它与正常营销行为的本质区别。

（2）直销活动中，直销企业招募直销员，应当对直销员进行业务培训和考试，考试合格后颁发直销员证，并与其签订推销合同。直销企业招募直销员，不以缴纳费用或者购买商品作为条件，对直销员进行业务培训和考试不收取任何费用。直销员自签订推销合同之日起60日内可以随时解除推销合同。传销活动中，参与者通常要交纳费用或者以认购商品等方式变相交纳费用，通过不断发展人员加入、拉人头，形成上下层级网络，并从直接或间接发展的下线缴纳的费用中提取报酬。

（3）直销活动中，消费者、直销员自购买直销产品之日起30日内，产品未开封的，可以凭直销企业开具的发票或者售货凭证向直销企业及其分支机构、所在地的服务网点或者推销产品的直销员办理换货或退货。传销活动中，所谓的"产品"或缴纳的入门费通常不予退还，参与者的权益无法得到保障。

需要注意的是，企业开展直销应当取得直销经营许可证，但直销经营许可证仅说明该企业有资格从事直销经营，不是区分直销与传销的依据。合法的直销活动，不仅企业要有直销许可证，其直销区域、产品等均需经过许可，同时还要看其实际经营活动是否符合《直销管理条例》的规定。

2. 如何辨别合法的直销活动

合法的直销活动主要有以下要素。

（1）直销企业取得直销许可证。根据《直销管理条例》，企业从事直销应当通过所在地省、自治区、直辖市商务主管部门向商务部提出申请。商务部在征求有关部门意见、依法审查申报材料的基础上，作出批准或者不予批准的决定。予以批准的，颁发直销经营许可证；未经批准，任何单位和个人不得从事直销。

（2）直销区域经过审核公布。根据《直销管理条例》，直销企业从事直销活动，必须在拟从事直销活动的省、自治区、直辖市设立负责该行政区域内直销业务的分支机构，在其从事直销活动的地区应当建立便于并满足消费者、直销员了解产品价格、退换货及企业依法提供其他服务的服务网点。直销员只在企业一个分支机构所在的省、自治区、直辖市行政区域内已设立服务网点的地区开展直销活动。直销企业不得在未经审核批准的地区开展直销活动。

（3）直销产品经过审核公布。直销企业可以以直销方式销售本企业生产的产品以及其母公司、控股公司生产的产品，直销产品范围包括化妆品、保健食品、保洁用品、保健器材、小型厨具五类，直销产品应符合国家认证、许可或强制性标准。直销企业不得销售未经审核公布的产品。

（4）由合法直销员进行直销。根据《直销管理条例》和《直销企业信息报备、披露管理办法》，直销企业或者其分支机构与直销员签订推销合同，向其颁发直销员证，并通过企业信息披露网站（可通过信息系统查询具体网址），真实、准确、及时、完整地向社会公众披露本企业直销员总数，各省级分支机构直销员总数、名单、直销员证编号、职业及与直销企业解除推销合同人员名单。直销员向消费者推销产品，应出示直销员证和推销合同。

企业是否取得直销经营许可证，以及其经审核公布的直销地区、直销产品等信息均可通过商务部直销行业管理信息系统（http://zxgl.mofcom.gov.cn）或工商总局打击传销规范直销信息系统（http://zxjg.saic.gov.cn/saicmrktout/）进行查询。

任何单位和个人发现有企业未经批准从事直销活动，直销企业经营活动中存在违规行为的，均可向当地工商行政管理部门举报。

另外需要特别提醒的是，社会上个别企业或团队打着与直销企业合作的名义从事直销，属于未经批准从事直销，是违法经营行为，工商、公安机关将依法予以查处。

【小贴士】大学生可以参加直销吗？

根据《直销管理条例》的规定，直销企业不得招募在校大学生为直销员，因此在校大学生不能做直销员。

《直销管理条例》

第十五条　直销企业及其分支机构不得招募下列人员为直销员：

（一）未满18周岁的人员；

（二）无民事行为能力或者限制民事行为能力的人员；

（三）全日制在校学生；

（四）教师、医务人员、公务员和现役军人；

（五）直销企业的正式员工；

（六）境外人员；

（七）法律、行政法规规定不得从事兼职的人员。

3. 什么是组织领导传销罪

如前案例所示，非法传销活动危害极大，除了扰乱经济秩序，影响社会稳定外，传销组织经常通过限制或剥夺参与人员人身自由，以及以威胁、恐吓、殴打等暴力手段强迫他人参与传销，涉嫌构成组织、领导传销活动罪、故意伤害罪、非法拘禁罪、敲诈勒索罪等多项罪名。

《刑法》第二百二十四条规定，组织、领导以推销商品、提供服务等经营活动为名，要求参加者以缴纳费用或者购买商品、服务等方式获得加入资格，并按照一定顺序组成层级，直接或者间接以发展人员的数量作为计酬或者返利依据，引诱、胁迫参加者继续发展他人参加，骗取财物，扰乱经济社会秩序的传销活动的，处五年以下有期徒刑或者拘役，并处罚金；情节严重的，处五年以上有期徒刑，并处罚金。

三、开网店有哪些风险

网上开店，恐怕是眼下最便捷、最时尚的当老板的途径了。它门槛低、手续简便，又很自由，很受大学生的青睐。开设网店要注意哪些问题呢？

1. 网上开店与传统店铺的异同

网上开店实际上主要有两种方式：自办网站或利用网络交易服务商提供的公共电子商务平台（如淘宝网）从事经营活动。前者成本高，而且需要取得一系列的行政许可，办理相关手续方可合法经营；而后者成本低，目前像淘宝网等网络交易服务商都提供免费的交易平台，因此受到大多数初次创业者的青睐。我们讨论的网上开店，就是指后者（C2C）。

以淘宝网为例，网上开店的流程一般是注册成为淘宝网会员→进行身份认证→布置店铺→组织货源→发布交易信息。

网上交易一般包括以下环节：与买家洽谈→达成交易（买家确认后将货款付至支付宝）→配送货物→售后服务（处理发货后的各种问题）→收回货款（如果买家收到货品满意，将通过支付宝付款）。自此交易完成。

和传统店铺相比，网店无非是店铺的形式变了，货物交付主要通过物流或邮递，支付手段变了，但作为交易主体的共性依然不变。因此，网店面临的法律问题和传统店铺存在许多的共同点。例如，不能销售国家禁止销售的物品，不得销售伪劣产品，不能进行虚假宣传；对于国家规定需经审批方可从事的经营范围，如音像制品、药品等的销售，未经审批不得擅自销售；交易中产生的各种合同关系，需按照《合同法》等法律法规的规定依法调整，如网店店主与交易平台提供商之间的服务合同关系，网店店主与买家的买卖合同关系，网店店主与物流公司的配送合同关系，网店店主与供货商之间的经销合同关系等。

【案例】易趣网络信息服务（上海）有限公司诉刘××支付网络平台使用费案（资料来源：北大法律信息网）

2001年3月31日，被告刘××在原告易趣网络信息服务（上海）有限公司经营的易趣网交易平台注册，成为易趣网的用户，由易趣网为被告提供免费的网络交易平台服务。2001年7月1日，易趣网开始向用户收取网络交易平台使用费，并于9月18日发布了新的《服务协议》供新、老用户确认。该协议对用户注册程序、网上交易程序、收费标准和方式及违约责任等作了具体的约定。之后，被告确认了易趣网的《服务协议》，并继续使用易趣网的网络交易平台。至2001年9月24日，被告尚欠易趣网网络平台使用费1330元。

被告刘××答辩称：原告的《服务协议》过于冗长，致使用户在注册时不可能阅读全文，故被告不应受该协议的约束。因此不同意全额支付原告起诉的服务费。

审理本案的上海市静安区人民法院认为，原告制定的《服务协议》，经被告确认后即对双方产生约束力，故该份《服务协议》应认定为合法有效，双方均应遵守。被告未按约支付服务费已构成违约，应承担支付欠款并赔偿损失的民事责任。最后判决被告刘××支付原告网络平台使用费1330元；赔偿原告律师费损失613.38元、调查费损失4元。

评析：当我们在网络交易平台注册时，网络服务提供商都会提供《服务协议》要求我们确认，虽然我们一般都不会认真读完协议的全文，直接单击"我同意"或者"确认提交"等类似的按钮，以便尽快进入注册的下一程序，但是本案提醒我们，这一轻轻单击的动作，意味着我们和网站之间形成了合同关系，其中的内容将对我们形成约束力。所以，在你确定之前，还是应该认真耐心地把协议读完。

当然，网店的问题也有自己的个性，如网店的工商登记问题、电子合同的有效性问题、税收问题等。这些特殊问题正是接下来我们关注的焦点。

2. 网上开店的工商登记问题

过去个人开网店没有办理工商登记的概念，只要有想法，点点鼠标就可以在网上开店。根据国家工商总局发布的《网络交易管理办法》（自2014年3月15日起施行）第七条规定："从事网络商品交易及有关服务的经营者，应当依法办理工商登记。""从事网络商品交易的自然人，应当通过第三方交易平台开展经营活动，并向第三方交易平台提交其姓名、地址、有效身份证明、有效联系方式等真实身份信息。具备登记注册条件的，依法办理工商登记。""从事网络商品交易及有关服务的经营者销售的商品或者提供的服务属于法律、行政法规或者国务院决定规定应当取得行政许可的，应当依法取得有关许可。"这一规定虽暂时没有要求所有的网店都必须办理工商登记，但是很显然，网店不受政府监管的逍遥日子已经一去不复返。

3. 电子合同与电子签名

网店经营过程中会产生大量的合同，这些合同不像传统的书面合同以纸质形式存在，而是以电子数据形式存在，并保存在计算机或磁盘等载体中，我们称之为"电子合同"。电子合同的无纸化特点使之具有更大的风险性，一是合同签订主体的确认比较困难；二是由于电子数据的易消失性和易改动性，使电子合同不易保存，这样一旦发生纠纷，很难找到承担责任的人，举证难度也很大。为解决这些问题，在订立电子合同的过程中提倡使用电子签名。

我们都知道，传统的书面合同生效的标志往往是"签字盖章"，电子签名就是对电子合同进行"签字盖章"，它通过加密方法创建和核查，可以验证合同订立方的身份，防止电子合同被篡改，从而保障电子合同的效力。根据 2005 年 4 月 1 日起施行的《电子签名法》的定义，电子签名是指数据电文中以电子形式所含、所附用于识别签名人身份并表明签名人认可其中内容的数据。该法确认，可靠的电子签名与手写签名或者盖章具有同等的法律效力。可靠的电子签名需同时符合下列条件：

（1）电子签名制作数据用于电子签名时，属于电子签名人专有；

（2）签署时电子签名制作数据仅由电子签名人控制；

（3）签署后对电子签名的任何改动能够被发现；

（4）签署后对数据电文内容和形式的任何改动能够被发现。

使用电子签名，需要电子认证服务机构（Certificate Authority，CA）认证，取得电子签名认证证书。

4. 网店的税收问题

开设网店从事经营活动被许多人视为免税的避风港，其实这是对我国税收法律制度的误读。事实上，如果严格按照我国税法规定，网上开店至少涉及两个方面的税种，除了缴纳增值税外，个人取得相应收入后还应依法缴纳个人所得税。2007 年上海一网店的主人因偷税获刑，给广大的网店经营者敲响了警钟：必须依法纳税，心存侥幸的后果很严重！

【案例】中国网店偷税第一案："彤彤屋"店主因偷税被判刑（资料来源：上海法治报）

"彤彤屋"是上海一家销售婴儿用品的网店，店主先开了一家实体公司，后开办网店进行网络交易。2006 年 6 月至 12 月间，其公司在网上销售婴儿用品过程中，不开发票、不记账，不向税务机关申报纳税。经当地税务部门调查，共少缴增值税人民币 11 万余元。店主最终被法院判处有期徒刑 2 年，缓刑 2 年，罚金 6 万元，公司则被处以罚金 10 万元。该案被称为我国网店偷税第一案。

评析：其实人们对于网店是否需要办理工商登记的关注，主要还是担心一旦网店要办执照了，纳税义务也就随之而来了。"彤彤屋"案告诉所有的网店店主，网店免税时代恐怕已经成为过去时了。

5. 海外代购的法律风险

海外代购是不少网店的热门业务之一，海外代购的商品往往以化妆品、奢侈品和奶粉等为主，由于这类商品在国内外市场上的价格存在不小的差距，吸引不少人热衷于代购。但是，近年来不少代购网店业主因为代购涉嫌走私犯罪被判刑，让人不得不反思海外代购的合法性。

【案例】多名代购者走私被判刑 代购或已成高风险行业（资料来源：法制晚报）

2012年9月，离职空姐李某因多次从韩国免税店买化妆品携带入境，在淘宝网店销售，一审被北京第二中级人民法院认定构成走私普通货物罪，逃税100余万元，判刑11年。2013年5月发回重审后，因网络订单部分未被认可，偷逃税款变为8万，重审改判有期徒刑3年。

2013年上海第一中级人民院认定两名淘宝店主境外代购大量商品偷逃税款，构成走私普通货物罪，判处两人有期徒刑1年，缓刑1年6个月，并处罚金，没收扣押在案的走私物品。在该案中，被告人范某于2012年4月9日从韩国首尔抵达上海浦东国际机场时，被海关关员查获化妆品386件、粉饼盒18个、光疗仪7台、包40个、手机套2个、皮夹15个、手表5块。同年5月23日，另一被告人刘某也在上海浦东国际机场被海关关员在行李中查获包17个、手表2块、化妆品288件，共计307件。经二人供述，两人系淘宝网店店主，从韩国所购商品是放在自己的网店销售。

评析：上述案例中的淘宝店主，均因违反海关法规，逃避海关监管，走私普通货物入境，偷逃应缴税额数额较大而构成犯罪，其问题不在于"代购"，而在于"走私"、"逃税"。合法代购，最重要的是代购的产品必须是国家允许进口的，然后进口商品要向海关申报纳税，有些产品还需要质量检验。涉及特许经营的还需要获得有关部门的许可（详见第四章第五节"进出口贸易"）。

6. 网络交易纠纷的处理

网络交易纠纷的处理与传统交易纠纷的处理并没有什么不一样，一般也需通过自行协商、调解、诉讼、仲裁等方式解决。近年来，一种新的网络纠纷解决方式——在线纠纷解决机制（Online Dispute Resolution，ODR）诞生并发展起来。它就是网络交易纠纷的当事人通过网络，采用与对方进行谈判交涉或者寻求第三方调解或仲裁来解决纠纷的方式，包括在线仲裁、在线调解、在线和解等。它其实是一种非诉讼的争议解决方式，具有效率高、费用低的优势。我国目前比较成功的ODR机构有中国国际经济贸易仲裁委员会（CIETAC）域名争议解决中心（网址：http://dndrc.cietac.org/）。

网络交易纠纷解决中最大的难点莫过于举证。要解决这个问题，就必须高度重视网络证据的收集和保存。一般来说，办理公证能够使网络证据更加具有证明力，因此在可能涉及纠纷的情况下，应尽快到公证处申请网络证据保全，以使"善变"的网络信息固定下来，成为具有可靠证明力的证据。除了公证以外，在网络交易纠纷中，还可以依据《互联网信息服务管理办法》（2000年9月25日起施行）第十四条的规定，申请法院等国家有关机关向互联网信息服务提供者和互联网接入服务提供者查询其记录的网络信息，但需要注意的是，他们的记录备份只保存60天，因此必须尽快取证。

四、加盟连锁经营企业要注意什么问题

加盟连锁经营企业往往被视作创业成功的捷径，尤其对于缺乏经验的创业新手来说，连锁经营企业统一管理、统一产品、统一形象、统一营销的经营模式，省心省力，风险又低，实在太吸引人了。有数据显示，连锁加盟的成功率为80%，而自己开店的成功率仅为20%[①]。然而连锁加盟的风险也是不可低估的，近年来因连锁加盟受骗上当或因连锁经营导致纠纷的案例呈上升趋势。

【案例】欢天喜地加盟却以打官司告终（资料来源：中国广播网）

浙江S市的李小姐一直想开一家品牌童装加盟店，经过多方比较，她选中了外省的一家品牌童装企业。在李小姐看来，这家童装企业的产品质量不错，款式多，而且加盟条件优惠，便很快与其浙江总代理签订了加盟合同，并交了加盟费和保证金。刚开业的时候，李小姐的加盟店生意还不错，童装卖得很快。正当李小姐憧憬着美好前景的时候，浙江总代理却突然借故停止了供货，店开不下去了。不仅如此，李小姐还了解到浙江总代理在和她签订合同之后没多久，又开始向S市的另一家服装店供货，而且该店的进货价格比她的还低。李小姐认为浙江总代理无故停止供货，且在同一地方授权两家加盟店，违反了加盟合同的约定，侵害了自己的权益，于是将浙江总代理告上了法庭。起诉以后李小姐才知道浙江总代理竟然还未经工商部门注册，根本无权对外签订加盟合同。最终法院判决李小姐与浙江总代理签订的加盟合同无效，浙江总代理需将加盟费和保证金退还给李小姐。

连锁经营实际上就是商业特许经营，其中连锁经营企业（特许经营企业）是特许人，加盟者是被特许人。根据《商业特许经营管理条例》（2007年5月1日起施行）及商务部制定的《商业特许经营备案管理办法》、《商业特许经营信息披露管理办法》等配套规定，加

[①]肖建中. 连锁加盟创业指南[M]. 北京：中国经济出版社，2006：1.

盟连锁经营企业应注意以下问题。

1. 认真审核特许人的资质

选择特许人一定要谨慎，不要轻易相信夸夸其谈的广告宣传。根据《商业特许经营管理条例》的规定，特许经营企业都要依法办理备案，备案信息在商务部设立的商业特许经营信息管理系统上公布。通过商业特许经营信息管理系统你可以查询到以下信息：特许人的企业名称及特许经营业务使用的注册商标、企业标志、专利、专有技术等经营资源；特许人的备案时间；特许人的法定经营场所地址与联系方式、法定代表人姓名；中国境内全部被特许人的店铺分布情况。只有经过备案的特许人才有资格从事特许经营活动，你也才可以放心大胆地与其洽谈加盟计划。

如果和你洽谈的是特许人的代理商，那么除了核实特许人本身的资质外，你还要仔细审查该代理商是否取得特许人的有效授权。

2. 充分行使你的知情权

在和特许人洽谈的过程中，你有权要求特许人在签订正式合同之前提前至少 30 天提供以下信息。

（1）特许人及特许经营活动的基本情况。包括特许人名称、通信地址、联系方式、法定代表人、总经理、注册资本额、经营范围以及现有直营店的数量、地址和联系电话；特许人从事商业特许经营活动的概况；特许人备案的基本情况；由特许人的关联方向被特许人提供产品和服务的，应当披露该关联方的基本情况；特许人或其关联方过去两年内破产或申请破产的情况。

（2）特许人拥有经营资源的基本情况。包括注册商标、企业标志、专利、专有技术、经营模式及其他经营资源的文字说明；经营资源的所有者是特许人关联方的，应当披露该关联方的基本信息、授权内容，同时应当说明在与该关联方的授权合同中止或提前终止的情况下，如何处理该特许体系；特许人（或其关联方）的注册商标、企业标志、专利、专有技术等与特许经营相关的经营资源涉及诉讼或仲裁的情况。

（3）特许经营费用的基本情况。包括特许人及代第三方收取费用的种类、金额、标准和支付方式，不能披露的，应当说明原因，收费标准不统一的，应当披露最高和最低标准，并说明原因；保证金的收取、返还条件、返还时间和返还方式；要求被特许人在订立特许经营合同前支付费用的，该部分费用的用途以及退还的条件、方式。

（4）向被特许人提供产品、服务、设备的价格、条件等情况。包括被特许人是否必须从特许人（或其关联方）处购买产品、服务或设备及相关的价格、条件等；被特许人是否必须从特许人指定（或批准）的供货商处购买产品、服务或设备；被特许人是否可以选择其他供货商以及供货商应具备的条件。

（5）为被特许人持续提供服务的情况。包括业务培训的具体内容、提供方式和实施计划，如培训地点、方式和期限等；技术支持的具体内容、提供方式和实施计划，包括经营资源的名称、类别及产品、设施设备的种类等。

（6）对被特许人的经营活动进行指导、监督的方式和内容。包括经营指导的具体内容、提供方式和实施计划，如选址、装修装潢、店面管理、广告促销、产品配置等；监督的方式和内容，被特许人应履行的义务和不履行义务的责任；特许人和被特许人对消费者投诉和赔偿的责任划分。

（7）特许经营网点投资预算情况。投资预算可以包括下列费用：加盟费，培训费，房地产和装修费用，设备、办公用品、家具等购置费，初始库存，水、电、气费，为取得执照和其他政府批准所需的费用，启动周转资金，以及上述费用的资料来源和估算依据。

（8）中国境内被特许人的有关情况。包括现有和预计被特许人的数量、分布地域、授权范围、有无独家授权区域（如有，应说明预计的具体范围）的情况；现有被特许人的经营状况，包括被特许人实际的投资额、平均销售量、成本、毛利、纯利等信息，同时应当说明上述信息的来源。

（9）最近2年经会计师事务所或审计事务所审计的特许人财务会计报告摘要和审计报告摘要。

（10）特许人最近5年内与特许经营相关的诉讼和仲裁情况。包括案由、诉讼（仲裁）请求、管辖及结果。

（11）特许人及其法定代表人重大违法经营记录情况。包括被有关行政执法部门处以30万元以上罚款的，被追究刑事责任的。

同时特许人还应提供拟签订的特许经营合同文本，这是为了保证你在签订正式合同前有充分的时间好好研究合同条款，以避免盲目订立合同带来的风险。

3. 慎重签订特许经营合同

如果双方洽谈得很顺利，接下来就该签订合同了。《商业特许经营管理条例》第十一条明确规定："从事特许经营活动，特许人和被特许人应当采用书面形式订立特许经营合同。"

特许经营合同应当包括下列主要内容：

（1）特许人、被特许人的基本情况；

（2）特许经营的内容、期限；

（3）特许经营费用的种类、金额及其支付方式；

（4）经营指导、技术支持以及业务培训等服务的具体内容和提供方式；

（5）产品或者服务的质量、标准要求和保证措施；

（6）产品或者服务的促销与广告宣传；

（7）特许经营中的消费者权益保护和赔偿责任的承担；

（8）特许经营合同的变更、解除和终止；

（9）违约责任；

（10）争议的解决方式；

（11）特许人与被特许人约定的其他事项。

签订合同时还需注意以下内容：

（1）按规定，特许经营合同约定的特许经营期限应当不少于3年，除非你自愿缩短这个期限；

（2）作为被特许人，你享有在特许经营合同订立后一定期限内单方解除合同的权利，此项内容一定要写进合同里；

（3）口头承诺是不可靠的，一定要将特许人的口头承诺写进合同里；

（4）仔细审查合同条款，有异议的一定要提出来，即便是打印好的合同文本也是可以修改的，记住，要求修改合同条款是你的权利，千万不要轻易放弃；

（5）如果是代理商出面和你洽谈，注意在特许经营合同上盖章的、与你签订合同的合同主体应当是特许人，而不是代理商，代理商不能以自己的名义与你签订合同。

4. 被特许人还享有以下权利

（1）有权要求特许人提供特许经营操作手册，并按照约定为你持续提供经营指导、技术支持、业务培训等服务；

（2）如果特许人要求在订立特许经营合同前支付费用的，有权要求其以书面形式说明该部分费用的用途以及退还的条件、方式；

（3）如果特许人收取推广、宣传费用的，应当按照合同约定的用途使用，并且及时披露推广、宣传费用的使用情况。

五、如何购买一家企业

购买现成的企业，而非自己创办一家新企业，也是实现老板梦的一种途径。购买企业的行为，通常称为并购，时髦的叫法是"M&A"，就是 Merger（兼并）和 Acquisition（收购）的简称。在并购市场上，目前比较多见的企业买主，往往是另一家雄心勃勃的企业，如联想收购 IBM 的个人电脑业务、百度收购 91 无线。不过买企业这样的大生意并不是大企业的专利，你也可以试试。那么如何购买一家企业呢？

1. 首先要搞清楚到底以什么方式购买

这个问题主要取决于你的并购目的。如果你看中的是企业的某些优质资产，并不希望承担企业的债务，那么你可以选择直接购买企业的资产，比如房地产、机器设备、知识产权等；如果你想获得这个企业的控制权、经营权，使它实际上变成你的企业，那么你需要从企业的控制人（投资人、合伙人、股东等）手中购买相应的权利。前者我们称为资产收购，后者根据企业组织形式的不同，又有以下不同的情形。

（1）如果你要购买的企业是个体工商户，那么你买了它之后必须把它注销，然后重新申请设立一个你自己为经营者（业主）的个体工商户，也就是所谓的"一开一歇"。因为按照《个体工商户条例》第十条的规定："个体工商户变更经营者的，应当在办理注销登记后，由新的经营者重新申请办理注册登记。"从这个意义上说，你其实并不能买到一家个体工商户，你只能买到它的资产。

（2）如果你要购买的是个人独资企业，就要和其投资人签订转让协议，成为该企业新的投资人。但需要特别注意的是，你们必须在转让协议中明确约定企业变更投资人前发生的债务（旧债）由谁来承担，因为目前在这个问题上争议很大，有的法院判决由原来的投资人承担，有的法院却要求新投资人承担旧债。作为新投资人的你，如果你和原投资人在转让协议中约定了由原投资人承担的，那么最坏的打算是，即便你作为新投资人先还了旧债，至少你还可以依据转让协议向原投资人追回来。

【案例】个人独资企业转让的债务承担（资料来源：东方法眼）

Z酒店是甲投资开办的个人独资企业。2005年5月18日，甲与乙签订了企业并购合同，约定将Z酒店以80万元价格出售给乙，2005年5月18日之前的一切债权债务由甲负责，此后的债权债务均由乙负责。之后Z酒店的投资人由甲依法变更为乙，酒店名称仍然不变。2006年8月因经营不善，乙申请注销了Z酒店。

2006年9月乙收到了法院的传票，有人将乙告上了法庭。原来在甲经营Z酒店期间，蔬菜供应商丙一直向酒店供应蔬菜。截至2005年5月18日，Z酒店累计欠丙蔬菜款58 000元。现丙起诉乙，要求其作为Z酒店的投资人，偿还Z酒店所欠的蔬菜款58 000元。乙认为该款应由甲来偿还。

评析：个人独资企业虽然不是法人，但其财产还是相对独立的，根据《个人独资企业法》第三十一条"个人独资企业财产不足以清偿债务的，投资人应当以其个人的其他财产予以清偿"的规定，本案Z酒店欠丙的蔬菜款58 000元，首先应当用Z酒店的财产偿还，如果Z酒店财产不足以偿还的，再由其投资人以其个人的其他财产予以清偿。但鉴于现在Z酒店已经注销，根据《个人独资企业法》第二十八条"个人独资企业解散后，原投资人对个人独资企业存续期间的债务仍应承担偿还责任"的规定，丙直接起诉要求Z酒店的投资人负责还债是有依据的。

本案最大的问题是，到底应该由甲还是乙来偿还这笔债务？一种意见认为应该由甲来偿还，因为这笔蔬菜款发生在甲经营Z酒店期间，当时甲是投资人，更何况甲和乙在企业并购合同中也明确约定了企业转让前的债务由甲承担；另一种意见认为乙在受让Z酒店时，也一并受让了酒店的债务，其与甲在企业并购合同中的约定未经债权人同意，并不具有对外的效力，因此丙完全可以要求乙还债。

（3）如果你要购买的企业是合伙企业，那么你有两种选择，一种是从原有合伙人手中购买其财产份额（类似于股权）；另一种是入伙，需征得该合伙企业全体合伙人的同意，并与之签订书面入伙协议。需要注意的是，《合伙企业法》明确规定新合伙人对入伙前合伙企业的债务要承担无限连带责任。

（4）如果你购买的是有限责任公司，那么你要做的就是从公司股东手中购得全部或者大部分股权，我们称之为"股权收购"。

两种不同的购买方式各有利弊。一般来说资产收购比较简单，因为标的物比较单一，风险相对可控，但是对于没有自己企业的创业者来说需要重新设立企业（将所购得的资产注入这家新企业）开展经营活动。从严格意义上说，资产并购并不能买到企业；而后者则比较复杂，因为你要成为目标企业的投资人、合伙人或者股东，你的投资效益要取决于一家已经运营了一段时间、对你而言全然陌生的企业，风险相对难以预计，但好处是你不需要重新设立企业。

表 2-1 以有限责任公司为例，对资产收购和股权收购两种方式的利弊进行了比较。

表 2-1　资产收购和股权收购两种方式的利弊

比 较 项	资 产 收 购	股 权 收 购	备 注
可能承担的债务	（1）收购者购买的是资产，购买方购得目标公司的资产后，和目标公司就没什么关系了，无须承担标的公司的债务 （2）如果该资产本身负有债务的，如房产尚有银行按揭未还的，则收购方与目标公司需约定该项债务由收购方负责偿还，还是由目标公司负责偿还	（1）收购者购买的是股权，也就无须承担标的公司的债务；收购者作为标的公司的新股东，仅以出资额为限对公司承担责任 （2）目标公司的原有负债情况会对收购者的预期收益产生巨大影响，由于目标公司的债务尤其是或有债务往往很难调查清楚，因此存在着较大的不确定性风险	或有债务：虽然目前还不是债务，但以后有可能成为债务
是否需要征得有关方面同意	（1）需得到标的公司决策机构（如董事会）的同意 （2）如果其他人对资产享有某种权利的，如抵押人、担保人、商标人、专利权人、租赁权人等，该资产的转让还需征得权利人的同意	（1）需要征得目标公司其他股东的同意，因为根据《公司法》的规定，股东转让股权的，其他股东有优先受让权 （2）如果该股权已经质押的，还需征得质押权人的同意 （3）某些公司的股权转让还需经有关行政部门审批同意，如国有企业、外资企业、金融企业等	
是否需要重新设立企业	需要	不需要	

2. 购买方式确定之后，接下来就要选择购买对象了

在购买资产的情况下，除了对资产的自身状况做到心中有数外，还要了解出售资产企业的情况。你必须搞清楚对方为什么要卖掉资产，如果是优质资产，显然没有人会轻易放弃，了解资产可能存在的问题比什么都重要。同时，这也便于你在讨价还价的时候掌握主动权。

打算入主目标企业的，则更要对目标企业的家底作彻底的调查，特别是关注那些"坏消息"。不要轻易相信对方天花乱坠的介绍，有条件的话，建议聘请律师、会计师等对目标企业进行尽职调查，听取他们的专业意见，以便作出明智的抉择。

【案例】"店面低价急转"背后的骗局（资料来源：中青在线—中国青年报）

小王看到一家店挂出"店面低价急转"的牌子，就与店主进行洽谈。店主自称姓李，因家中有急事，想把店卖掉。店面租期还剩半年，店里还有一些存货，愿意低价转让。小王觉得这家店面位置不错，而且店主开的价钱也很便宜，于是就付钱接下了这家店。可是小王当上老板没几天，就来了一位不速之客，拿出房产证说店面是他的，租期已经到期，要求小王立刻搬离。原来那个姓李的店主欺骗了小王，他和房东的租期明明马上就要到期了，他却骗小王说还有半年。现在房东已经把店面租给了别人，小王只能自认倒霉了。

评析：小王没有对原店主提供信息的真实性进行调查，就贪便宜匆忙接下店面，这是小王遭受损失的根本原因。在并购实务中，对并购对象进行认真的尽职调查，始终是防范并购风险、保护收购者权益的关键。

3. 第三步是谈判和签约

通过谈判确定双方在并购中各自的权利和义务，特别是并购价格、并购条件等条款。谈判一般很艰难，既需要智慧也需要精力和耐心。如果有律师参与谈判，就能更好地保障你的权益。谈判成功后，双方需要签订并购合同。并购合同一般包括以下主要内容：

（1）合同当事人的基本情况；

（2）对于标的的描述，即陈述拟转让的资产、财产份额、股权（包括目标企业）等的情况；

（3）转让价格与付款；

（4）转让标的（资产、财产份额或股权等）的交割；

（5）其他有关安排（如债权债务处置、职工的安排等）；

（6）违约责任；

（7）争议处理方案；

（8）生效条款等。

4. 最后进行交割

根据并购合同的约定，收购方履行付款义务，出售方则将转让标的（资产、财产份额或股权）等交给收购方。资产的交割一般需要同时提交资产的权利凭证，需要办理过户登记的还需依法办理过户手续（如房产的过户）。个体工商户改变经营者的，要重新申请工商登记；个人独资企业转让的，要办理投资人变更登记；合伙企业变更合伙人或者增加新的合伙人的，要办理合伙人变更登记；有限责任公司股权转让的，要办理股东变更登记。

第二节　确定企业的法律形式

关键词：企业、个体工商户、个人独资企业、合伙企业、农民专业合作社、公司、有限责任公司、一人有限责任公司、股份有限公司、有限责任、无限责任

一、什么是企业

创业必然要设立一个组织体，并以这个组织体的名义开展经营活动，譬如马云创办的"阿里巴巴"，比尔·盖茨创办的"微软"。这个从事经营活动的组织体不论规模大小，都必须依法设立，才能获得法律认可的地位，成为一个受法律保护的法律主体——我们称之为"企业"（Enterprise）。

Enterprise 在英文里有"（艰巨、复杂或冒险性的）事业、计划"、"办企业、干事业"、"事业心、进取心、冒险精神"等含义，"企业"原本主要指一种冒险事业或商业活动，后来用以称呼从事这些活动的组织体。

我们使用"企业"这一概念泛指一切由创业者依法设立的，从事经营性活动的主体，包括个体经营形式[①]。

作为从事经营活动的主体，企业在经营过程中依法享有法律上的权利，同时也必须承担法律义务。例如，企业有权自主开展经营活动，有权从中获利，而同时企业又有义务向政府纳税。

二、企业有哪些形式

许多人一说到创业，就想到开公司，事实上，公司只是企业众多组织形式当中的一种。

[①] 需注意的是，这只是本书对于"企业"一词的使用。事实上，按照我国法律规定，个体经营的个体工商户并不是法律意义上的企业。

根据我国法律的规定，自主创业所采取的组织形式可以是个体工商户、个人独资企业、合伙企业、公司（包括有限责任公司和股份有限公司）等。

1. 个体工商户

个体工商户是指创业者以个人财产（或者家庭财产）作为资本，依法核准登记从事工商业经营的经营体。

【法条】

《个体工商户条例》（2011 年 11 月 1 日起施行，2014 年 2 月 19 日修订）

第二条　有经营能力的公民，依照本条例规定经工商行政管理部门登记，从事工商业经营的，为个体工商户。

个体工商户是我国市场经济中非常活跃的一员。截至 2014 年 1 月底，全国个体工商户户数达 4 465.82 万户，资金数额 2.46 万亿元。

2. 个人独资企业

依据《个人独资企业法》，个人独资企业是由一个创业者投资设立的经营实体，创业者个人要对企业债务承担无限责任。

【法条】

《个人独资企业法》（2000 年 1 月 1 日起施行）

第二条　本法所称个人独资企业，是指依照本法在中国境内设立，由一个自然人投资，财产为投资人个人所有，投资人以其个人财产对企业债务承担无限责任的经营实体。

个人独资企业与个体工商户从本质上来说，都是一种个体经济，都是以个人（或家庭）财产投资，个人承担无限责任，但其所依据的法律不同，其企业特征方面也存在细微的差别。

3. 合伙企业

合伙企业是两个以上的投资人（包括自然人、法人、其他组织）通过订立合伙协议，共同投资设立，合伙人按照企业的性质及合伙协议的约定处理合伙事务、承担企业债务的经营实体，分为普通合伙企业和有限合伙企业两大类。

【法条】

《合伙企业法》（2006 年 8 月 27 日修订，2007 年 6 月 1 日起施行）

第二条　本法所称合伙企业，是指自然人、法人和其他组织依照本法在中国境内设立的普通合伙企业和有限合伙企业。

普通合伙企业由普通合伙人组成，合伙人对合伙企业债务承担无限连带责任。本法对普通合伙人承担责任的形式有特别规定的，从其规定。

有限合伙企业由普通合伙人和有限合伙人组成，普通合伙人对合伙企业债务承担无限连带责任，有限合伙人以其认缴的出资额为限对合伙企业债务承担责任。

需要特别注意的是，合伙企业和前两种企业的一个明显区别是，前两种企业的投资者都是自然人，合伙企业的投资者可以是自然人，也可以是法人或其他组织。这意味着，如果我们要设立一个合伙企业，不仅可以找其他的个人（同学、朋友、家人、亲戚等），也可以找一家公司或别的组织合作。

【小贴士】

民法上，我们把民事活动的主体（民事主体）分为自然人、法人、非法人组织三类。自然人就是基于自然规律出生的人，如马云、比尔·盖茨、我们自己都是自然人；法人是一些社会组织，如公司、学校、银行、医院等，法人是法律拟制的"人"，它们虽然不是真正的人，但是它们和自然人一样依法独立享有民事权利和承担民事义务；非法人组织也是一些社会组织，它们可以自己的名义进行民事活动，但不具有法人资格，它们不能像法人一样独立承担民事责任，如个体工商户、农村承包经营户、个人独资企业、合伙、法人的分支机构、筹建中的法人等。

4. 公司

公司是依据公司法设立的企业法人，它有独立的法人财产，以其全部财产对公司债务承担责任，公司的投资人（股东）对公司承担有限责任。我国《公司法》规定的公司分为有限责任公司和股份有限公司两种。

【法条】

《公司法》（2006年1月1日起施行，2013年12月28日第三次修正）

第二条 本法所称公司是指依照本法在中国境内设立的有限责任公司和股份有限公司。

第三条 公司是企业法人，有独立的法人财产，享有法人财产权。公司以其全部财产对公司的债务承担责任。

有限责任公司的股东以其认缴的出资额为限对公司承担责任；股份有限公司的股东以其认购的股份为限对公司承担责任。

公司制度是现代企业制度的代表，公司的适应性非常强，本身的种类、形态也相当复杂。就我国《公司法》的现行规定来看，公司的规模可大可小，组织机构可简可繁，公司股东多的可达成百上千乃至更多（如上市公司），股东少的只有几个人甚至只有一人（如一人有限责任公司），注册资本多的公司可拥资数亿，资本少的几万元就可以成立公司。

5. 农民专业合作社

农民专业合作社是依据《农民专业合作社法》设立的法人，是以农民为主要成员成立的以农产品生产经营为主的互助性经济组织。农民专业合作社依法拥有自己的财产，并以自己的财产对外承担债务。从 2007 年《农民专业合作社法》实施以来，我国农民专业合作社发展很快，截至 2014 年 1 月底，全国登记的农民专业合作社已有 101.9 万户，出资总额达 2 万亿元。

【法条】

《农民专业合作社法》（2007 年 7 月 1 日起施行）

第二条 农民专业合作社是在农村家庭承包经营基础上，同类农产品的生产经营者或者同类农业生产经营服务的提供者、利用者，自愿联合、民主管理的互助性经济组织。

农民专业合作社以其成员为主要服务对象，提供农业生产资料的购买，农产品的销售、加工、运输、贮藏以及与农业生产经营有关的技术、信息等服务。

第四条 农民专业合作社依照本法登记，取得法人资格。

农民专业合作社对由成员出资、公积金、国家财政直接补助、他人捐赠以及合法取得的其他资产所形成的财产，享有占有、使用和处分的权利，并以上述财产对债务承担责任。

第五条 农民专业合作社成员以其账户内记载的出资额和公积金份额为限对农民专业合作社承担责任。

三、什么是有限责任，什么是无限责任，它们有什么区别

如前所述，创办企业是一项"冒险事业"，对于创业者来说，当然希望尽可能控制其中的风险。从创业者对企业所承担法律责任的角度看，承担无限责任的创业者所可能面临的风险比承担有限责任的创业者要大得多。

所谓有限责任，是指创业者（投资者）除其认缴的对企业的出资外，不再对企业及企业的债权人承担任何财产责任。如果企业经营失败，创业者的最大财产损失就是无法收回其对企业的全部出资。也就是说，如果一个创业者出资 10 万元开办企业，那么对他来说，最坏的情形就是，他的全部投资最终打了水漂，10 万元血本无归。虽然很惨，但和无限责任相比，这种损失总是可以预期的、有限度的。公司是典型的有限责任企业。

所谓无限责任，是指创业者（投资者）除其认缴的对企业的出资外，还需以自己的其他财产对企业债务承担连带清偿责任。也就是说，如果企业经营失败，创业者不但无法收回最初的投资，还可能要倒贴。同样出资 10 万元，最坏的情形是，不但 10 万元有去无回，甚至还要把自己另外的财产拿来帮企业还债。个体工商户、个人独资企业的投资者需承担无限责任。

合伙企业的情况比较复杂。2007 年 6 月 1 日起施行的《合伙企业法》将合伙企业分为普通合伙企业和有限合伙企业，有限合伙企业允许有限责任合伙人的存在。也就是说，有限合伙企业的投资者中有的需要对合伙企业的债务承担无限责任，而有的仅承担有限责任。

四、选择企业形式时应考虑哪些因素

既然有那么多种企业的组织形式，那么我们创业时到底应该如何选择呢？人们常说，适合自己的才是最好的，创业也一样，在选择组织形式时，应当按照自身的实际情况，作出最明智的决策。

我们认为，选择企业形式时应当考虑以下因素。

1. 合作还是单干

单干还是找合作伙伴一起创业，这不但是个人喜好问题，往往还关系到创业的命运。

合作有合作的好处，比如更容易筹措到资金，合作伙伴可以优势互补、风险共担等。但是如果合作不好，会给创业带来很多麻烦，亲兄弟都要分家，更何况是一般的合作者呢？所以在创业之初，必须认真考虑这个问题，如果有意向的合作伙伴，要对你们合作创业的可行性、默契程度等进行客观、充分的评估。

单干的选择余地并不小，个体工商户、个人独资企业、一人有限责任公司都可以。合作的形式主要有合伙企业、公司。

2. 项目风险的大小

有的创业项目风险低，回报率低。有的创业项目回报率虽高，但风险也大。创业之初合理评价自身创业项目的风险是很重要的。如果是风险较大的项目，建议选择仅承担有限责任的创业形式，如公司。如果是风险较小的项目，我们可以选择承担无限责任的创业形式。

3. 可以筹到多少资金

资金是企业的生命线，企业成立之初都必须注入一定的资本。一般来说，资金实力雄厚、规模大的项目适合采取公司形式，而资金较少、规模较小的项目适合采取个体工商户、个人独资企业以及合伙企业等形式。

4. 税负的轻重

不同形式的企业所承担的税负是不一样的。如公司要缴纳企业所得税，而个体工商户、个人独资企业、合伙企业不用缴纳企业所得税。企业规模的大小也影响税负水平，如我国增值税暂行条例及其实施细则按照生产经营规模将增值税的纳税人分为一般纳税人和小规模纳税人，对小规模纳税人按照3%的征收率征收增值税，而一般纳税人的税率则是17%。不过要准确评判具体企业承担的税负是一个相当复杂的问题，在选择时还需要结合各方面的因素进行权衡。

5. 行业特点

行业特点对于选择企业形式的影响，一方面表现在不同行业本身可能对企业形式有不同要求，如根据《合伙企业法》的规定，以专业知识和专门技能为客户提供有偿服务的专业服务机构（如会计师事务所、房产中介），可以设立为特殊的普通合伙企业。法律法规对于某些行业还作出了特殊的准入规定，包括注册资本的要求、前置审批的要求等。

另一方面，行业的不同也会影响税负轻重。不同行业的企业需缴纳不同税种的税，如从事销售货物或进口货物活动的需要缴纳增值税，如果这些货物属于有害、奢侈、高能耗等消费品的，还要缴纳消费税；开采矿产品或生产盐的企业要缴纳资源税。不同行业在税收优惠政策方面的待遇也不一样。比如营业税的税收优惠主要针对交通运输业、文化体育业、医疗服务业、金融保险业、高校后勤服务业等服务行业。

6. 是否有利于长远的创业规划

相信大部分的创业者并不是图一时之快，除了眼前的计划外，往往心中还有一个长远的规划。为了促进企业做大做强，我们一开始选择的企业形式应当具有充分的发展空间，有利于吸收新的股东，有利于吸引资金、人才、技术等。相比较而言，有限合伙企业、公司在上述方面显然比个体工商户、个人独资企业等更具有优势。另外，还要考虑到法律法规的一些特别规定。例如根据《商业特许经营管理条例》（2007年5月1日起施行）第三条规定"企业以外的其他单位和个人不得作为特许人从事特许经营活动"，如果你像本章开头案例中的小施一样想实施连锁经营战略，那么你必须放弃个体工商户这种形式，因为按照我国目前的法律规定，个体工商户并不属于"企业"。

五、大学生初次创业更适合选择怎样的企业形式

第一次创业，一般都是"白手起家"，没有很强的资金实力，各方面条件欠缺，而且大学生们往往热情有余、经验不足，创业风险较大。什么样的企业形式比较适合大学生呢？

1. 孤胆英雄：个体工商户、个人独资企业、一人有限责任公司

近几年来，国家出台了许多鼓励大学生从事个体经营的扶持性政策（详见本书第一章）。个体经营比较适合初次创业者，对于喜欢单枪匹马闯天下的你来说是一个不错的选择。

个体工商户、个人独资企业的优缺点如表2-2所示。

表2-2 个体工商户、个人独资企业的优缺点

优　点	缺　点
1. 财产关系简单，企业的财产与创业者自己的财产是一样的，无须与人分利，也无须与人扯皮 2. 创业者拥有完全的经营自主权，自己一个人说了算，不受制约 3. 保密性好，利于企业商业秘密的保护，从而增强竞争力 4. 所需资金少，容易设立，优惠政策多，成本较小	1. 抗风险性差。整个企业系于创业者一身，创业者责任特别重大。一个人的力量和能力总是有限的，一方面，一旦创业者决策失误、经营失败、企业资不抵债，创业者需对企业承担无限责任，可能导致创业者个人倾家荡产；另一方面，一旦创业者个人发生意外，将导致企业的终结 2. 发展性差。由于资金少，规模小，企业信用等级较低，很难吸引资金、人才和技术，难以发展壮大
推荐指数：★★★	

一人有限责任公司是一种比较新的企业形式，在2006年之前，我国公司法并不允许成立一人公司。这种新型企业形式一得到法律的认可，就马上蓬勃发展起来。来自北京市工商局信息中心的统计数据显示，2007年上半年，北京市新登记一人独资公司5 688户，同比增长79.43%，占新开办企业总数的1/5。一人独资公司成为不少投资者首选的企业组织形式。

一人有限责任公司的优缺点如表2-3所示。

表2-3 一人有限责任公司的优缺点

优　点	缺　点
一人有限责任公司几乎拥有个体工商户、个人独资企业所有优点，而且它还具有一项"独门绝技"：一人有限责任公司的股东只需对公司承担有限责任，大大降低了创业风险	《公司法》对一人有限责任公司各方面的要求都比较高。例如，一个自然人只能投资设立一个一人有限责任公司，该一人有限责任公司不能设立新的一人有限责任公司；每年都要编制财务会计报告，并经会计师事务所审计；股东还有一个义务就是必须证明公司财产独立于自己的个人财产，否则不再受有限责任的保护，要对公司债务承担连带责任
推荐指数：★★★☆	

个体工商户、个人独资企业、一人有限责任公司设立的主要条件如表2-4所示。

表2-4 个体工商户、个人独资企业、一人有限责任公司设立的主要条件

序　号	条　件
1	投资人数为一个。个体工商户、个人独资企业的投资人为自然人，一人有限责任公司的股东可以是自然人或者法人
2	有合法的企业名称（个体工商户可以不取字号名称）

续表

序　号	条　件
3	依法出资
4	有固定的生产经营场所和必要的生产经营条件
5	一人有限责任公司还必须制定公司章程

2. 团队为王：合伙企业

团队的力量往往是势单力孤的个人所不能比拟的。成功的合伙企业就是一个团队，它将分散的人、资本、技术联合起来，使之优势互补，发挥出巨大的能量。如果你正好有合适的合作伙伴，那么不妨试试合伙。合伙企业的优缺点如表2-5所示。

表2-5　合伙企业的优缺点

优　点	缺　点
1. 人多力量大。这不是单纯的人数的增加，同时增加的是资金、技术、经验和智慧，企业的实力和管理能力都有望得到提升 2. 机制较灵活，能够吸引更多人的参与。例如，允许以劳务出资，使得有一技之长但缺乏资金的人能够加入到合伙人的队伍，充分发挥其积极性；有限合伙企业允许有限合伙人的参与，有利于吸引风险资本的投入	1. 人多导致分歧多，保密性差，企业运营效率相对低下，不利于企业长期稳定发展 2. 普通合伙人对合伙企业的债务依然要承担无限责任 3. 入伙、退伙需要全体合伙人一致同意，降低了企业的吸引力 4. 规模依然较小，企业信用等级不高，融资手段有限
推荐指数：★★★★	

合伙企业设立的主要条件如表2-6所示。

表2-6　合伙企业设立的主要条件

序　号	条　件
1	有两个以上合伙人。合伙人为自然人的，应当具有完全民事行为能力
2	有书面合伙协议
3	有合伙人认缴或者实际缴付的出资（可以劳务形式出资）
4	有合伙企业的名称和生产经营场所
5	法律、行政法规规定的其他条件

3. 一步到位：有限责任公司[①]

有限责任公司是一种非常规范的现代企业组织形式，具有诸多优势，随着注册资本登

[①] 这里介绍的有限责任公司不包括一人有限责任公司。

记制度改革，设立有限责任公司的门槛大大降低，越来越多的创业者青睐于这种企业形式。从长远规划来看，规范的有限责任公司很容易改造成为股份有限公司，以期争取上市，所以可以说设立有限责任公司是创业者一步到位的选择。在条件具备的前提下，胸怀大志的你应该把有限责任公司作为自己创业的首选企业形式。有限责任公司的优缺点如表2-7所示。

表2-7　有限责任公司的优缺点

优　　点	缺　　点
1. 抗风险性较强。一方面，公司财产与股东财产相互独立，公司股东仅承担有限责任，股东的风险大大降低；另一方面，公司具有独立法人资格，公司不因股东的变动而丧失主体地位 2. 适应性非常强，成长性好，适用于一切行业，具有很大的发展空间 3. 制度规范，所有权与经营权分离，可以聘任专业管理人员，提升企业的管理水平 4. 企业信用等级较高，融资能力较强	1. 法律法规的规范要求比较严格，对公司依法经营管理的水平提出很高的要求 2. 相较于股份有限公司，有限责任公司的融资手段有限，缺乏在短时间内大量集资的能力，限制了公司规模的扩张 3. 大股东控制的现象比较普遍，不利于小股东权益保护

推荐指数：★★★★★

有限责任公司设立的主要条件如表2-8所示。

表2-8　有限责任公司设立的主要条件

序　　号	条　　件
1	股东符合法定人数（2～50人）
2	有股东认缴的出资（不能以劳务形式出资）
3	股东共同制定公司章程
4	有公司名称，建立符合有限责任公司要求的组织机构
5	有公司住所

第三节　企业名称登记

关键词：企业名称、字号、企业名称预先核准、企业名称权

一、什么是企业名称

企业名称是企业经营中所使用的独特称号，是企业具有法律主体资格的必要条件，是

企业区别于其他企业的标志。

企业名称就是企业的名字。一个好的名字对于企业品牌的打造和推广会有意想不到的神奇效果。

【案例】(资料来源：经济日报)

1995 年宁波飞翔集团为了进军吸油烟机市场，放弃了使用十年之久、当时已经颇具知名度和影响力的名字"飞翔"，改名为"方太"。事实证明，这一改名非常成功，凭借产品本身的优点，及借"方太"这个好名字在公众中的良好形象，方太厨具在激烈的市场竞争中一炮打响。虽然方太在投入广东市场的前两年几乎没有做什么广告，但在广东的销量却一直居全国首位。当时珠三角区域集中了全国 76%的家电品牌，任何一家家电企业要进入这个市场都很困难，不打广告根本不可能。但方太吸油烟机没花一分钱广告费就占领了这个市场。

中国人非常重视取名字，给企业取名字比取人名要讲究的多，不仅要好听、响亮、容易记，更要符合企业特点，要寓意深远……关键是还要符合法律规定。

二、企业名称由哪些部分组成

企业名称由四个部分依次组成：行政区划+字号+行业或者经营特点+组织形式。

例如，杭州和盛企划有限公司，其中"杭州"表示行政区划，"和盛"是字号，"企划"表明行业或者经营特点，"有限公司"是企业的组织形式。

企业名称的四个部分都必须依法确定。

1. 行政区划

一般情况下，企业名称的第一部分应当冠以企业所在地县级以上行政区划的名称或地名。

经国家工商行政管理总局核准，符合下列条件之一的企业法人，可以使用不含行政区划的企业名称：

（1）全国性公司；

（2）国务院或其授权机关批准的大型进出口企业；

（3）国务院或其授权机关批准的大型企业集团；

（4）历史悠久、字号驰名的企业；

（5）外商投资企业；

（6）国家工商行政管理总局规定的其他企业。

符合上述（1）～（3）、（6）项规定的企业，可以申请在企业名称中使用"中国"、"中华"或者冠以"国际"字词。

2. 字号

字号又称"商号"。在企业名称的四个部分中，字号是最能体现企业个性、最醒目的部分，事实上，它是企业名称的灵魂。"娃哈哈"、"蒙牛"、"联想"、"吉利"这些字号相信大家已经是耳熟能详，但我们不一定记得它们企业的全称。

根据规定，字号应当由两个以上的汉字组成。行政区划不得用作字号，但县以上行政区划的地名具有其他含义的除外。企业名称可以使用自然人、投资人的姓名作字号。

3. 行业或者经营特点

一般我们要了解一个企业是做什么的，最简便的办法就是看它的名字，确切地说，是看名字中表明行业或者经营特点的部分。"卖什么，吆喝什么"，在企业名称中准确标明自己所属的行业或者经营特点，实际上就是在给企业做广告。

按照规定，企业应当根据其经营范围，依照国民经济行业分类，在企业名称中标明所属行业或者经营特点，不应当明示或者暗示有超出其经营范围的业务。

国民经济行业分类（详见国家标准《国民经济行业分类和代码表（GB T4754-2011）》，可访问国家统计局网站 http://www.stats.gov.cn/tjsj/tjbz /查询）包括以下大类：

A：农、林、牧、渔业

B：采矿业

C：制造业

D：电力、热力、燃气及水生产和供应业

E：建筑业

F：批发和零售业

G：交通运输、仓储和邮政业

H：住宿和餐饮业

I：信息传输、软件和信息技术服务业

J：金融业

K：房地产业

L：租赁和商务服务业

M：科学研究和技术服务业

N：水利、环境和公共设施管理业

O：居民服务、修理和其他服务业

P：教育

Q：卫生和社会工作

R：文化、体育和娱乐业

S：公共管理、社会保障和社会组织

T：国际组织

企业为反映其经营特点，可以在名称中的字号之后使用国家（地区）名称或者县级以上行政区划的地名。上述地名不视为企业名称中的行政区划。例如，北京×××四川火锅有限公司、北京×××韩国烧烤有限公司，"四川火锅"、"韩国烧烤"字词均视为企业的经营特点。

4. 组织形式

企业应当根据其组织结构或者责任形式，在企业名称中标明组织形式。所标明的组织形式必须明确易懂，符合国家法律、法规的规定。

前面已经介绍过各种企业组织形式，根据适用的不同登记法规，可以将它们分为两大类：

一是公司类，根据《公司法》的规定，依照该法设立的企业名称中必须标明"有限责任公司"、"有限公司"或"股份有限公司"、"股份公司"字词。

二是非公司企业类，包括合伙企业、个人独资企业等。这些企业不得使用"有限责任公司"、"有限公司"或"股份有限公司"、"股份公司"字词，实践中可以申请用"中心"、"店"、"场"、"城"、"馆"、"院"、"所"、"社"、"厂"、"铺"、"村"等作为企业名称的组织形式。

三、给企业取名字还有哪些必须遵守的规定

（1）一个企业只能使用一个名称，而且必须使用独立的企业名称，不得在名称中包含外国国家（地区）名称、国际组织名称、政党名称、党政军机关名称、群众组织名称、社会团体名称及部队番号，不得在名称中包含另一个企业名称。这是为了验明正身，避免混淆视听。

（2）企业名称应当使用符合国家规范的汉字，民族自治地区的企业名称可以同时使用本民族自治地区通用的民族文字。企业名称不得含有外国文字、汉语拼音字母、阿拉伯数字（不含汉字数字）。企业名称需译成外文使用的，由企业依据文字翻译原则自行翻译使用，不需报工商行政管理机关核准登记。

（3）企业名称不得含有有损国家利益或社会公共利益，违背社会公共道德，不符合民族和宗教习俗的内容。

由于我国是一个多民族国家，各个民族有着不同的生活习惯和宗教信仰。因此，企业名称不得含有不符合民族和宗教习俗的内容，特别是在少数民族地区设立的企业，申请和核准企业名称时应注意当地各民族的生活习俗和宗教习俗，回避当地民族和宗教的禁忌。

（4）企业名称不得含有违反公平竞争原则、可能对公众造成误认、可能损害他人利益的内容。企业依法享有名称权，但是企业在申请、使用企业名称时，不得侵害其他企业的

名称权，特别是不得通过企业名称实施不正当的竞争行为。

（5）企业名称不得含有法律或行政法规禁止的内容，也不得与其他企业变更名称未满1年的原名称相同，或者与注销登记或被吊销营业执照未满3年的企业的名称相同。

四、个体工商户如何取名

根据 2009 年 4 月 1 日起施行的《个体工商户名称登记管理办法》，和一般企业相比，个体工商户在取名字时有着更多的自由空间，主要表现在以下几方面。

（1）个体工商户可以使用名称，也可以不使用名称。

（2）名称行政区划后可缀以经营场所所在地的乡镇、街道或者自然村、社区、市场名称，冠名空间大大拓宽了。如"西湖区吉祥小商品批发市场××店"，便于个体工商户宣传自己的区位特点。

（3）可以在名称中使用阿拉伯数字，如"2046 餐厅"，更能体现名称的个性和特色。当然，在使用数字时不得使用"部队番号"等可能对公众造成欺骗或者误解的数字组合。

（4）已变更、已注销个体工商户名称的使用限制放宽了。如个体经营者之间转让生产经营实体，可以保留原有名称继续开展经营活动。

（5）个体工商户名称牌匾可以适当简化（但不得对公众造成欺骗或者误解）。

需要注意的是，个体工商户名称组织形式不得使用"企业"、"公司"和"农民专业合作社"字样，名称中也不能使用"中国"、"中华"、"全国"、"国家"、"国际"等字词。

五、如何进行企业名称登记注册

在给自己的企业取好名字后，企业名称还需经过登记注册后才能生效。企业名称登记注册的一般程序如下：

第一步，申请企业名称预先核准；

第二步，获得核准后，在有效期内办理企业设立登记，同时完成企业名称的登记注册。

1. 申请名称预先核准需向工商部门提交的材料

《企业名称预先核准申请书》（含指定代表或者共同委托代理人授权委托书及身份证件复印件）。

工商部门将在受理企业提交的全部企业名称预先核准申请材料之日起 10 日内，对申请核准的企业名称作出核准或驳回的决定。核准的，发给《企业名称预先核准通知书》；驳回的，发给《企业名称驳回通知书》。

预先核准的企业名称保留期为 6 个月。企业有正当理由在 6 个月内未能完成设立登记的，在保留期届满前，可以申请延长保留期，延长的保留期不得超过 6 个月。

特别要提示的是，为避免自己的企业名称与已有企业名称重名，建议多取几个备用的名称，或事先向工商机关进行名称查询。

【小贴士】

过去申办企业，要想知道企业名称是否重名，申请人必须到工商注册大厅请工作人员逐一通过内部系统查询，若有重复可能要跑多趟，耗费大量人力成本；而浙江省工商局从2014年1月2日开始，率先正式推出企业名称自助查重申报系统，可在网上自助完成名称查重，还能在挑选到心仪名称的同时，直接办理好名称预先核准、变更核准及延期核准等一系列手续，实现快捷操作和冠省名的远程申报。

【企业名称预先核准申请书】（资料来源：国家工商总局）

企业名称预先核准申请书

□企业设立名称预先核准		
申请企业名称		
备选 企业字号	1.	
	2.	
	3.	
企业住所地	_____省（市/自治区）_____市（地区/盟/自治州） _____县（自治县/旗/自治旗/市/区）	
注册资本（金）	_____万元	企业类型
经营范围		
投资人	名称或姓名	证照号码

续表

□已核准名称项目调整（投资人除外）				
已核准名称			通知书文号	
拟调整项目	原申请内容		拟调整内容	

□已核准名称延期				
已核准名称			通知书文号	
原有效期			有效期延至	____年____月____日

指定代表或者共同委托代理人

具体经办人姓名		身份证件号码		联系电话	
授权期限	自 年 月 日至 年 月 日				

授权权限　1. 同意□不同意□核对登记材料中的复印件并签署核对意见；
　　　　　2. 同意□不同意□修改有关表格的填写错误；
　　　　　3. 同意□不同意□领取《企业名称预先核准通知书》。

（指定代表或委托代理人、具体经办人身份证件复印件粘贴处）

申请人签字或盖章	
	年　月　日

2. 企业名称登记管辖

企业名称登记管辖就是指由哪个部门负责办理企业名称登记。我国各级工商行政管理机关是企业名称登记的主管机关，并对企业名称实行分级登记管理。

国家工商行政管理总局主管全国企业名称登记管理工作，并负责核准下列企业名称：

（1）冠以"中国"、"中华"、"全国"、"国家"、"国际"等字样的；

（2）在名称中间使用"中国"、"中华"、"全国"、"国家"等字样的；

（3）不含行政区划的。

地方工商行政管理局负责核准前款规定以外的下列企业名称：

（1）冠以同级行政区划的；

（2）同级行政区划放在企业名称字号之后、组织形式之前的。

六、如何保护企业名称

我们知道，一个知名的企业名称是企业的无形资产，是企业的重要财富。但是"人怕出名猪怕壮"，现实中不少知名企业因为自己的名称被他人使用而烦恼，例如，杭州的百货公司"浙江银泰"发现湖州也有一家"银泰"，百年老店"胡庆余堂"的商号竟堂堂正正地挂在了象山县一间中药铺的门面上。

企业自成立之日起对自己的企业名称享有名称权，受法律保护。对于侵犯企业名称权的行为，权利人由以下途径请求制止。

（1）请求行政机关保护。对于侵犯企业名称权行为的，被侵权人可以向侵权人所在地登记主管机关要求处理。登记主管机关有权责令侵权人停止侵权行为，赔偿被侵权人因该侵权行为所遭受的损失，没收非法所得并处 5 千元以上、5 万元以下罚款。

（2）提起民事诉讼。对侵犯企业名称专用权的，名称权人可以直接向人民法院起诉。

此外，对于他人使用注册商标与企业名称发生冲突的，当事人依法可以请求省级以上工商行政管理局处理。

但目前企业名称保护存在的最大问题是，许多"傍名牌"、"搭便车"的行为往往很难被认定为侵犯企业名称专用权，受害企业维权困难重重。这是怎么回事呢？原来，根据《企业名称登记管理规定》（1991 年 9 月 1 日起施行，2012 年 11 月 9 日修订），企业名称登记实行分级管理方式，各登记机关只对本登记机关同行业的商号进行排他性保护，并不禁止其他行政区域的企业使用同一商号。例如，杭州"胡庆余堂"是杭州工商部门登记的，象山"胡庆余堂"是象山工商部门登记的，登记机关不同，因此并不能认定象山"胡庆余堂"侵犯杭州"胡庆余堂"的名称权。

在这种情况下，受害企业可以从不适宜企业名称及不正当竞争的角度来自我保护。

（1）不适宜企业名称。根据《企业名称登记管理实施办法》（2004 年 7 月 1 日起施行）的规定，对于已登记注册的企业名称，虽然行政辖区不同，如在使用中引起公众误认，损害他人合法权益的可以认定为不适宜企业名称，应根据注册在先和公平竞争的原则予以处理。

【法条】

《企业名称登记管理实施办法》

第四十一条　已经登记注册的企业名称，在使用中对公众造成欺骗或者误解的，或者损害他人合法权益的，应当认定为不适宜的企业名称予以纠正。

（2）不正当竞争。企业在商品的生产、经营活动中应该靠自己的诚实经营取信于人，凭自己的实力去竞争，而不应不正当地利用他人的商誉以抬高自己，甚至损害竞争对手，扰乱市场经济秩序。"傍名牌"的行为实际上是一种不正当利用他人的商号借以抬高自己的行为，会给社会公众造成一定的混淆，因此构成不正当竞争，应当受到《反不正当竞争法》（1993 年 12 月 1 日起施行）的制裁。

【法条】

《反不正当竞争法》

第五条　经营者不得采用下列不正当手段从事市场交易，损害竞争对手：

……

（三）擅自使用他人的企业名称或者姓名，引人误认为是他人的商品；

……

第四节　企业章程的拟订

关键词：公司章程、合伙协议、公司章程的拟订、强制性条款、非强制性条款

一、什么是企业章程

我们这里所说的"企业章程"是企业设立的必备法律文件，是企业组织与行为的基本准则。公司章程、合伙协议都属于这个范畴。企业章程对企业的成立及运营具有十分重要的意义，它既是企业成立的基础，也是企业赖以生存的灵魂。

（1）企业章程是企业设立的最基本条件和最重要的法律文件，设立企业必须订立企业

章程，没有章程，企业就不能获准成立。

【法条】

《公司法》

第十一条　设立公司必须依法制定公司章程。公司章程对公司、股东、董事、监事、高级管理人员具有约束力。

《合伙企业法》

第十四条　设立合伙企业，应当具备下列条件：

（一）……

（二）有书面合伙协议；

（三）……

（四）……

（五）……

（2）企业章程是确定企业权利、义务关系的基本法律文件。企业章程一经有关部门批准即对外产生法律效力。企业依章程享有各项权利，并承担各项义务，符合企业章程的行为受国家法律保护，违反章程的行为就要受到干预和制裁。

【案例】董事会会议召集程序违反公司章程被判撤销（资料来源：最高人民法院）

香港××投资有限公司（以下称香港公司）是上海××影像有限公司（以下称上海公司）的股东之一，香港公司委派L女士担任上海公司董事。2006年6月19日，上海公司召开董事会临时会议，审议并通过四项议案。香港公司认为，上海公司未将该次会议的召开通知L女士，剥夺了董事的合法权益，会议召集程序不合法，因此上海公司董事会临时会议所作出的决议应视为无效，遂向上海市第二中级人民法院起诉，请求法院撤销前述董事会决议。

上海公司认为，尽管公司章程对董事会临时会议的召开规定了发送书面通知的程序，但是，按照公司惯常的运作方式，历来不以各董事到会的方式召开董事会临时会议，相关董事会临时会议决议均是事先通过电话与各董事联系后，再将会议决议传真给各董事签名形成。本次董事会临时会议也是采用上述方式召开，因此，香港公司所持的异议不能成立。

法院认为，根据上海公司章程规定，董事会召开临时董事会会议，应当于会议召开10日以前以书面方式通知全体董事。而上海公司6月19日召开的董事会临时会议，没有依据章程的规定完成通知程序。因此，此次会议的召集程序违反了公司章程。据此，法院作出撤销董事会会议决议的判决。

评析：企业章程具有法律效力，违反章程的行为不受法律保护。

（3）企业章程是企业投资者内部之间利益博弈的产物，对于每一个投资者而言，参与制定企业章程，是避免投资风险、确保自身合法权益的重要手段。无论是合伙协议还是公司章程都需每一个投资者签署方才有效，因此章程的制定必须考虑周全、照顾到全体投资者的意愿，才能尽可能地保障公平。

（4）企业章程是企业实行内部管理和对外进行经济交往的基本法律依据。企业章程规定了企业组织和活动的原则及细则，它是企业内外活动的基本准则。它规定的投资者权利义务和确立的内部管理体制，是企业对内进行管理的依据。同时，企业章程向外公开申明的企业宗旨、营业范围、资本数额以及责任形式等内容，为投资者、债权人和第三人与该企业进行经济交往提供了条件和资信依据。

二、拟订企业章程需要做哪些准备工作

如前所述，企业章程是企业的宪法，如何拟订一份合法有效、公平且充分体现企业个性的章程，是一项极具艺术性和专业性的工作。

（1）拟订企业章程之前，首先必须了解法律所规定的章程必备的内容，并搞清楚这些内容的具体内涵及其意义。

【法条】

《公司法》

第二十五条　有限责任公司章程应当载明下列事项：

（一）公司名称和住所；

（二）公司经营范围；

（三）公司注册资本；

（四）股东的姓名或者名称；

（五）股东的出资方式、出资额和出资时间；

（六）公司的机构及其产生办法、职权、议事规则；

（七）公司法定代表人；

（八）股东会会议认为需要规定的其他事项。

《合伙企业法》

第十八条　合伙协议应当载明下列事项：

（一）合伙企业的名称和主要经营场所的地点；

（二）合伙目的和合伙经营范围；

（三）合伙人的姓名或者名称、住所；

（四）合伙人的出资方式、数额和缴付期限；

（五）利润分配、亏损分担方式；

（六）合伙事务的执行；

（七）入伙与退伙；

（八）争议解决办法；

（九）合伙企业的解散与清算；

（十）违约责任。

凡是必备条款，也就是企业章程的法定记载事项，一个都不能少，没有记载法定事项，意味着章程存在瑕疵。

（2）接下来还应进一步了解，哪些内容是必须如此规定的（强制性条款），哪些内容是可以自行决定如何规定的（非强制性条款）。对于强制性条款，很简单，照抄法条就可以了，而非强制性条款则是你发挥的舞台，你可以和其他投资者进行充分协商、谈判以确定其内容。

强制性条款，是指该条款的内容由法律和行政法规强制性规定的，章程不得作出变更的条款。如《公司法》第四十三条关于"股东会会议作出修改公司章程、增加或者减少注册资本的决议，以及公司合并、分立、解散或者变更公司形式的决议，必须经代表 2/3 以上表决权的股东通过"的规定就是强制性条款，公司章程在记载该法定事项时只能复述法律而不能对其作出变更。

非强制性条款，是指在不与法律、法规明文规定相抵触的前提下，章程可以进行自行规定的条款，如《公司法》第十三条规定，公司法定代表人依照公司章程的规定，由董事长、执行董事，或者经理担任；再如《公司法》第四十二条规定："股东会会议由股东按照出资比例行使表决权；但是，公司章程另有规定的除外。"根据这一规定，股东如何行使表决权就是公司章程可以自行决定的事项，且公司章程的规定可以高于法定，也就是说，如果公司章程没有规定，则股东会会议由股东按照出资比例行使表决权，如果公司章程规定不按照出资比例而是按照其他办法行使表决权的，则按照公司章程的规定来办。

（3）现在的工作就是，和其他投资者一起就非强制性条款的内容进行协商、谈判、草拟。如股权结构如何设定，法人治理结构如何架构，董事会由几名董事组成，会议如何召开等。必须注意的是，拟订章程水平的高低，往往就体现在这些非强制性条款上面。如果你感到力不从心，可以考虑咨询专业的律师。

三、如何制定企业章程

下面以有限责任公司章程的制定为例，说明企业章程的制定程序。

第一步，拟订章程的内容。

你可以自己从头开始拟订章程，也可以在已有范本的基础上进行完善。有一个好消息是，目前很多企业登记主管部门（工商机关）都提供了公司章程的范本，因此拟订公司章程最简便的办法就是在这些范本的基础上进行修改，拟订出你所需要的章程。

以下是北京市工商局提供的一份有限责任公司章程参考格式：

【有限责任公司章程参考格式】

有限责任公司章程

第一章　总　　则

第一条　依据《中华人民共和国公司法》（以下简称《公司法》）及有关法律、法规的规定，由　　　　等　　　方共同出资，设立　　　　　　有限责任公司（以下简称公司），特制定本章程。

第二条　本章程中的各项条款与法律、法规、规章不符的，以法律、法规、规章的规定为准。

第二章　公司名称和住所

第三条　公司名称：　　　　　　　　　　　　　　。

第四条　住所：　　　　　　　　　　　　　　。

第三章　公司经营范围

第五条　公司经营范围：（注：根据实际情况具体填写。）

第四章　公司注册资本及股东的姓名（名称）、出资方式、出资额、出资时间

第六条　公司注册资本：　　　　　万元人民币。

第七条　股东的姓名（名称）、认缴的出资额、出资时间、出资方式如下：

第五章　公司的机构及其产生办法、职权、议事规则

第八条　股东会由全体股东组成，是公司的权力机构，行使下列职权：

（一）决定公司的经营方针和投资计划；

（二）选举和更换非由职工代表担任的董事、监事，决定有关董事、监事的报酬事项；

（三）审议批准董事会（或执行董事）的报告；

（四）审议批准监事会或监事的报告；

（五）审议批准公司的年度财务预算方案、决算方案；

（六）审议批准公司的利润分配方案和弥补亏损方案；

（七）对公司增加或者减少注册资本作出决议；

（八）对发行公司债券作出决议；

（九）对公司合并、分立、解散、清算或者变更公司形式作出决议；

（十）修改公司章程；

（十一）其他职权。（注：由股东自行确定，如股东不作具体规定应将此条删除）

第九条 股东会的首次会议由出资最多的股东召集和主持。

第十条 股东会会议由股东按照出资比例行使表决权。（注：此条可由股东自行确定按照何种方式行使表决权）

第十一条 股东会会议分为定期会议和临时会议。

召开股东会会议，应当于会议召开十五日以前通知全体股东。（注：此条可由股东自行确定时间）

定期会议按（注：由股东自行确定）定时召开。代表十分之一以上表决权的股东，三分之一以上的董事，监事会或者监事（不设监事会时）提议召开临时会议的，应当召开临时会议。

第十二条 股东会会议由董事会召集，董事长主持；董事长不能履行职务或者不履行职务的，由副董事长主持；副董事长不能履行职务或者不履行职务的，由半数以上董事共同推举一名董事主持。（注：有限责任公司不设董事会的，股东会会议由执行董事召集和主持）

董事会或者执行董事不能履行或者不履行召集股东会会议职责的，由监事会或者不设监事会的公司的监事召集和主持；监事会或者监事不召集和主持的，代表十分之一以上表决权的股东可以自行召集和主持。

第十三条 股东会会议作出修改公司章程、增加或者减少注册资本的决议，以及公司合并、分立、解散或者变更公司形式的决议，必须经代表三分之二以上表决权的股东通过。（注：股东会的其他议事方式和表决程序可由股东自行确定）

第十四条 公司设董事会，成员为　　　人，由　　　　　产生。董事任期　　年，任期届满，可连选连任。

董事会设董事长一人，副董事长　　　人，由　　　　　产生。（注：股东自行确定董事长、副董事长的产生方式）

第十五条 董事会行使下列职权：

（一）负责召集股东会，并向股东会报告工作；

（二）执行股东会的决议；

（三）审定公司的经营计划和投资方案；

（四）制订公司的年度财务预算方案、决算方案；

（五）制订公司的利润分配方案和弥补亏损方案；

（六）制订公司增加或者减少注册资本以及发行公司债券的方案；

（七）制订公司合并、分立、变更公司形式、解散的方案；

（八）决定公司内部管理机构的设置；

（九）决定聘任或者解聘公司经理及其报酬事项，并根据经理的提名决定聘任或者解聘公司副经理、财务负责人及其报酬事项；

（十）制定公司的基本管理制度；

（十一）其他职权。（注：由股东自行确定，如股东不作具体规定应将此条删除）

（注：股东人数较少或者规模较小的有限责任公司，可以设一名执行董事，不设董事会。执行董事的职权由股东自行确定）

第十六条　董事会会议由董事长召集和主持；董事长不能履行职务或者不履行职务的，由副董事长召集和主持；副董事长不能履行职务或者不履行职务的，由半数以上董事共同推举一名董事召集和主持。

第十七条　董事会决议的表决，实行一人一票。

董事会的议事方式和表决程序。（注：由股东自行确定）

第十八条　公司设经理，由董事会决定聘任或者解聘。经理对董事会负责，行使下列职权：

（一）主持公司的生产经营管理工作，组织实施董事会决议；

（二）组织实施公司年度经营计划和投资方案；

（三）拟订公司内部管理机构设置方案；

（四）拟订公司的基本管理制度；

（五）制定公司的具体规章；

（六）提请聘任或者解聘公司副经理、财务负责人；

（七）决定聘任或者解聘除应由董事会决定聘任或者解聘以外的负责管理人员；

（八）董事会授予的其他职权。

（注：以上内容也可由股东自行确定）

经理列席董事会会议。

第十九条　公司设监事会，成员　　　　人，监事会设主席一人，由全体监事过半数选举产生。监事会中股东代表监事与职工代表监事的比例为　　　　：　　　。（注：由股东自行确定，但其中职工代表的比例不得低于三分之一）

监事的任期每届为三年，任期届满，可连选连任。

（注：股东人数较少规格较小的公司可以设一至二名监事）

第二十条　监事会或者监事行使下列职权：

（一）检查公司财务；

（二）对董事、高级管理人员执行公司职务的行为进行监督，对违反法律、行政法规、公司章程或者股东会决议的董事、高级管理人员提出罢免的建议；

（三）当董事、高级管理人员的行为损害公司的利益时，要求董事、高级管理人员予以纠正；

（四）提议召开临时股东会会议，在董事会不履行本法规定的召集和主持股东会会议职责时召集和主持股东会会议；

（五）向股东会会议提出提案；

（六）依照《公司法》第一百五十二条的规定，对董事、高级管理人员提起诉讼；

（七）其他职权。（注：由股东自行确定，如股东不作具体规定应将此条删除）

监事可以列席董事会会议。

第二十一条　监事会每年度至少召开一次会议，监事可以提议召开临时监事会会议。

第二十二条　监事会决议应当经半数以上监事通过。

监事会的议事方式和表决程序。（注：由股东自行确定）

第六章　公司的法定代表人

第二十三条　董事长为公司的法定代表人（注：也可是执行董事或经理），任期　年，由　　选举产生，任期届满，可连选连任。（注：由股东自行确定）

第七章　股东会会议认为需要规定的其他事项

第二十四条　股东之间可以相互转让其部分或全部出资。

第二十五条　股东向股东以外的人转让股权，应当经其他股东过半数同意。股东应就其股权转让事项书面通知其他股东征求同意，其他股东自接到书面通知之日起满三十日未答复的，视为同意转让。其他股东半数以上不同意转让的，不同意的股东应当购买该转让的股权；不购买的，视为同意转让。

经股东同意转让的股权，在同等条件下，其他股东有优先购买权。两个以上股东主张行使优先购买权的，协商确定各自的购买比例；协商不成的，按照转让时各自的出资比例行使优先购买权。

（注：以上内容亦可由股东另行确定股权转让的办法）

第二十六条　公司的营业期限　　　年，自公司营业执照签发之日起计算。

第二十七条　有下列情形之一的，公司清算组应当自公司清算结束之日起30日内向原公司登记机关申请注销登记：

（一）公司被依法宣告破产；

（二）公司章程规定的营业期限届满或者公司章程规定的其他解散事由出现，但公司通过修改公司章程而存续的除外；

（三）股东会决议解散或者一人有限责任公司的股东决议解散；

（四）依法被吊销营业执照、责令关闭或者被撤销；

（五）人民法院依法予以解散；

（六）法律、行政法规规定的其他解散情形。

（注：本章节内容除上述条款外，股东可根据《公司法》的有关规定，将认为需要记载的其他内容一并列明）

第八章　附　则

第二十八条　公司登记事项以公司登记机关核定的为准。

第二十九条　本章程一式　　　　份，并报公司登记机关一份。

全体股东亲笔签字、盖公章：

　　　　　　　　　　　　　　　　　　　　年　　　月　　　日

　　这份范本中有些内容是不能更改的（因为那是强制性条款），有些内容是可以自行决定的（范本中加括号的部分属于非强制性条款）。特别应当引起注意的非强制性条款（范本中加下划线的部分）包括：

（1）除《公司法》明确规定之外的股东会的职权（范本第八条）；

（2）股东会的表决方式（范本第十条）；

（3）董事会的组成、职权、议事方式、表决方式（范本第十四、十五、十七条）；

（4）监事会的组成、职权、议事方式、表决方式（范本第十九、二十、二十二条）；

（5）法定代表人由谁担任（范本第二十三条）；

（6）股权转让的规定（范本第二十五条）。

　　这些条款事关股东的权利及对公司控制权的掌握，作为公司股东在制定章程时千万不能忽视。

　　第二步，股东在公司章程上盖章、签名。至此，公司章程制定完成。

　　公司章程制定完成后，还需按照规定到工商部门备案。

第五节　前　置　审　批

关键词：前置审批、许可经营项目、后置审批

一、什么是前置审批

　　前置审批，是指企业在设立登记前，根据法律法规规定必须履行的行政审批手续。过

去，企业可能需要办理的各类前置审批事项达 110 余项[①]，主要是对企业经营范围的审批，实际上是市场准入的一个门槛。也就是说，企业并不是我们想设立就能设立，我们设立的企业并不是想干什么就干什么，如果企业从事的是国家规定的许可经营项目，就必须依法获得审批后才能经营，否则就是无照经营，将被查处取缔。

不过近年来，为了营造鼓励大众创业、万众创新的良好环境，降低准入门槛，放开企业手脚，国务院决定削减前置审批项目，并把大量的前置审批项目改为后置审批，企业经营项目依法不需要经过许可的，可以直接经营；需要经过许可的，可以先把企业设立起来再办理许可。

【法条】

《公司法》

第六条第二款

法律、行政法规规定设立公司必须报经批准的，应当在公司登记前依法办理批准手续。

《企业经营范围登记管理规定》（2004 年 7 月 1 日起施行）

第四条　经营范围分为许可经营项目和一般经营项目。

许可经营项目是指企业在申请登记前依据法律、行政法规、国务院决定应当报经有关部门批准的项目。

一般经营项目是指不需批准，企业可以自主申请的项目。

第十五条　企业未经批准、登记，或者违反本规定第十四条规定，从事许可经营项目经营的，企业登记机关应当依据《无照经营查处取缔办法》予以查处。

二、我的企业是否需要前置审批

根据《国务院关于取消和调整一批行政审批项目等事项的决定》（国发〔2015〕11 号），目前保留的工商登记前置审批项目为下列 34 项：

（1）民用爆炸物品生产许可；

（2）爆破作业单位许可证核发；

（3）民用枪支（弹药）制造、配售许可；

（4）制造、销售弩或营业性射击场开设弩射项目审批；

（5）保安服务许可证核发；

（6）外商投资企业设立及变更审批；

（7）设立典当行及分支机构审批；

[①] 参见江平，李国光. 最新公司法条文释义. 北京：人民法院出版社，2006，17~58

（8）设立经营个人征信业务的征信机构审批；

（9）卫星电视广播地面接收设施安装许可审批；

（10）设立出版物进口经营单位审批；

（11）设立出版单位审批；

（12）境外出版机构在境内设立办事机构审批；

（13）境外广播电影电视机构在华设立办事机构审批；

（14）设立中外合资、合作印刷企业和外商独资包装装潢印刷企业审批；

（15）设立从事出版物印刷经营活动的企业审批；

（16）危险化学品经营许可；

（17）新建、改建、扩建生产、储存危险化学品（包括使用长输管道输送危险化学品）建设项目安全条件审查；

（18）烟花爆竹生产企业安全生产许可；

（19）外航驻华常设机构设立审批；

（20）通用航空企业经营许可；

（21）民用航空器（发动机、螺旋桨）生产许可；

（22）快递业务经营许可；

（23）外资银行营业性机构及其分支机构设立审批；

（24）外国银行代表处设立审批；

（25）中资银行业金融机构及其分支机构设立审批；

（26）非银行金融机构（分支机构）设立审批；

（27）外国证券类机构设立驻华代表机构核准；

（28）设立期货专门结算机构审批；

（29）设立期货交易场所审批；

（30）证券交易所设立审核、证券登记结算机构设立审批；

（31）专属自保组织和相互保险组织设立审批；

（32）保险公司及其分支机构设立审批；

（33）外国保险机构驻华代表机构设立审批；

（34）融资性担保机构设立审批。

三、如何办理前置审批

为方便创业者，提高工作效率，推行前置审批与工商登记"并联"办理已是各地重要的简政措施，同一部门实施的多个审批，实行一次受理、一并办理。因此，一般创业者只需在申请企业名称预先核准的同时，向当地工商部门咨询需办理的前置审批事项，确需前置审批的，由工商部门统一受理，各部门前置审批与工商登记一并办理，这样大大缩短了办理审批登记的时间，避免创业者在各审批部门之间来回奔波。

不过必须提醒创业者的是，千万不能忘了后置审批，如果你开展的经营活动涉及后置审批的许可经营事项的，如食品流通许可，则在完成工商部门登记后还要到相关许可部门办理许可手续，并在取得相关许可后方可开展该项经营活动。

第六节　筹资、出资

关键词：筹资（融资）、出资、管理入股、抽逃出资

一、创业之初如何筹集资金

创业不能没有启动资金，那么钱从哪里来呢？

可供企业选择的融资渠道、方式有很多种（详见第五章第五节），但对于连企业都尚未设立起来的创业者而言，大部分的融资渠道都走不通，道理很简单，没有人愿意随随便便和你一起承担创业的巨大风险。这里我们只介绍对于创业者而言比较可行的几种融资方式。

1. 民间借贷

创业者一开始最容易获得资金的方式，就是向亲朋好友借贷。当然，还有许多的民间资本，都可以为你提供借贷资金。民间借贷利率比银行高（当然亲朋好友提供的无息借款除外），同时效率也高。通过民间借贷融资，需要注意以下两方面。

第一，要订立书面协议，明确彼此的权利义务，以免空口无凭，产生不必要的争议。尤其是向亲朋好友借贷时，你必须记住，既便是再亲密的关系，也要做到"亲兄弟，明算账"。

第二，民间借贷的利率高于银行同期贷款利率4倍的，属于"高利贷"，不受法律保护。同时，不得将利息计入本金中计算复利（即利滚利）。

2. 银行贷款

近年来，国家出台了多项鼓励创业的扶持政策，其中包括完善小额担保贷款政策，给予创业者资金支持。除了专门的创业贷款，银行还有其他一些贷款品种（抵押贷款、质押贷款、保证贷款等）也可供选择。

银行贷款的门槛往往较高，手续复杂，一般都需要提供担保，但利率比民间借贷低，一般在中国人民银行同期贷款基准利率基础上适当上浮。不同贷款品种申请的要求、条件

均有差异，申请银行贷款需详细咨询，看清楚贷款合同细则，选择最适合自身实际情况的贷款品种。同时要仔细核算贷款费用，精打细算，尽量为自己减轻负担。

3. 引入直接投资者

直接投资者就是以合伙人或股东身份对企业进行投资的人。创业者可以在创办企业之前，向有实力的企业或个人介绍自己的创业计划，邀请其共同创业。大学生创业通过这种方式获得资金的也有不少成功的案例。

【案例】从倒卖游戏卡到公司老板（资料来源：钱江晚报）

小周是浙江科技学院信息计算科学专业的学生，也是该校的一位创业名人。

因为父亲经商的关系，小周从小就对商业有特殊的兴趣。早在上初中的时候，他就通过卖游戏卡赚到了自己的"第一桶金"。进入大学后，小周一边通过代理旅行社业务继续自己的创业计划，一边把目光投放到更广阔的市场。2006年上半年得知银行卡准备从磁条卡向智能IC卡转移的消息后，小周马上意识到智能系统的巨大商机，于是连夜赶写了一份计划书。随后，他找到了浙江大佳控股集团公司，和董事长一谈就是3次。凭着不屈不挠的精神，小周终于打动了对方，大佳公司出资100万元成立了新公司，与他一起进行新业务的开发，小周以管理技术入股，占了20%的股份。

4. 申报政府基金

政府基金是各级政府通过财政拨款设立专项的扶持资金，一般用于扶持科技型企业、中小企业、创业企业等的发展。创业者通过及时了解政府扶持政策信息，选择政府扶持项目作为创业方向，按照规定程序申报，就有可能获得政府基金的资助。

5. 参加创业竞赛

近年来，各类创业竞赛越来越热，如"挑战杯"中国大学生创业计划竞赛、CCTV"赢在中国"大赛、中国杭州大学生创业大赛等，这些赛事对于优胜者均有资助奖励。参加创业竞赛赢得资助的机会虽然很艰难，但不妨一试。

【小贴士】

中国杭州大学生创业大赛采取奖励加扶持的鼓励措施，设特等奖2名，一等奖4名，二等奖12名，三等奖32名，奖金分别为3万元、2万元、1万元、5000元，大赛扶持政策体系完备，包括双百强项目落地企业可免于评审，按照入围等级直接申请获得5万～20万元的政府无偿资助等诸多政策。详情及报名请见大赛官网（杭州人才网 http://www.hzrc.com/cy）。

二、什么是出资

出资是投资人设立企业的基本义务，通俗地说，就是投资人必须向企业投钱。

前面我们说创业离不开钱，对于企业而言，则必须要有资本（注册资本），这个资本就是由企业的投资人出资形成的。下面我们就以设立有限责任公司为例来介绍出资义务。

就有限责任公司而言，出资是指有限责任公司的股东对公司资本所作的直接投资及所形成的相应资本份额。一个公司全体股东的出资就构成这个公司的注册资本。

1. 出资方式

出资方式有货币出资和非货币出资两种。

非货币出资的形式包括实物、知识产权、土地使用权等可以用货币估价并可以依法转让的非货币财产。

选择何种出资方式，股东可以根据实际情况作出决定。但需要特别注意的是，非货币出资必须进行评估作价（评估要请专业的评估机构，需要支付评估费用），核实财产，不得高估或者低估作价。

根据《公司法》第三十条的规定，有限责任公司成立后，发现作为设立公司出资的非货币财产的实际价额显著低于公司章程所定价额的，应当由交付该出资的股东补足其差额；公司设立时的其他股东承担连带责任。因此，对于股东以非货币形式出资的，应当要求评估价值，否则，如因非货币财产的实际价额显著低于公司章程所定价额，其他股东因此被要求承担连带补足责任的话，那就"冤枉"了。

2. 出资义务的履行

简单地说就是要及时、足额缴纳出资。

股东应当按期足额缴纳公司章程中规定的各自所认缴的出资额。如果是分期付款的，千万不要交了首付款就把后面的事忘了。股东以货币出资的，应当将货币出资足额存入有限责任公司在银行开设的账户；以非货币财产出资的，应当依法办理其财产权的转移手续。例如，以自己拥有的专利权出资，必须将专利权转移到公司名下。

3. 股东出资不到位的责任

股东不按照章程规定及时缴纳出资的，除应当向公司足额缴纳外，还应当向已按期足额缴纳出资的股东承担违约责任。

如果有股东未及时出资的，公司设立时的其他股东要注意，除自身履行好出资义务外，还应及时催告那些未及时出资的股东，及时履行出资义务；经催告仍不及时出资的，应依法追究其违约责任。如果对于其他股东不及时出资的情况怠于催告，放任不管，不仅会导致公司资金紧张，影响公司正常经营，而且一旦公司经营不善，无法及时清偿债务的，债权人不但可以要求未出资到位的股东承担补充赔偿责任，而且还可以要求公司的发起人与该股东承担连带责任。

【法条】

最高人民法院关于适用《中华人民共和国公司法》若干问题的规定（三）

第十三条 股东未履行或者未全面履行出资义务，公司或者其他股东请求其向公司依法全面履行出资义务的，人民法院应予支持。

公司债权人请求未履行或者未全面履行出资义务的股东在未出资本息范围内对公司债务不能清偿的部分承担补充赔偿责任的，人民法院应予支持；未履行或者未全面履行出资义务的股东已经承担上述责任，其他债权人提出相同请求的，人民法院不予支持。

股东在公司设立时未履行或者未全面履行出资义务，依照本条第一款或者第二款提起诉讼的原告，请求公司的发起人与被告股东承担连带责任的，人民法院应予支持；公司的发起人承担责任后，可以向被告股东追偿。

三、没有资金，但是有管理能力，能不能以管理作为出资入股

现在实践中有一种"管理入股"的概念，前面介绍的案例中也提到了"管理入股"，对于没有资金实力的大学生来说，这种出资方式显然很具吸引力。那么这种做法可行吗？受法律保护吗？

首先，根据前述介绍的《公司法》有关出资的规定，管理入股并不可行，因为管理能力不是一种符合规定的出资方式。

其次，管理入股实际上是一种股权激励方式，一般是指为激励公司高管，在一定条件下将股份赠送或者以优惠的价格出售给管理者的行为。管理者有望通过自己的工作业绩来换取公司股份。这种股权激励，有的做法是给"干股"，持有干股的管理者并不正式登记为公司股东，只是根据约定享有股权。这种做法不符合法律规定，因此干股持有人的权利不能得到很好的保障。还有一种常见的做法是给"期权"。持有期权的管理者在符合约定条件下，能将期权转化为股权，成为公司正式股东。这种做法比较规范的称呼是"股票期权计划"，较常见于上市公司。通常做法是公司给予企业的高管一种权利（期权），允许他们在未来某个特定的时期内，按某一预定价格（称为行权价格，通常是该权利被授予时的价格，有时是免费的）购买本企业普通股。所购股票能在市场上按照市场价格出售。显然，市场价格与行权价格之间的差价大小决定了管理者所能获得利益的大小。对于管理者而言，这样的计划能促使其努力工作，因为只有努力工作，提升公司业绩，公司股票的市场价格才会上涨，公司股票的市场价格上涨了，管理者所持股票出售时才能获得更大的差价。

给期权的做法已经得到法律的肯定。《公司法》第一百四十二条规定，公司不得收购本公司股份，但是在某些情形下除外，其中包括"将股份奖励给本公司职工"。除了公司收购

本公司股份这种来源外，给管理者的股份也可以来自公司股东（一般是大股东）。具体做法是，公司股东和管理者签订期权协议（股权预约转让协议），约定在管理者完成一定业绩后，公司股东将其所持股份的一定比例按照优惠价格转让给管理者，使其成为公司股东。

期权计划实质是向企业管理者提供激励的一种报酬制度。管理者拿到期权并不等于入股，只有期权变成股权，才真正成为股东。

【小贴士】合伙企业允许管理入股

根据《合伙企业法》的规定，允许"劳务"出资，因此在设立合伙企业时，缺乏资金但有管理能力的出资人可以以自己的管理劳务作为出资。

四、什么是抽逃出资

《公司法》第三十五条规定："公司成立后，股东不得抽回出资。"

这条就是关于股东不得抽逃出资的规定。也就是说，出资义务完成后，你出的资本就成了公司的财产，股东不得以任何方式将其收回，否则不但要补回出资，还将被罚款，情节严重构成犯罪的，将被追究刑事责任。

【法条】

《公司法》

第二百条 公司的发起人、股东在公司成立后，抽逃其出资的，由公司登记机关责令改正，处以所抽逃出资金额百分之五以上百分之十五以下的罚款。

《刑法》

第一百五十九条 公司发起人、股东违反公司法的规定未交付货币、实物或者未转移财产权，虚假出资，或者在公司成立后又抽逃其出资，数额巨大、后果严重或者有其他严重情节的，处五年以下有期徒刑或者拘役，并处或者单处虚假出资金额或者抽逃出资金额百分之二以上百分之十以下罚金。

【超级链接】

一、尽职调查提纲（资料来源：东莞律师网）

（一）企业基本情况、发展历史及结构

1. 注册登记情况
2. 股权结构

3. 下属公司

4. 重大的收购及出售资产事件

5. 经营范围

（二）企业人力资源

1. 管理架构（部门及人员）

2. 董事及高级管理人员的简历

3. 酬薪及奖励安排

4. 员工的工资及整体薪酬结构

5. 员工招聘及培训情况

6. 退休金安排

（三）市场营销及客户资源

1. 产品及服务

2. 重要商业合同

3. 市场结构

4. 销售渠道

5. 销售条款

6. 销售流程

7. 定价政策

8. 信用额度管理

9. 市场推广及销售策略

10. 促销活动

11. 售后服务

12. 客户构成及忠诚度

（四）企业资源及生产流程管理

1. 加工厂

2. 生产设备及使用效率

3. 研究及开发

4. 采购策略

5. 采购渠道

6. 供应商

7. 重大商业合同

（五）经营业绩

1. 会计政策
2. 历年审计意见
3. 三年的经营业绩、营业额及毛利详细分析
4. 三年的经营及管理费用分析
5. 三年的非经常项目及异常项目分析
6. 各分支机构对整体业绩的贡献水平分析

（六）公司主营业务的行业分析

1. 行业现状及发展前景
2. 中国特殊的经营环境和经营风险分析
3. 公司在该行业中的地位及影响

（七）公司财务情况

1. 三年的资产负债表分析
2. 资产投保情况分析
3. 外币资产及负债
4. 历年财务报表的审计师及审计意见
5. 最近三年的财务预算及执行情况
6. 固定资产
7. 或有项目（资产、负债、收入、损失）
8. 无形资产（专利、商标、其他知识产权）

（八）利润预测

1. 未来两年的利润预测
2. 预测的假设前提
3. 预测的数据基础
4. 本年预算的执行情况

（九）现金流量预测

1. 资金信贷额度
2. 贷款需要
3. 借款条款

（十）公司债权和债务

1. 债权
（1）债权基本情况明细

（2）债权有无担保及担保情况

（3）债权期限

（4）债权是否提起诉讼

2. 债务

（1）债务基本情况明细

（2）债务有无担保及担保情况

（3）债务抵押、质押情况

（4）债务期限

（5）债务是否提起诉讼

（十一）公司的不动产、重要动产及无形资产

1. 土地权属

2. 房产权属

3. 车辆清单

4. 专利权及专有技术

5. 以上资产抵押担保情况

（十二）公司涉诉事件

1. 作为原告诉讼事件

2. 作为被告诉讼事件

（十三）其他有关附注

1. 公司股东、董事及主要管理者是否有违规情况

2. 公司有无重大违法经营情况

3. 上级部门对公司重大影响事宜

（十四）企业经营面临的主要问题

1. 困难或积极因素

2. 应对措施

二、合伙协议参考格式（资料来源：北京市工商局）

合 伙 协 议

第一条　根据《民法通则》和《中华人民共和国合伙企业法》及《中华人民共和国合伙企业登记管理办法》的有关规定，经协商一致订立协议。

第二条　本企业为合伙企业，是根据协议自愿组成的共同经营体。合伙人愿意遵守国家有关的法律、法规、规章，依法纳税，守法经营。

第三条　企业的名称：

第四条　合伙人姓名：

第五条　合伙人共出资：

第六条　本协议中的各项条款与法律、法规、规章不符的，以法律、法规、规章的规定为准。

第七条　企业经营场所：

第八条　合伙目的：

第九条　经营范围：（注：根据实际情况具体填写）

第十条　合伙人姓名及其住所。

姓　　名	住　　所

第十一条　合伙人的出资方式、数额和缴付出资的期限。

合伙人	出资方式	出资数额（万元）	出资权属证明	缴付出资期限	占出资总额比例

第十二条　利润分配和亏损分担办法。

1. 企业的利润和亏损，由合伙人依照以下比例分配和分担：（合伙协议未约定利润分配和亏损分担比例的，由合伙人平均分配和分担）

2. 合伙企业存续期间，合伙人依据合伙协议的约定或者经全体合伙人决定，可以增加对合伙企业的出资，用于扩大经营规模或者弥补亏损。

3. 企业年度的或者一定时期的利润分配或亏损分担的具体方案，由全体合伙人协商决定或者按照合伙协议约定的办法决定。

第十三条　合伙企业事务执行。

1. 执行合伙企业事务的合伙人对外代表企业。委托合伙人为执行合伙企业事务的合伙人，其他合伙人不再执行合伙企业事务。不参加执行事务的合伙人有权监督执行事务的合伙人，检查其执行合伙企业事务的情况，并依照约定向其他不参加执行事务的合伙人报告事务执行情况以及合伙企业的经营状况和财务状况，收益归全体合伙人，所产生的亏损或者民事责任，由全体合伙人承担。

2. 合伙协议约定或者经全体合伙人决定，合伙人分别执行合伙企业事务时，合伙人可以对其他合伙人执行的事务提出异议，暂停该事务的执行。如果发生争议由全体合伙人共同决定。被委托执行合伙企业事务的合伙人不按照合伙协议或者全体合伙人的决定执行事务的，其他合伙人可以决定撤销该委托。

第十四条　入伙、退伙。

1. 新合伙人入伙时，经全体合伙人同意，并依法订立书面协议。订立书面协议时，原合伙人向新合伙人告知合伙企业的经营状况和财物状况。

2. 新合伙人与原合伙人享有同等权利，承担同等责任。新合伙人对入伙前合伙企业债务承担连带责任。

3. 协议约定合伙企业经营期限的，有下列情形之一时，合伙人可以退伙：

① 合伙协议约定的退伙事由出现；

② 经全体合伙人同意退伙；

③ 发生合伙人难于继续参加合伙企业的事由；

④ 其他合伙人严重违反合伙协议约定的义务。

协议未约定合伙企业经营期限的，合伙人在不给合伙企业事务执行造成不利影响的情况下，可以退伙，但应当提前三十日通知其他合伙人。擅自退伙的，应当赔偿由此给其他合伙人造成的损失。

第十五条　解散与清算。

1. 本企业发生了法律规定的解散事由，致使合伙企业无法存续、合伙协议终止，合伙人的合伙关系消灭。

2. 企业解散、经营资格终止，不得从事经营活动，只可从事一些与清算活动相关的活动。

3. 企业解散后，由清算人对企业的财产债权债务进行清理和结算，处理所有尚未了结的事务，还应当通知和公告债权人。

4. 清算人主要职责：

① 清理企业财产，分别编制资产负债表和财产清单；

② 处理与清算有关的合伙企业未了结的事务；

③ 清缴所欠税款；

④ 清理债权、债务；

⑤ 处理合伙企业清偿债务后的剩余财产；

⑥ 代表企业参与民事活动。

清算结束后，编制清算报告，经全体合伙人签字、盖章，在15日内向企业登记机关报送清算报告，办理企业注销登记。

第十六条 违约责任。

1. 合伙人违反合伙协议的，依法承担违约责任;

2. 合伙人履行合伙协议发生争议，通过协商或者调解解决，合伙人不愿通过协商、调解解决或者协商、调解不成的，可以依据合伙协议中的仲裁条款或者事后达成的书面仲裁协议，向仲裁机构申请仲裁。当事人没有在合伙协议中订立仲裁条款，事后又没有达成书面仲裁协议的，可以向人民法院起诉。

全体合伙人签字：

年 月 日

【实务演练】

1. 根据你的实际情况，谈谈你初次创业将选择的企业形式，并说明理由。

2. 小赵是高职毕业生，主攻烹饪专业，很想自己开一家餐馆，但苦于空有一身厨艺，缺乏资金。于是他找来了自己的好朋友小钱、小孙商量。小钱手头有资金10万元，小孙在市中心拥有一间店面房。经过商量，大家提出了三种合作方案：

（1）小赵说自己打算成立个人独资企业，向小钱借款10万元，再向小孙租赁店面房；

（2）小钱说不如三人以各自拥有的资产成立合伙企业，鉴于小赵没有钱，可以用他的厨艺和经营管理能力作为出资；

（3）小孙说同意小钱的方案，但是认为要创业就要成立有限责任公司，反对成立合伙企业。

请你评一评，上述三种方案是否可行？各自的利弊是什么？

3. 拟订若干公司名称，并填写《企业名称预先核准申请书》。

4. 根据本章提供的范本，拟订一份自己公司的章程。

【案例评析】

山东起重机厂有限公司与山东山起重工有限公司侵犯企业名称权纠纷案

山东起重机厂成立于1968年，以起重机械制造加工为主，2002年1月8日成立山东起重机厂有限公司，其经营范围包括起重机械及配件的设计、制造、安装、咨询、技术服务与销售等业务。山东山起重工有限公司（下称"山起重工公司"）成立于2004年2月13日，其经营范围为起重机械、皮带输送机械、石油机械设备的制造、销售、安装、维修。2004年2月26日，青州市经济贸易局向山东省工商行政管理局发出《关于申请保护山东起重机厂有限公司名称的报告》。该报告称："'山起'既是山东起重机厂的简称，也代表着企业的形象，山东山起重工公司的注册损害了山东起重机厂的名称权利，恳切希望贵局对此企业名称给予撤销。"山东省工商行政管理局回复如下意见："山东起重机厂有限公司原为国有老企业，在生产经营和对外经济来往中使用'山起'作为企业简称，同时该企业在我省同行业中有一定知名度，现上述几个企业住所地都在青州市，在社会上易产生误解。根据有关规定，请你局做好双方企业的工作，并督促山东山起重工有限公司到省局变更企业名称。"但山起重工公司一直未变更企业名称。

山东起重机厂于2005年7月11日向法院起诉，请求判令山起重工公司立即停止对"山起"字号的使用，赔偿损失50万元，并承担诉讼费用。该案经一审、二审，判令山起重工公司停止使用"山起"二字作为字号；赔偿山东起重机厂经济损失人民币20万元。山起重工公司不服，遂向最高人民法院申请再审。最高人民法院最终裁定驳回山东山起重工有限公司的再审申请，并指出：企业名称的简称源于语言交流的方便。对于具有一定市场知名度、为相关社会公众所熟知并已经实际具有商号作用的企业或者企业名称的简称，可以视为企业名称。如果经过使用和社会公众认同，企业的特定简称已经在特定地域内为相关社会公众所认可，具有相应的市场知名度，与该企业建立了稳定的关联关系，具有识别经营主体的商业标识意义，他人在后擅自使用该知名企业简称，足以使特定地域内的相关社会公众对在后使用者和在先企业之间发生市场主体的混淆、误认，在后使用者就会不恰当地利用在先企业的商誉，侵害在先企业的合法权益。具有此种情形的，应当将在先企业的特定简称视为企业名称，并根据《中华人民共和国反不正当竞争法》第五条第（三）项的规定加以保护。

（资料来源：最高人民法院）

评析："山起"字号之争，实际上就是企业名称的合法使用问题。虽然山起重工公司的企业名称也经过工商登记核准，但是由于"山起"作为山东起重机厂的企业名称简称，经长期使用，已经广为公众熟知，具有识别经营主体的商业标识意义；山起重工公司与山东起重机厂经营范围相同，属于同行，使用"山起"作为自己的字号，就涉嫌"傍名牌"、混淆视听，构成不正当竞争，因此必须改名。

第三章

企业登记法律实务

本章要点提示

- ☑ 如何办理企业设立登记
- ☑ 设立登记的后续工作
- ☑ 如何办理企业年度报告公示
- ☑ 如何办理企业变更登记
- ☑ 如何办理企业注销登记

各项筹备工作完成了，现在我们一起来设立自己的企业吧。首先要到企业登记机关办理设立登记，取得营业执照，然后还要完成刻制企业印章，申请企业代码，开立银行账户，办理税务登记、社保登记等一系列手续。本章将详细介绍企业设立登记的程序和要点，最后还将介绍企业年度报告、变更登记等问题。

第一节 企业设立登记

关键词：企业登记机关、设立登记、营业执照

一、企业该到哪里办理设立登记

工商行政管理机关是企业登记机关，所有的企业都要到工商机关办理设立登记。企业登记实行属地管辖与级别管辖相结合的原则，各级工商行政管理机关根据企业登记管理的有关规定分工负责本辖区内各类企业的登记。企业登记管理的主要法律依据包括《企业法人登记管理条例》[①]（1988 年 7 月 1 日起施行）；《公司登记管理条例》[②]（1994 年 7 月 1 日起施行，2005 年 12 月 18 日修订）；《合伙企业登记管理办法》[③]（1997 年 11 月 19 日起施

[①] 根据 2014 年 2 月 19 日《国务院关于废止和修改部分行政法规的决定》修订，修订内容自 2014 年 3 月 1 日起施行。
[②] 同上。
[③] 同上。

行，2007年5月9日修订）；《个人独资企业登记管理办法》（2000年1月13日起施行）等。

1.《公司登记管理条例》规定

国家工商行政管理总局负责下列公司的登记：（1）国务院国有资产监督管理机构履行出资人职责的公司以及该公司投资设立并持有50%以上股份的公司；（2）外商投资的公司；（3）依照法律、行政法规或者国务院决定的规定，应当由国家工商行政管理总局登记的公司；（4）国家工商行政管理总局规定应当由其登记的其他公司。

省、自治区、直辖市工商行政管理局负责本辖区内下列公司的登记：（1）省、自治区、直辖市人民政府国有资产监督管理机构履行出资人职责的公司以及该公司投资设立并持有50%以上股份的公司；（2）省、自治区、直辖市工商行政管理局规定由其登记的自然人投资设立的公司；（3）依照法律、行政法规或者国务院决定的规定，应当由省、自治区、直辖市工商行政管理局登记的公司；（4）国家工商行政管理总局授权登记的其他公司。

设区的市（地区）工商行政管理局、县工商行政管理局，以及直辖市的工商行政管理分局、设区的市工商行政管理局的区分局，负责本辖区内下列公司的登记：（1）除国家工商行政管理总局和省、自治区、直辖市工商行政管理局管辖以外的其他公司；（2）国家工商行政管理总局和省、自治区、直辖市工商行政管理局授权登记的公司。

2.《合伙企业登记管理办法》规定

国务院工商行政管理部门负责全国的合伙企业登记管理工作；市、县工商行政管理部门负责本辖区内的合伙企业登记。

3.《个人独资企业登记管理办法》规定

国家工商行政管理总局主管全国个人独资企业的登记工作；省、自治区、直辖市工商行政管理局负责本地区个人独资企业的登记工作；市、县工商行政管理局以及大中城市工商行政管理分局负责本辖区内的个人独资企业登记。

根据上述规定，如果你设立的是公司，那么要根据自己公司的实际情况到所在地工商机关进行登记；同时鉴于各地工商机关对于登记管辖还有权作出一些具体规定，建议到工商机关咨询具体细节。如《浙江省公司登记管辖暂行规定》（2006年5月10日起施行）对浙江省的各级公司登记机关——省、市、县（市、区）工商行政管理（分）局的登记管辖作出了更具体的规定。

如果打算设立合伙企业或个人独资企业，则应当到当地市、县工商行政管理局办理登记。

另外，根据国家工商总局2006年4月13日发布的《个体工商户委托登记管理实施意见》（工商个字〔2006〕第74号）的规定，个体工商户可以就近到当地工商所办理设立登记。

二、设立登记要经过哪些程序

企业设立登记一般要经过以下程序：

（1）企业名称预先核准登记；

（2）前置审批[①]（无须前置审批的，则略过本程序）；

（3）设立登记申请，提交企业设立登记材料；

（4）工商机关审查、受理、决定；

（5）领取营业执照。

根据《企业登记程序规定》（2004 年 7 月 1 日起施行）的规定，申请企业设立登记可以采取以下方式提交申请：一是直接到企业登记场所；二是邮寄、传真、电子数据交换、电子邮件等。通过传真、电子数据交换、电子邮件等方式提交申请的，应当提供申请人或者其代理人的联络方式及通信地址。工商机关受理后，你应当自收到《受理通知书》之日起15 日内，提交与传真、电子数据交换、电子邮件内容一致并符合法定形式的申请材料原件。

随着企业注册进入"e"时代，现在还可以通过网络提交设立申请。目前工商部门推行电子营业执照和网上申请、网上受理、网上审核、网上公示、网上发照等全程电子化登记管理，企业名称预核准、企业登记、年度报告公示等均可通过工商机关网站完成。

工商机关收到登记申请后，将对申请材料是否齐全、是否符合法定形式进行审查，并根据审查情况以决定是否受理。

（1）申请材料齐全、符合法定形式的，工商机关将予以受理。如果申请材料需要核实的，将同时书面告知你需要核实的事项、理由及时间。

（2）如果申请材料存在一些错误，但可以当场更正的，将要求你当场予以更正，然后再受理。

（3）申请材料不齐全或者不符合法定形式的，将要求补正。

（4）工商机关经审查发现所提交的申请不属于企业登记范畴或者不属于本机关登记管辖范围的事项，将即时决定不予受理，并告知你向有关行政机关申请。

通过邮寄、传真、电子数据交换、电子邮件等方式提交申请的，工商机关将在收到申请之日起 5 日内作出是否受理的决定。

工商机关受理登记申请后，将分情况在规定的期限内作出是否准予登记的决定。

（1）如果是到企业登记场所提交申请的，工商机关将当场作出决定。

（2）如果是通过邮寄的方式提交申请的，工商机关将在受理之日起 15 日内作出决定。

（3）通过传真、电子数据交换、电子邮件等方式提交申请后，到企业登记场所提交申

[①] 实施互联审批的地方，前置审批与设立登记申请可以同步完成，参见第二章第五节。

请材料原件的，工商机关将当场作出决定；通过邮寄方式提交申请材料原件的，工商机关将在收到申请材料原件之日起 15 日内作出决定。

（4）需要对申请材料核实的，工商机关将在受理之日起 15 日内作出决定。

工商机关作出准予企业设立登记决定的，将向你出具《准予设立登记通知书》，你可以在决定之日起 10 日内领取营业执照。工商机关作出不予登记决定的，将向你出具《登记驳回通知书》，注明不予登记的理由，并告知你享有依法申请行政复议或者提起行政诉讼的权利。

三、设立登记要提交哪些材料

申请设立登记需根据工商机关的要求提交申请书及相关材料。以设立有限责任公司为例，申请设立登记需提交以下材料：

（1）公司登记（备案）申请书。

【公司登记（备案）申请书】（资料来源：国家工商总局）

公司登记（备案）申请书

□基本信息			
名　　称			
名称预先核文号或注册号			
住　　所	省（市/自治区）　　　市（地区/盟/自治州）　　　县（自治县/旗/自治旗/市/区）　　乡（民族乡/镇/街道）　　村（路/社区）　　　　号		
联系电话		邮政编码	
□设立			
法定代表人姓名		职务	□董事长 □执行董事 □经理
注册资本	万元	公司类型	
设立方式（股份公司填写）	□发起设立		□募集设立
经营范围			
经营期限	□　　　　年	□长期	申请执照副本数量 □个

	名称或姓名	证照号码	备注
股东 （发起人）			

□变更

变更项目	原登记内容	拟变更内容

□备案

增设分公司	名称		注册号	
	登记机关		登记日期	
清算组	成员			
	负责人		联系电话	
其他	□董事　　□监事　　□经理　　□章程　　□章程修正案			

□申请人声明

本公司依照《公司法》、《公司登记管理条例》相关规定申请登记、备案，提交材料真实有效。

法定代表人签字：　　　　　　　　　　　　　　　公司盖章

（清算组负责人）签字：　　　　　　　　　　年　　月　　日

附表1

法定代表人信息

姓　　名		联系电话	
身份证件类型		身份证件号码	

（身份证件复印件粘贴处）

法定代表人签字：　　　　　　　　　　　　　　　　　　年　　月　　日

附表2

董事、监事、经理信息

姓名　　　　职务　　　　身份证件类型　　　　身份证件号码＿＿＿＿＿＿＿＿

（身份证件复印件粘贴处）

姓名　　　　职务　　　　身份证件类型　　　　身份证件号码＿＿＿＿＿＿＿＿

（身份证件复印件粘贴处）

姓名　　　　职务　　　　身份证件类型　　　　身份证件号码＿＿＿＿＿＿＿＿

（身份证件复印件粘贴处）

（2）《指定代表或者共同委托代理人授权委托书》及指定代表或委托代理人的身份证件复印件。

【指定代表或者共同委托代理人授权委托书】（资料来源：国家工商总局）

指定代表或者共同委托代理人授权委托书

申请人：

指定代表或者委托代理人：

委托事项及权限：

1. 办理　　　　　　　　　　　　　　　　　　　　（企业名称）的
□名称预先核准 □设立 □变更 □注销 □备案 □撤销变更登记
□股权出质（□设立 □变更 □注销 □撤销）□其他　　　　　手续。

2. 同意□ 不同意□ 核对登记材料中的复印件并签署核对意见；

3. 同意□ 不同意□ 修改企业自备文件的错误；

4. 同意□ 不同意□ 修改有关表格的填写错误；

5. 同意□ 不同意□ 领取营业执照和有关文书。

指定或者委托的有效期限：自　年　月　日至　年　月　日

指定代表或委托代理人或者经办人信息	签　字：
	固定电话：
	移动电话：
（指定代表或委托代理人、具体经办人身份证明复印件粘贴处）	

（申请人签字或盖章）

　　　　　　　　　　　　　　　　　　　　　　　　　年　　　月　　　日

（3）全体股东签署的公司章程（股东为自然人的由本人签字；自然人以外的股东加盖公章）。

（4）股东的主体资格证明或者自然人身份证明复印件。

股东为企业的，提交营业执照复印件；股东为事业法人的，提交事业法人登记证书复印件；股东为社团法人的，提交社团法人登记证复印件；股东为民办非企业单位的，提交民办非企业单位证书复印件；股东为自然人的，提交身份证复印件。

（5）董事、监事和经理的任职文件及身份证件复印件。

依据《公司法》和公司章程的规定和程序，提交股东会决议、董事会决议或其他相关材料。股东会决议由股东签署（股东为自然人的由本人签字；自然人以外的股东加盖公章），董事会决议由董事签字。

【股东会决议范本】（资料来源：浙江省工商局）

××××有限公司股东会决议
——关于选举董事/执行董事、监事的决定

根据《公司法》及本公司章程的有关规定，本公司于　　年　月　日召开了公司股东会，全体股东参加并通过如下决议：

1. 选举××担任公司的执行董事，任期××年；

2. 选举××担任公司的监事。

（如公司成立董事会、监事会，则应作如下决议）：

1. 决定成立公司董事会，决定×××、×××、×××……为公司董事，任期××年；

2. 决定成立监事会，决定×××、×××……为公司监事，任期××年；

3. 连同本公司职工民主选举产生的职工代表监事×××……，本公司监事会由×××、×××、×××……组成。（职工代表监事另需提交选举证明；若设立时还未选举职工监事的，需写明"由职工代表出任的监事待公司成立后×个月内进行补选，并报登记机关备案"）

股东签名（自然人）盖章（法人）：

日期：××××年××月××日

【董事会决议范本】（资料来源：浙江省工商局）

××××公司董事会决议

×××公司董事会于××××年××月××日在×××××××召开了董事会会

议，全体董事参加，与会董事一致同意作出如下决议：

1. 选举×××为本公司董事长，任期××年。
2. ……

×××公司董事会

×××年××月××日

全体董事签名：

××××有限公司董事会决议/执行董事决定

根据本公司章程规定，聘任×××为公司经理。

××××有限公司董事会/执行董事签名：

×××年××月××日

（6）法定代表人任职文件及身份证件复印件。

根据《公司法》和公司章程的规定和程序，提交股东会决议、董事会决议或其他相关材料。

（7）住所使用证明。

自有房产提交产权证复印件；租赁房屋提交租赁协议复印件以及出租方的房产证复印件；未取得房产证的，提交房地产管理部门的证明或者购房合同及房屋销售许可证复印件；出租方为宾馆、饭店的，提交宾馆、饭店的营业执照复印件。

（8）《企业名称预先核准通知书》。

【企业名称预先核准通知书】（资料来源：杭州市工商局）

企业名称预先核准通知书

（　　）登记内名预核字[　　]第　　号

根据《企业名称登记管理规定》、《企业名称登记管理实施办法》等规定，同意预先核准下列　　　　个投资人出资，注册资本（金）　　　　万元（人民币），住所设在　　　　　　的企业名称为：

投资人、投资额和投资比例：

以上预先核准的企业名称保留期至　　年　　月　　日。在保留期内，企业名称不得用于

85

经营活动，不得转让。经企业登记机关设立登记，领发营业执照后企业名称正式生效。

（名称核准机关盖章）

核准日期：　　年　　月　　日

注：1. 预先核准的企业名称未到企业登记机关完成设立登记的，通知书规定的有效期满后自动失效。有正当理由，需延长预先核准名称有效期的，申请人应在有效期满前1个月内申请延期。有效期延长时间不超过6个月。

2. 名称预先核准时不审查投资人资格和企业设立条件，投资人资格和企业设立条件在企业登记时审查。申请人不得以企业名称已核为由抗辩企业登记机关对投资人资格和企业设立条件的审查。企业登记机关也不得以企业名称已核为由不予审查就准予企业登记。

3. 企业应在企业设立登记之日起30日内，务必将加盖企业公章的营业执照复印件反馈给企业名称核准机关备案。未备案的，企业名称核准机关将对预核准名称作为超过保留期、未登记的作废名称处理。

4. 企业设立登记后，企业登记机关应将本通知书原件存入企业档案。

（9）法律、行政法规和国务院决定规定设立有限责任公司必须报经批准的，需提交有关的批准文件或者许可证件复印件。

（10）公司申请登记的经营范围中有法律、行政法规和国务院决定规定必须在登记前报经批准的项目，需提交有关的批准文件或者许可证件复印件。

以上各项未注明提交复印件的，应当提交原件；提交复印件的，应当注明"与原件一致"，并由股东加盖公章或签字。

四、如何使用营业执照

1. 什么是营业执照

营业执照是企业登记机关代表国家核发给企业，准许其营业的凭证。企业从领取营业执照之日起取得合法经营权，营业执照签发之日就是企业成立的日期。

现行营业执照共分为8种格式：A（公司法人），B（非公司企业法人），C（合伙企业），D（农民专业合作社法人），E（个人独资企业），F（个体工商户），G（分支机构，包含内资非法人企业、内资非公司企业分支机构、内资分公司、外商投资企业分支机构、合伙企业分支机构、个人独资企业分支机构等），H（农民专业合作社分支机构）。营业执照有正本和副本之分。正本和副本内容一致，具有同等法律效力，区别在于营业执照正本规格较大，为悬挂式，仅核发一份，主要用于悬挂在企业住所，便于接受监督；副本为折叠式，便于携带，用于企业日常经营活动中证明自身合法身份，可核发若干份。

营业执照上记载着企业的基本登记事项，如注册号、名称、类型、住所、法定代表人（负责人）姓名、注册资本、成立日期、经营期限、经营范围等；同时载有二维码，二维码采用国际通用QR码，记载注册号、记载事项名称及内容、登记机关、登记时期和企业信用信息网网址等信息。

2. 什么是电子营业执照

电子营业执照实际上就是数字形式的企业营业执照，是依照国家有关行政和技术法规，由行政管理部门颁发的法律电子证件，与纸质营业执照相比更方便、更安全，公开性更强，信息量更多，作用更大，具备登记注册全程电子化、网上申请、网上发放、网上识别等功能。

3. 如何使用营业执照

企业应当将营业执照置放在住所地或主要经营场所的醒目位置，一方面是为了便于工商机关及其他行政机关的管理；另一方面则是让企业接受消费者和社会公众的监督。

在使用营业执照过程中，企业不得伪造、涂改、出租、出借、转让；不得擅自变更营业执照上记载的登记事项，如果企业登记事项发生变化的，应当向工商机关申请变更登记，换发营业执照；如果不慎遗失的，必须登报声明作废，及时向工商机关申请补发营业执照。

第二节 设立登记的后续工作

关键词：企业印章、组织机构代码、结算账户、税务登记、社会保险登记、三证合一

领取营业执照后，企业并不能马上开业，还必须办理以下事项：刻制企业印章、办理组织机构代码证、开立企业账户、办理税务登记、社保登记等。

【小贴士】三证合一

所谓"三证合一"，就是工商营业执照、组织机构代码证、税务登记证将合并为一本证，这是目前国务院力推的商事制度改革措施，并承诺在2015年底前实现"三证合一"，"一照一码"。

一、如何刻制企业印章

企业印章，又称为企业公章，是指刻有企业规范名称的印章，包括企业规范名称章以及冠以规范名称的合同、财务、税务、发票、审验等专用章。企业印章非常重要，它盖在文件、合同、票据等书面材料上就代表着企业的意志，具有法律效力，因此企业印章必须依法刻制和使用。

新设企业刻制印章，须持企业营业执照、公章样式等材料向所在地县级以上公安机关提出申请，经公安机关审批后方可委托专门的公章刻制经营单位刻制公章。企业规范名称章只能刻制一枚（但可以另刻制钢质规范名称章一枚），合同、财务、审验等专用章可以刻制多枚，但每一枚必须用阿拉伯数字区别。需要刻制专门用于公务事项的法定代表人、负责人、财务人员等有关人员印章（包括签名章）的，凭居民身份证和单位证明函到公章刻制经营单位刻制。企业印章刻制完成后，还须到工商机关进行备案。

二、如何办理组织机构代码证

很多人知道设立企业要办理营业执照，但对企业唯一的身份证——组织机构代码证不太了解或者不够重视，总感到用途不大。那么什么是组织机构代码呢？它在经济活动中起到什么作用呢？

组织机构代码是国家质量技术监督部门根据国家有关代码编制规则编制，赋予国家机关、企业事业单位、社会团体及其他组织机构在全国范围内唯一的、始终不变的法定标识。每一个代码对应一个唯一的组织机构，通过它可以识别不同的组织机构，也可以获得组织机构的基本信息。组织机构代码目前已在工商、税务、银行、公安、财政、人事劳动、社会保险、统计、海关、外贸和交通等40余个部门广泛应用，成为连接各行政职能部门之间信息管理系统的桥梁和不可替代的信息传输纽带。

新设企业应当在成立之日起30日内到所在地质量技术监督部门申办组织机构代码证，申请时需提供以下材料：

（1）组织机构代码申请表；

（2）法定代表人身份证明复印件；

（3）经办人身份证复印件；

（4）企业营业执照复印件。

质量技术监督部门在受理申请后将对申请企业提交材料的真实性、合法性、有效性进行审核，符合条件的，核准登记，发给代码证书；不符合条件的，退回申请或告知其补办有关手续。

三、如何办理税务登记

依法纳税是企业的基本义务，新设企业须在领取营业执照之日起30日内申办税务登记，取得税务登记证。

税务登记实行属地管理，新设企业应当到生产、经营所在地或者纳税义务发生地主管税务机关，申报办理税务登记，如实填写税务登记表，并按照税务机关的要求提供有关证件、资料。我国税务机关分为国税和地税，为方便纳税人申报，提高纳税服务水平，国家税务总局要求各地国家税务局和地方税务局联合办理税务登记。纳税人只需到当地国家税务局或地方税务局或国、地税联合办证大厅等办税服务场所进行一次申报即可。申报税务登记须提供以下资料：

（1）营业执照；

（2）有关合同、章程、协议书；

（3）组织机构代码证；

（4）法定代表人或负责人的居民身份证、护照或者其他合法证件；

（5）税务机关要求提供的其他材料。

税务机关将在收到申报的当日办理登记并核发税务登记证件。

根据《税收征收管理法实施细则》（2002 年 10 月 15 日起施行，2012 年 11 月 9 日修订，2013 年 7 月 18 日再次修订）第十八条的规定，办理下列事项时，必须持税务登记证件：

（1）开立银行账户；

（2）申请减税、免税、退税；

（3）申请办理延期申报、延期缴纳税款；

（4）领购发票；

（5）申请开具外出经营活动税收管理证明；

（6）办理停业、歇业；

（7）其他有关税务事项。

在领取税务登记证件后，就可以向主管税务机关申请领购发票。申请时须提供经办人身份证明、税务登记证件或者其他有关证明，以及财务印章或者发票专用章的印模，经主管税务机关审核后，发给发票领购簿，然后凭发票领购簿核准的种类、数量以及购票方式，向主管税务机关领购发票。

四、如何开立企业账户

企业账户是企业为办理存、贷款和资金收付活动而在银行开立的户头。根据国家规定，企业等各单位之间资金往来，除按照规定可以使用现金的以外，均须通过银行办理转账结算。

新设企业应当在中国境内的银行开立银行结算账户。这里所说的银行包括在中国境内经中国人民银行批准经营支付结算业务的政策性银行、商业银行（含外资独资银行、中外合资银行、外国银行分行）、农村合作银行、城市信用合作社、农村信用合作社。银行结算账户是指银行为存款人开立的办理资金收付结算的人民币活期存款账户，按用途分为基本存款账户、一般存款账户、专用存款账户和临时存款账户。其中基本存款账户是企业的主办账户，企业只能在银行开立一个基本存款账户，其他银行结算账户的开立必须以基本存款账户的开立为前提。

开立企业账户的基本程序如下。

（1）企业向银行提出开立基本存款账户的申请。申请企业向注册地或住所地银行出具营业执照正本、税务登记证、法定代表人的身份证件（授权他人办理的，还应出具授权书和授权人身份证件），并填制银行提供的"开立单位银行结算账户申请书"。

【开立单位银行结算账户申请书】（资料来源：中国人民银行）

开立单位银行结算账户申请书

存款人			电话	
地址			邮编	
存款人类别		组织机构代码		
法定代表人（ ）	姓名			
单位负责人（ ）	证件种类			
行业分类	A（ ）B（ ）C（ ）D（ ）E（ ）F（ ）G（ ）H（ ）I（ ）J（ ） K（ ）L（ ）M（ ）N（ ）O（ ）P（ ）Q（ ）R（ ）S（ ）T（ ）			
注册资金		地区代码		
经营范围				
证明文件种类		证明文件编号		
税务登记证编号（国税或地税）				
关联企业	关联企业信息填列在"关联企业登记表"上			
账户性质	基本（ ）一般（ ）专用（ ）临时（ ）			
资金性质		有效日期至	年　　月　　日	

以下为存款人上级法人或主管单位信息：

上级法人或主管单位名称			
基本存款账户开户许可证核准号		组织机构代码	
法定代表人（ ） 单位负责人（ ）	姓名		
	证件种类		
	证件号码		

以下栏目由开户银行审核后填写：

开户银行名称		开户银行机构代码	
账户名称		账号	
基本存款账户开户许可证核准号		开户日期	
本存款人申请开立单位银行结算账户，并承诺所提供的开户资料真实、有效。 存款人（公章） 年 月 日	开户银行审核意见： 经办人（签章） 存款人（签章） 年 月 日		人民银行审核意见： 经办人（签章） 人民银行（签章） 年 月 日

填列说明：

1. 申请开立临时存款账户，必须填列有效日期；申请开立专用存款账户，必须填列资金性质。

2. 该行业标准由银行在营业场所公告，"行业分类"中各字母代表的行业种类如下：A：农、林、牧、渔业；B：采矿业；C：制造业；D：电力、燃气及水生产供应业；E：建筑业；F：交通运输、仓储和邮政业；G：信息传输、计算机服务及软件业；H：批发和零售业；I：住宿和餐饮业；J：金融业；K：房地产业；L：租赁和商务服务业；M：科学研究、技术服务和地质勘查业；N：水利、环境和公共设施管理；O：居民服务和其他服务业；P：教育业；Q：卫生、社会保障和社会福利业；R：文化、教育和娱乐业；S：公共管理和社会组织；T：其他行业。

3. 带括号的选项填"√"。

4. 本申请书一式三联，一联开户单位留存，一联开户银行留存，一联人民银行当地分支行留存。

（2）银行根据账户管理制度的要求对企业开户申请书填写的事项和证明文件的真实性、完整性、合规性进行审查。银行审查合格后，将开户资料报送中国人民银行当地分支行。

（3）人民银行对开户资料的合规性以及企业开立基本存款账户的唯一性进行审核。对于符合开户条件的企业，为其颁发基本存款账户开户许可证。

（4）人民银行核发开户许可证后，银行与企业签订银行结算账户管理协议，为其办理开户手续。除中国人民银行另有规定的以外，银行将要求开户企业预留签章卡片，预留签章为企业的公章或财务专用章加其法定代表人（单位负责人）或其授权代理人的签名或者盖章。

（5）企业开立基本存款账户后，可申请开立其他非基本存款账户。

（6）自开立基本存款账户或者其他存款账户之日起 15 日内，企业还需向主管税务机关书面报告其全部账号；如果账户发生变化的，也应当自变化之日起15日内，向主管税务机关书面报告。

五、如何办理社保登记

国家建立社会保险制度是为了使每一个劳动者在年老、患病、工伤、失业、生育等情况下获得帮助和补偿，依法参加社会保险，缴纳社会保险费是企业的法定义务之一。新设企业应当在领取营业执照之日起 30 日内申请办理社会保险登记。

社会保险登记也实行属地管理，新设企业应当向所在地社会保险经办机构提出申请，具体咨询当地社保机构。以杭州市为例，省属、市属或无主管部门但纳税关系属省、市地税或开发区征收分局的企业，由杭州市社保局业务大厅受理；区属或无主管部门但实际纳税关系在各城区地税分局的企业，由所在区社险办受理。

企业申请办理社会保险登记时，应当填写社会保险登记表，并出示以下证件和资料：

（1）营业执照、批准成立证件或其他核准执业证件；

（2）国家质量技术监督部门颁发的组织机构统一代码证书；

（3）省、自治区、直辖市社会保险经办机构规定的其他有关证件、资料。

社保机构受理申请后，将在收到申请之日起 15 日内予以审核，并发给社会保险登记证件。

【社会保险登记表】（资料来源：杭州市人力资源和社会保障网）

用人单位社会保险登记表

单位名称（盖章）：

组织机构统一代码：

年　　　　月　　　　日

单位名称			电话	
税务登记证号			主管税务部门	
单位住所（地址）			邮编	
单位通信地址			邮编	
电子邮箱				
工商登记信息	执照类型			
	执照号码			
	发照日期		有效期限	
批准成立信息	批准单位			
	批准日期			
	批准文号			

续表

法定代表人或负责人	姓　　名																	
	身份证号																	
	固定电话								移动电话									

经办单位人	姓　　名	
	所在部门	
	固定电话	移动电话

单位类型		主管部门或总机构		隶属关系	

事业单位经费来源		是否参照公务员管理	

开户银行		户　　名	

银行基本账号	

所属分支机构信息	负责人	名　　称	地　　址

上述填报内容及提供的资料真实、有效，如有虚假，愿承担相应法律责任。

用人单位盖章：

社会保险经办机构审核意见	1. 经审核，符合社会保险登记的有关规定，同意登记。 2. 社会保险登记证编码： 经办人（章）　　　　　复核人（章）　　　　　社保机构（章）

用人单位社会保险登记表填表说明

1. 单位名称和住所（地址），须与工商登记或有关机关批准文件上的单位和住所（地址）一致。按规定可不办理税务登记的，"税务登记证号"栏可不填写。

2. 须经工商登记、领取工商执照的单位（如各类企业）填写"工商登记执照信息"栏；不经工商登记设立的单位（如机关、事业单位、社会团体等）填写"批准成立信息"栏。

3. 具有法人资格的单位，填写法定代表人有关信息；不具有法人资格的分支机构，填写单位负责人有关信息。

4. 单位类型分六大类：企业、机关、社会团体、事业、民办非企业单位、个体工商户和其他。企业要填写详细的企业类型，并与工商营业执照上的填写内容一致；事业单位要填写事业单位经费来源及是否参照公务员管理。

5. 有上级主管部门或是总机构的单位，应填写"主管部门或总机构"栏。若无上级主管部门或总机构的单位，不填。

6. 隶属关系指单位的所属关系，如填写部队属、中央属、省属、市属、区属、街道（乡、镇）属。若无行政隶属关系的单位，不填。

7. 社会保险登记证编码由发放登记证的社会保险机构填写。用人单位的社会保险登记申请经审核同意后，由社会保险经办机构赋予登记证编码。

8. 本表一式两份。

9. 本表应用钢笔填写，字迹应清晰、工整。

第三节　企业年度报告公示

关键词：企业年度报告、变更登记、注销登记

一、什么是年度报告

2014年2月19日，国家工商总局发出通知，自2014年3月1日起正式停止企业年度检验工作，改为企业年度报告公示制度。那么什么是企业年度报告公示制度？为什么要实行年度报告公示制度？企业如何办理年度报告公示？

年度报告公示制度是根据国务院《注册资本登记制度改革方案》的要求实施的一项全新的企业监管制度。这个制度把传统的通过年检方式，市场主体向监管部门负责的制度，改为市场主体通过有关信息的公示向社会负责的制度：一方面借助信息化技术手段，采取网上申报的方式，便于企业按时申报，切实减轻企业负担，增强企业披露信息的主动性；

另一方面，强化企业的义务，要求其向社会公示年报信息，供社会公众查询，更便于社会了解企业的各方面情况，可以充分发挥社会监督力量，促进企业自律和社会共治。

二、如何办理年度报告公示

《企业信息公示暂行条例》（2014 年 7 月 23 日国务院第 57 次常务会议通过，自 2014 年 10 月 1 日起施行）的要求，企业应于每年 1 月 1 日至 6 月 30 日，通过企业信用信息公示系统向企业登记机关报送上一年度年度报告，并向社会公示。企业年度报告的内容包括：

（1）企业通信地址、邮政编码、联系电话、电子邮箱等信息；

（2）企业开业、歇业、清算等存续状态信息；

（3）企业投资设立企业、购买股权信息；

（4）企业为有限责任公司或者股份有限公司的，其股东或者发起人认缴和实缴的出资额、出资时间、出资方式等信息；

（5）有限责任公司股东股权转让等股权变更信息；

（6）企业网站以及从事网络经营的网店的名称、网址等信息；

（7）企业从业人数、资产总额、负债总额、对外提供保证担保、所有者权益合计、营业总收入、主营业务收入、利润总额、净利润、纳税总额信息。

上述第（1）项至第（2）项规定的信息是必须公示的，第（7）项规定的信息，企业可自行选择是否向社会公示。

当年设立登记的企业，自下一年起公示年度报告。

三、未及时报送年度报告有什么法律后果

年度报告公示是企业的一项法定义务。企业每年应在规定期限内通过市场主体信用信息公示系统向工商行政管理机关报送年度报告，并向社会公示，供社会公众查询。企业对年度报告的真实性、合法性负责。工商行政管理机关通过抽查的方式对企业年度报告公示的内容进行监管，将未按规定报送公示年度报告的企业载入经营异常名录，以信用监管方式取代行政处罚方式，达到引导企业规范经营的目的。

对于经检查发现企业年度报告隐瞒真实情况、弄虚作假的，和对未按规定报送公示年度报告而被载入经营异常名录或"黑名单"的企业，工商行政管理机关将会把企业法定代表人、负责人等信息通报公安、财政、海关、税务等有关部门，各有关部门采取相关信用约束措施，使违法企业尝到"一处违法、处处受限"的滋味，从而更有效地监管企业，促

进其诚信守法经营。

四、如何办理企业变更、注销登记

企业成立后，如遇登记事项发生变更的，应当依法办理变更登记；如遇企业解散的，应当依法办理注销登记。下面以公司为例，介绍企业变更、注销登记的办理。

1. 公司变更登记

公司的登记事项包括：名称；住所；法定代表人姓名；注册资本；公司类型；经营范围；营业期限；有限责任公司股东或者股份有限公司发起人的姓名或者名称。这些登记事项一旦发生变更，公司均须向原登记机关提出变更申请。未经变更登记，公司不得擅自改变登记事项。

公司申请变更登记，须提交下列文件：

（1）公司法定代表人签署的变更登记申请书；

（2）依照《公司法》作出的变更决议或者决定；

（3）国家工商行政管理总局规定要求提交的其他文件。

公司变更登记事项涉及修改公司章程的，应当提交由公司法定代表人签署的修改后的公司章程或者公司章程修正案。变更登记事项依照法律、行政法规或者国务院决定规定在登记前须经批准的，还应当向公司登记机关提交有关批准文件。

变更登记事项涉及《营业执照》载明事项的，公司登记机关将为公司换发营业执照。

2. 公司注销登记

公司解散的，清算组应当自公司清算结束之日起30日内向原公司登记机关申请注销登记，提交下列文件：

（1）公司清算组负责人签署的注销登记申请书；

（2）根据不同的解散事由（参见第六章）提交人民法院的破产裁定、解散裁判文书，公司依照《公司法》作出的决议或者决定，行政机关责令关闭或者公司被撤销的文件；

（3）股东会、股东大会、一人有限责任公司的股东、外商投资公司的董事会或者人民法院、公司批准机关备案、确认的清算报告；

（4）《营业执照》；

（5）法律、行政法规规定应当提交的其他文件。

有分公司的公司申请注销登记，还应当提交分公司的注销登记证明。

经公司登记机关注销登记，公司终止。

【超级链接】

一、个体工商户名称预先核准申请书（资料来源：国家工商总局）

个体工商户名称预先核准申请书

申请名称		
备选名称 （请选用不同的字号）	1.	
	2.	
经营者	姓　　名	
	联系电话	
经营范围		
经营场所		
（经营者身份证复印件粘贴处）		

经营者签名：

年　　月　　日

填写个体工商户名称预先核准申请书须知

1. 申请使用个体工商户名称的，应当依照《个体工商户条例》和国家工商总局《个体工商户名称登记管理办法》有关规定申请办理。

2. 申请个体工商户名称预先核准的，应当向其经营场所所在地的登记机关提交：① 经营者签署的《个体工商户名称预先核准申请书》；② 经营者的身份证复印件。

委托代理人办理的，还应当提交经营者签署的《委托代理人证明》及委托代理人身份证复印件。

3. 个体工商户名称依次由行政区划、字号、行业、组织形式组成。其中：行政区划是指个体工商户经营场所所在县（市）和市辖区名称，行政区划之后可以缀以个体工商户经营场所所在地的乡镇、街道或者行政村、社区、市场名称；名称中字号应当由2个以上的汉字组成，可以使用个体工商户成员的姓名作字号，不得使用县级以上行政区划名称作字号；行业用语应当反映其主要经营活动内容或者经营特点；组织形式可以选用"厂"、"店"、"馆"、"部"、"行"、"中心"等字样，但不得使用"企业"、"公司"和"农民专业合作社"字样。

4. 个体工商户的经营范围表述参照《国民经济行业分类》的中类、小类行业类别名称或具体经营项目。

5. 个体工商户的经营场所是其营业所在地的详细地址，填写应当标明经营场所所在县（市、区）、乡（镇）及村、街道的门牌号码。

6. 应当使用钢笔、毛笔或签字笔工整地填写表格或签名，请勿使用圆珠笔。

7. 提交的申请书与其他申请材料应当使用A4型纸。

以上各项未注明提交复印件的，应当提交原件；提交复印件的，应当注明"与原件一致"并由个体工商户经营者或者由其委托代理人签字。

二、个体工商户开业登记申请书（资料来源：国家工商总局）

个体工商户开业登记申请书

名　称				
备选名称（请选用不同字号）	1.			
	2.			
经营者	姓　名		性　别	照片粘贴处
	身份证号码			
	住　所			
	邮政编码		联系电话	
	电子邮箱			
	政治面貌		民　族	
	文化程度		职业状况	
组成形式	个人经营 □			
	家庭经营 □	参加经营的家庭成员姓名及身份证号码		

续表

经营范围				
经营场所				
从业人员		（人）	资金数额	（万元）

本人依照《个体工商户条例》申请登记为个体工商户，提交文件材料真实有效。谨对真实性承担责任。

经营者签名：

年 月 日

填写个体工商户开业登记申请书须知

1. 申请登记为个体工商户的，应当依照《个体工商户条例》和国家工商总局《个体工商户登记管理办法》有关规定，向其经营场所所在地登记机关提交：① 经营者签署的《个体工商户开业登记申请书》；② 经营者的身份证复印件；③ 经营场所使用证明。

申请登记的经营范围中有法律、行政法规和国务院决定规定必须在登记前报经批准的项目，应当提交有关许可证书或者批准文件复印件。

委托代理人办理的，还应当提交经营者签署的《委托代理人证明》及委托代理人身份证复印件。

2. 经营者住所，以经营者身份证载明住址为准。

3. 港、澳居民个体工商户和台湾农民个体工商户不填写本申请书"经营者"一栏内容，但应当分别填写"个体工商户经营者（港澳居民）登记表"和"个体工商户经营者（台湾农民）登记表"作为替代。港、澳居民个体工商户和台湾农民个体工商户应当注明经营场所的面积和从业人数。港、澳居民个体工商户和台湾农民个体工商户登记管理事项应当符合国家有关规定。

4. 申请登记为家庭经营的，以主持经营者作为经营者登记，由全体参加经营的家庭成员在《个体工商户开业登记申请书》经营者签名栏中签字予以确认。提交居民户口簿或者结婚证复印件作为家庭成员亲属关系证明；同时提交其他参加经营家庭成员的身份证复印件，对其姓名及身份证号码予以备案。

5. 个体工商户的经营范围表述参照《国民经济行业分类》的中类、小类行业类别名称或具体经营项目。

6. 经营场所使用证明：个体工商户以自有场所作为经营场所的，应当提交自有场所的产权证明复印件；租用他人场所的，应当提交租赁协议和场所的产权证明复印件；无法提交经营场所产权证明的，可以提交市场主办方、政府批准设立的各类开发区管委会、村居委会出具的同意在该场所从事经营活动的相关证明。

填写应当标明经营场所所在县（市、区）、乡（镇）及村、街道的门牌号码。

7. 应当使用钢笔、毛笔或签字笔工整地填写表格或签名，请勿使用圆珠笔。

8. 在选择的类型□中打√。

9. 提交的申请书与其他申请材料应当使用 A4 型纸。

以上各项未注明提交复印件的，应当提交原件；提交复印件的，应当注明"与原件一致"并由个体工商户经营者或者由其委托的代理人签字。

【实务演练】

1. 甲、乙、丙三人决定共同出资成立一家办公用品有限责任公司，他们起草了公司章程，公司名称为"东方办公用品有限责任公司"，注册资本为 50 万元，章程经甲、乙、丙共同签署。2007 年 5 月，东方办公用品有限责任公司筹备小组向市工商局申请设立登记，并向工商局提交了公司登记申请书、公司章程、验资证明等材料。市工商局经审查后，认为本市办公用品企业已经达到市场饱和，故拒绝为其办理登记手续。问：市工商局拒绝办理公司登记手续的理由是否成立？有限责任公司设立登记须提交哪些法律文件？

2. 假定你拟设立一家公司，请登录工商局网站，了解企业登记程序及所需提交的全套材料。

3. 试用全国企业信用信息公示系统，查询企业信息。

4. 三证合一、一照一码的改革，对于创业企业有什么意义？

第四章

企业经营法律实务（上篇）

本章要点提示

- ☑ 企业如何进行经营决策
- ☑ 如何用好人、管好人
- ☑ 如何保护企业的知识产权
- ☑ 如何做好企业的合同管理
- ☑ 如何开展进出口贸易

恭喜你拥有了自己的企业！拿到营业执照意味着你的企业获得了合法的身份，现在可以在市场经济的大舞台上一展身手了。企业的经营可谓千头万绪，招兵买马、开拓市场、打响品牌……一件件纷至沓来，令人应接不暇。这个时候既要善于运用经营管理的艺术，还必须时时刻刻注意企业经营行为的合法性，依照法律来规范企业的经营管理活动，运用法律武器来保护企业的合法权益。

第一节　企业经营决策权

关键词：法人治理结构、股东会、董事会、经理、监事会、法定代表人、公司法人人格否认、内部人控制

一、企业的事谁做主

市场经济中的企业好比是大海里的航船，不管这艘船是大是小，若想顺利起航、乘风破浪乃至决胜千里，都离不开掌舵人的英明决策、运筹帷幄。那么，企业的经营管理究竟由谁做主？谁来担当企业的掌舵人呢？这实际上是企业的控制权问题。

要回答这个问题，首先要搞清楚企业的类型，不同企业的情形区别很大。

（1）个人独资企业：最简单，投资人就是企业的控制人。企业事务一般都由投资人自

行管理，当然投资人也可以通过书面授权委托或聘用别人来管理企业。

（2）合伙企业：相对复杂。全体合伙人共同控制企业，平等享有对企业的决策权、管理权。通过召开合伙人会议对合伙企业的有关事项进行表决，其中一些重大事项必须经全体合伙人一致同意。在企业事务的执行上，可以共同执行，也可以委托一个或者几个合伙人执行，还可以聘任合伙人以外的人担任管理人员。

（3）公司：最复杂。根据《公司法》的规定，公司必须建立法人治理结构，公司的控制权实际上由几个相互制衡的机构分享。在公司章程中，可以找到这些机构，即股东会、董事会及经理、监事会，如图4-1所示。

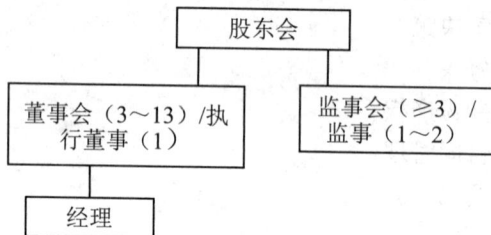

图4-1 有限责任公司的法人治理结构

① 股东会由全体股东组成，是公司的权力机构，它决定公司的大政方针，任免董事、监事，监督董事会、监事会的工作，并有权修改公司的"宪法"——公司章程。

② 董事会由股东会选举的董事组成（有的公司不设董事会，仅设执行董事1人），负责对公司经营发展重大事项的决策，对股东会负责。

经理是由董事会聘任的主持公司日常经营管理工作的高级职员，负责执行董事会的决策，对董事会负责。

董事会及经理组成公司的经营决策和业务执行机构，也就是我们常说的高层管理团队，是法人治理结构的核心。一个公司是否能够有效运作，往往取决于其高层管理团队是否团结、高效。

③ 监事会是公司的监督机构（有的公司也不设监事会，仅设1~2名监事），它的主要职权是检查公司财务，监督董事、高级管理人员的行为（所以公司法规定董事、高管不得兼任监事）。

我们可以发现，尽管股东们是公司的"老板"，但他们的权力并不是无限的，他们对公司的控制权必须通过股东会来行使；董事会和经理作为常设的决策和执行机构，往往实权在握，股东不能直接干预他们的工作，而是要通过股东会、监事会等根据法律规定对他们进行监督。当然对于一些股东比较少（甚至只有一个）、规模比较小的公司来说，股东担任董事长、执行董事、经理等职，直接控制公司的情况也有很多。

另外，公司日常经营中，还有一个举足轻重的人物：法定代表人。法定代表人是代表公司行使职权的负责人，可以由董事长、执行董事或者经理担任。究竟谁来担任法定代表人，由股东们在公司章程中作出规定。在实践中，法定代表人可以对外代表公司意志，其经营活动，由公司承担责任，因此法定代表人的选任必须慎重。

法定代表人除了享有法定职权外，还须承担法定责任，《民法通则》第四十九条规定，企业法人有下列情形之一的，除法人承担责任外，对法定代表人可以给予行政处分、罚款，构成犯罪的，依法追究刑事责任：

（1）超出登记机关核准登记的经营范围从事非法经营的；

（2）向登记机关、税务机关隐瞒真实情况、弄虚作假的；

（3）抽逃资金、隐匿财产逃避债务的；

（4）解散、被撤销、被宣告破产后，擅自处理财产的；

（5）变更、终止时不及时申请办理登记和公告，使利害关系人遭受重大损失的；

（6）从事法律禁止的其他活动，损害国家利益或者社会公共利益的。

【小贴士】

法定代表人不等于法人。有人把法定代表人简称为法人，这是错误的。因为法人和法定代表人是两个不同的法律概念，法人是具有民事权利能力和民事行为能力，依法独立享有民事权利和承担民事义务的组织，法人其实不是"人"，而是组织；法定代表人是代表法人行使职权的负责人，法定代表人总是由某个"人"来担任。

二、企业的投资人意见不一致时听谁的

公司股东之间、合伙企业合伙人之间意见不一致，怎么办？如果处理不好，陷入僵局，会给企业的正常运作和发展带来很大的问题，甚至可能导致企业解散。

对于按照法律规定建立了经营决策机制的企业来说，好办。《合伙企业法》、《公司法》都规定了投资人通过召开会议讨论问题并形成决策的议事方式。

（1）合伙企业。按照合伙协议约定的表决办法办理，如果合伙协议没有约定的，合伙企业的下列事项应当经全体合伙人一致同意：① 改变合伙企业的名称；② 改变合伙企业的经营范围、主要经营场所的地点；③ 处分合伙企业的不动产；④ 转让或者处分合伙企业的知识产权和其他财产权利；⑤ 以合伙企业名义为他人提供担保；⑥ 聘任合伙人以外的人担任合伙企业的经营管理人员。

对于其他事项的表决，实行合伙人一人一票并经全体合伙人过半数通过的表决办法。

（2）公司。股东会会议作出修改公司章程、增加或者减少注册资本的决议，以及公司

合并、分立、解散或者变更公司形式的决议，必须经代表 2/3 以上表决权的股东通过。

其他决议的通过方式由公司章程作出规定，一般经代表 1/2 以上表决权的股东通过即可。

需要注意的是，有限责任公司的表决权一般不以股东人数为基数行使，即不是股东一人一票，而是按其出资比例行使表决权。它意味着股东出资越多，享有的表决权就越大，在表决中发挥的作用也就越大；反之，股东出资少，享有的表决权就越小。如果公司章程对表决权的行使作出不按出资比例行使的规定，则按照公司章程的规定行使表决权。

【小贴士】

表决权越大，意味着对公司的控制权也越大。如果你想拥有更多的表决权，办法有两个：一个是在按出资比例行使表决权的情况下，多出资；另一个是在不按出资比例行使表决权的情况下，争取自己拥有比出资比例更大的表决权。当然，最终你拥有多少表决权，取决于你和其他股东之间的博弈，你想多一点，也得别人答应。还有一点千万不能忘记，表决权比例确定下来以后，一定要写到公司的章程中去。

三、如何召开股东会会议

我们以有限责任公司为例介绍股东会会议的召开。

股东会会议分为定期会议和临时会议。定期会议应当依照公司章程的规定按时召开。代表 1/10 以上表决权的股东、1/3 以上的董事、监事会或者不设监事会的公司的监事可以提议召开临时会。

1. 会议的召集

设立董事会的，股东会会议由董事会召集，董事长主持；不设董事会的，股东会会议由执行董事召集和主持。

2. 会议的通知

召开股东会会议，应当于会议召开 15 日前通知全体股东；但是，公司章程另有规定或者全体股东另有约定的除外。

3. 会议的表决

参考"企业的投资人意见不一致时听谁的"中的有关介绍。

4. 会议的记录

开股东会会议时，应当有专人将所议事项的决定做成会议记录，出席会议的股东应当在会议记录上签名。

四、企业的财产是谁的，股东可否支配企业的财产

你一个人或者和你的合作伙伴们一起开办了一家企业，你（们）出钱、出力、出物，那么这家企业的财产是谁的呢？如果你设立的是个人独资企业，答案很简单，企业的财产是你的，企业就是你的个人财产，一般来说，没有区分个人财产和企业财产的必要。

如果你（们）设立的是公司或者合伙企业，那么你（们）的出资、企业经营过程中取得的新的财产都是企业的财产，一般情况下，你（们）均无权对企业财产进行分割。也就是说，企业的财产不是你（们）的私人财产，你（们）应学会把自己的个人财产和企业的财产分开，避免公私不分，否则可能构成对企业财产权利以及其他股东、合伙人合法权益的侵害。这一点对公司而言尤其重要。

在实践中，公司股东随意支配公司财产的情况并不少见。这是因为有的公司股东认为公司是自己投资的，公司的财产就是自己的，于是把公司当成自己的私人小金库，随意支用公司的钱、物，其实这种做法非常错误。股东把原来属于自己的财产投入到公司后，就丧失了对这些财产的所有权，这些财产的"主人"就是公司。如果这时候，股东未经公司授权而以所有者的身份继续直接占有、使用或处分原来属于其所有的财产，其行为就构成了对公司法人财产权的侵犯，应当承担相应的法律责任。

如果股东的个人财产与公司财产不分，那么可能导致公司法人人格被否认，股东不再受有限责任的保护，而须对公司债务承担无限清偿责任。这种情形在一人有限责任公司和家族公司中尤为常见。《公司法》为此特别规定，一人有限责任公司的股东不能证明公司财产独立于股东自己的财产的，应当对公司债务承担连带责任。

【小贴士】

公司法人人格否认制度，西方又称"揭开公司的面纱"，是指为了制止滥用公司法人制度和保护公司债权人的利益及社会公共利益，允许在特定情形下，否认公司的独立人格和股东的有限责任，责令公司股东对公司债务或公共利益承担责任的一种制度。

五、股东有哪些权利，如何进行自我保护

股东的基本权利包括依法享有资产收益、参与重大决策和选择管理者等。作为股东，最好的自我保护，就是充分了解法律赋予自己的权利，依法主张和行使自己的权利，必要时还可以向法院寻求帮助，提起诉讼。以下都是《公司法》明确规定的股东权利。

1. 分红权、增资的优先认购权

股东有权获得投资收益，并享有在公司新增资本时的优先认购权。

【法条】

《公司法》

第三十四条　股东按照实缴的出资比例分取红利；公司新增资本时，股东有权优先按照实缴的出资比例认缴出资。但是，全体股东约定不按照出资比例分取红利或者不按照出资比例优先认缴出资的除外。

2. 转让股权的优先购买权

股东转让股权的，其他老股东有权优先购买。

【法条】

《公司法》

第七十一条　有限责任公司的股东之间可以相互转让其全部或者部分股权。

股东向股东以外的人转让股权，应当经其他股东过半数同意。股东应就其股权转让事项，书面通知其他股东征求同意，其他股东自接到书面通知之日起满三十日未答复的，视为同意转让。其他股东半数以上不同意转让的，不同意的股东应当购买该转让的股权；不购买的，视为同意转让。

经股东同意转让的股权，在同等条件下，其他股东有优先购买权。两个以上股东主张行使优先购买权的，协商确定各自的购买比例；协商不成的，按照转让时各自的出资比例行使优先购买权。

公司章程对股权转让另有规定的，从其规定。

3. 知情权

股东有权了解公司的经营管理状况，有权查阅、复制公司章程、股东会会议记录、董事会会议决议、监事会会议决议和财务会计报告。

4. 决策权

股东有权通过股东会会议行使决策权，参与对公司重大事项的决定。具体包括以下几点：

（1）提议召开股东会临时会议的权利；

（2）在董事会、监事会不依法召集股东会会议时，代表 1/10 以上表决权的股东自行召集和主持股东会会议的权利；

（3）表决权，即对公司重大事项表示同意、不同意或弃权的权利。

5. 退出权（异议股东的股权回购请求权）

对公司一些重大事项有不同意见的股东可以依法要求公司回购股权，以退出公司。

【法条】

《公司法》

第七十四条 有下列情形之一的，对股东会该项决议投反对票的股东可以请求公司按照合理的价格收购其股权：

（一）公司连续五年不向股东分配利润，而公司该五年连续盈利，并且符合本法规定的分配利润条件的；

（二）公司合并、分立、转让主要财产的；

（三）公司章程规定的营业期限届满或者章程规定的其他解散事由出现，股东会会议通过决议修改章程使公司存续的。

自股东会会议决议通过之日起六十日内，股东与公司不能达成股权收购协议的，股东可以自股东会会议决议通过之日起九十日内向人民法院提起诉讼。

6. 诉权

在下列情况下，股东可以向法院起诉，以保护公司及自身的合法权益。

（1）面对违法、违反章程的公司决议，股东有权请求法院撤销。

（2）公司拒绝股东行使查阅权时，股东有权请求人民法院要求公司提供查阅。

（3）异议股东行使股权回购请求权时，无法与公司达成协议的，可以起诉。

（4）在公司权益受到董事、高管或他人侵害时，依法提起诉讼。

（5）在自身权益受到董事、高管侵害时提起诉讼。

（6）在公司陷入僵局时，依法请求法院解散公司。

六、企业是自己管理还是请别人来管理

大部分创业企业，一开始往往是创业者自己管理。我们称为所有权与经营权合一的模式，创业者既是企业的投资人（所有者），又是企业的管理者。如果请别人管理，则属于所有权与经营权分离的模式。这两种模式各有利弊。一般来说，所有权与经营权合一的模式只适合于规模小、投资者人数较少的企业，如个人独资企业、一人有限责任公司、小的合伙企业和小公司等。随着企业规模扩大、投资者增多、资产增长、经营方式多元化，所有权与经营权分离的模式的优势就开始显现。这是因为一旦企业做大，最初的创业者可能会发现自己的精力有限，管不过来了，也可能会发现有些方面自己也确实不懂，迫切需要聘

请企业管理方面的专业人才——职业经理人。事实证明，所有权与经营权分离的模式，权、责、利明确，有利于发挥各方所长，避其所短，从而最大限度地合理配置资源，使投资者的创业资本与经理人的经营管理才能实现最优结合，创造效益最大化。

不过必须指出的是，虽然所有权与经营权分离模式有很多好处，但是老板（投资者）和职业经理人毕竟处在不同的地位，他们既有利益一致的地方，也存在许多矛盾。做老板的往往担心经理人瞒着自己控制企业，侵害自己的利益，经理人则最害怕老板不信任自己，不能充分发挥自己的才能，不兑现给自己的待遇承诺。因此在现实中频频上演老板与经理人从"一见钟情"到"互相猜疑"，最终"不欢而散"的"三部曲"，严重影响企业的经营和发展。

要处理好老板和经理人的关系，关键还在老板，做老板的既要监督经理人，防止内部人控制，又要给经理人充分的权力，不能干扰经理人的正常管理行为。

（1）企业要建立有效的治理结构，明确划分职责。以公司为例，应当按照《公司法》的要求建立健全法人治理结构，既给予经理人充分的职权，又可以通过股东会、董事会、监事会等实现对经理人的监督。

（2）聘请经理人时，应当与经理人签订书面合同，把企业和经理人各自的权利和义务明明白白地列清楚。

（3）企业要建立有效的激励机制和约束机制，以激励经理人充分发挥其才能，认真履行职责，防止经理人侵害投资者权益的行为发生。

【小贴士】

内部人控制（insider control; inner member control）是指掌握企业实际控制权的管理层，在企业经营管理中为牟取自身利益最大化，架空投资者（外部人）的控制和监督，使投资者的权益受到侵害的现象。这些"内部人"往往就是掌握实权的公司董事（长）、经理、高管，他们利用自己对企业的控制，让企业为自己的利益服务，而不是为投资者产生效益。

第二节　人力资源管理

关键词：人力资源管理、劳动者的权利、招聘、劳动合同、试用期、服务期、竞业限制、经济补偿

一、什么是人力资源管理

企业的有效运作关键在人。有人曾说企业的"企"字如果去掉了"人"，就变成了停止

的"止"，由此可见人力资源对于企业发展的重要性。国际上许多知名的大公司、大企业，都非常重视人力资本的投入和人力资源的管理。

人力资源管理是指企业对于本组织的人力资源，从人力资源规划、员工招聘与配置、培训与开发、薪酬与福利、绩效管理、劳资关系处理等各个环节和各项任务进行系统、综合的全过程管理。人力资源管理的基本任务可以归纳为求才、用才、育才、激才、护才、留才。有效的人力资源管理除了追求用人的效益外，还十分关注员工对企业的忠诚度，把对人的尊重和权益保障放在特别重要的位置。

长期以来，我国劳动力资源一直相当"廉价"，与此同时侵害劳动者权益的现象时有发生，导致劳资关系紧张、劳动争议不断，劳动者已经沦为急需保护的弱势群体。为维护劳动者的合法权益，我国先后出台了《劳动法》（1995 年 1 月 1 日起施行）及与之配套的大量劳动法律、法规。2007 年 6 月 29 日通过的《劳动合同法》（2008 年 1 月 1 日起施行，2012 年 12 月 28 日修正）秉承"向劳动者倾斜，向弱势者倾斜"的精神，突出对劳动合同制度的规范，对企业的人力资源管理提出了更高的要求。因此，今天的创业者必须把人力资源管理建立在充分尊重劳动者合法权益的基础上，依法实施对人力资源的管理和配置，才能有效防范劳动用工法律风险，避免劳动争议的发生，构建一个合法高效的人力资源管理平台和体系。

本节将以《劳动法》和《劳动合同法》为主要依据，介绍企业人力资源管理过程中必须注意的法律问题。

二、劳动者有哪些权利

保障劳动者的合法权益是企业的基本义务，因此创业者很有必要了解我国法律赋予劳动者的以下权利。

1. 平等就业和自主择业的权利

平等就业权是指在就业的机会、条件等方面，每个劳动者都有平等的权利。《劳动法》规定：劳动者就业，不因民族、种族、性别、宗教信仰不同而受歧视；妇女享有与男子平等的就业权利。尊重和保护劳动者的平等就业权，其实质就是要反对各种就业歧视行为，如性别歧视、身高歧视、"乙肝"歧视、户籍歧视等。

【案例】（资料来源：中华网）

因为是乙肝病原携带者在求职时被拒，22 岁的应届大学毕业生小林愤而将用人单位起诉至法院。小林请求法院判定这家公司侵犯了他的平等就业权，并赔偿其各项损失共 5 万元，同时要求用人单位向其公开道歉。

评析： 近年来，随着人们对平等就业权的理解越来越深刻，"乙肝"歧视引起社会的强烈反响，反对"乙肝"歧视、维护传染病病原携带者平等就业权的法律和政策也相应出台。《就业促进法》（2008 年 1 月 1 日起施行）第三十条规定："用人单位招用人员，不得以是传染病病原携带者为由拒绝录用。"《关于维护乙肝表面抗原携带者就业权利的意见》（2007年 5 月 18 日起实施，原劳动和社会保障部〔2007〕16 号）明确规定："保护乙肝表面抗原携带者的就业权利。除国家法律、行政法规和卫生部规定禁止从事的易使乙肝扩散的工作外，用人单位不得以劳动者携带乙肝表面抗原为理由拒绝招用或者辞退乙肝表面抗原携带者。"

在此，我们特别提醒创业者在招募员工时，除国家法律、行政法规和卫生部规定禁止从事的工作外，不得强行将乙肝病毒血清学指标作为体检标准，否则，作为创业者的你可能会站在被告席上。

劳动者自主择业的权利包括两个方面，一方面是劳动者在就业时有权根据自己的意愿、兴趣选择用人单位，不受外力的强迫；另一方面是劳动者在就业后所享有的辞职权，当然这里并不排除劳动者违反劳动合同约定依法承担的法律责任。当前对劳动者自主择业权利的侵害，主要表现在对劳动者辞职权的侵害，如用人单位在与劳动者签订劳动合同时附加不合理的条件，要求劳动者辞职后支付违约金；又如在劳动者依法辞职后扣压档案、证件等。针对这些现象，《劳动合同法》明确规定，除了劳动者违反服务期约定和竞业限制约定外，用人单位不得与劳动者约定由劳动者承担违约金；用人单位应当在解除或者终止劳动合同时出具解除或者终止劳动合同的证明，并在 15 日内为劳动者办理档案和社会保险关系转移手续。

2. 取得劳动报酬的权利

取得劳动报酬的权利是指劳动者履行劳动义务后，享有自用人单位取得报酬的权利。劳动报酬中最重要的部分就是工资，一般包括计时工资、计件工资、奖金、津贴补贴、加班工资以及特殊情况下支付的工资等。为了限制企业任意降低工资标准，国家实行最低工资保障制度，用人单位支付劳动者的工资不得低于当地最低工资标准。

用人单位应当依法及时足额支付劳动报酬，否则劳动行政部门将责令限期支付，逾期不支付的，要按照应付金额 50%以上 100%以下的标准向劳动者加付赔偿金。

3. 休息休假的权利

休息休假权，是指劳动者在一定时间的劳动之后所获得的休息休假的权利。我国从限制工时和规定休息休假时间两方面确保劳动者享有休息休假的权利。

（1）限制工时：我国当前的标准工时形式是每日工作 8 小时，每周工作 40 小时。用人单位由于生产经营需要，经与工会和劳动者协商后可以延长工作时间，一般每日不得超过 1 小时；因特殊原因需要延长工作时间的，在保障劳动者身体健康的条件下延长工作时间每日不得超过 3 小时，每月不得超过 36 小时。

企业因生产特点不能实行标准工时的，经劳动行政部门批准，可以实行不定时工作制和综合计算工时制。不定时工作制是指没有固定上下班时间限制的工时制度，主要适用于企业高管、外勤人员、推销人员、长途运输人员等；综合计算工时制是指一些特殊企业可以以一定期限为周期，综合计算工作时间的工时制度，但其平均日工作时间和平均周工作时间应与法定标准工作时间相同，主要适用于交通、铁路、邮电、水运、航空、渔业、地质勘探、建筑、旅游等行业。

（2）休息休假：用人单位应当根据《全国年节及纪念日放假办法》（2008 年 1 月 1 日起施行，2013 年 12 月 11 日修订）的规定，安排劳动者在法定节假日休息。同时用人单位还应当保证职工享有带薪年休假。根据《职工带薪年休假条例》（2008 年 1 月 1 日起施行）规定，职工连续工作 1 年以上的，享受带薪年休假（以下简称年休假）。职工在年休假期间享受与正常工作期间相同的工资收入。职工累计工作已满 1 年不满 10 年的，年休假 5 天；已满 10 年不满 20 年的，年休假 10 天；已满 20 年的，年休假 15 天。此外，劳动者还依法享有探亲假、婚丧假、病假等休假权，女职工享有产假等特殊假期待遇。

（3）安排劳动者延长工作时间或者休息休假时间工作的，用人单位要依法支付加班工资：安排劳动者延长工作时间的，支付不低于工资的 150% 的工资报酬；休息日安排劳动者工作又不能安排补休的，支付不低于工资的 200% 的工资报酬；法定休假日安排劳动者工作的，支付不低于工资的 300% 的工资报酬；对应休未休的年休假天数，按照工资的 300% 支付年休假工资报酬。

4. 获得劳动安全卫生保护的权利

用人单位必须为劳动者提供符合国家规定的劳动安全卫生条件和必要的劳动防护用品，对从事有职业危害作业的劳动者应当定期进行健康检查。劳动者对用人单位管理人员违章指挥、强令冒险作业，有权拒绝执行；对危害生命安全和身体健康的行为，有权提出批评、检举和控告。

国家对女职工和未成年工实行特殊劳动保护：禁止安排女职工从事矿山井下、国家规定的第四级体力劳动强度和其他禁忌从事的劳动；女职工在经期时，不得安排从事高处、低温、冷水作业和国家规定的第三级体力劳动强度的劳动；女职工在孕期时，不得安排从事国家规定的第三级体力劳动强度的劳动和孕期禁忌从事的劳动，对怀孕 7 个月以上的，不得安排其延长工作时间和值班劳动；女职工生育享受不少于 90 天的产假，其中产前休假 15 天；哺乳期不得安排从事国家规定的第三级体力劳动强度的劳动和哺乳期禁忌从事的其他劳动，不得安排其延长工作时间和夜班劳动。不得安排未成年工（年满 16 周岁未满 18 周岁）从事矿山井下、有毒有害、国家规定的第四级体力劳动强度和其他禁忌从事的劳动。

5. 接受职业技能培训的权利

根据《劳动法》的规定，用人单位应当建立职业培训制度，按照国家规定提取和使用职业培训经费，根据本单位实际，有计划地对劳动者进行职业培训。从事技术工种的劳动者，上岗前必须经过培训。正常业务培训不应由职工本人负担费用。

6. 享受社会保险和福利的权利

社会保险是指劳动者因年老、伤病、残疾、生育、死亡造成劳动能力丧失或失去职业岗位等客观情况导致经济困难而从国家和社会获得补偿和物质帮助的保障制度。社会保险包括养老保险、医疗保险、失业保险、工伤保险和生育保险。用人单位必须按照相关法律规定为劳动者缴纳各种社会保险费，否则劳动者有权解除劳动合同，并要求用人单位支付经济补偿。

职工福利是指用人单位和国家在工资和社会保险之外，通过设立集体福利设施、给予各种补贴、提供服务等形式，为职工改善和提高物质生活和精神生活质量所提供的物质帮助。职工福利能提高劳动者的生活质量，激发职工工作的积极性和创造性。

7. 提请劳动争议处理的权利

用人单位与劳动者发生劳动争议，劳动者可以依法申请调解、仲裁，提起诉讼。

8. 法律规定的其他权利

劳动者有依法参加和组织工会的权利，依法通过职工代表大会或其他形式参与民主管理的权利。

三、如何拟订招聘文件

根据企业用人的实际需求，发布招聘广告，是企业向社会"招兵买马"的第一步。那么拟订招聘文件有什么讲究呢？

（1）避免出现歧视性条款。我们知道，招聘文件的主要内容是录用条件，即对应聘者提出各方面的具体条件和标准，如专业、学历、工作经验等。如本节介绍劳动者的权利时所述，录用条件在拟定时首先要注意避免出现歧视性条款，以防侵犯劳动者的平等就业权。

（2）录用条件应当具体、明确，便于考核或查证。根据《劳动合同法》的规定，用人单位在试用期期间，如果发现劳动者不符合录用条件的，可以即时通知予以辞退。那么如何证明劳动者是否符合录用条件呢？这首先取决于录用条件本身是否明确具体，是否可以衡量、比较。例如，A 企业以一员工不符合岗位要求为由将其辞退，员工不服申请了劳动仲裁。在仲裁过程中，发现虽然 A 企业在招聘广告的录用条件中注明"符合岗位要求"，但无论是招聘广告、劳动合同还是企业规章制度中都没有明确该岗位的具体要求是什么，最终 A 企业败诉。以上案例告诉我们，拟订录用条件一定要具体、细化（招聘文件中不宜细化的，可以在劳动合同或者企业规章制度等文件中细化），便于衡量、考核、查证。

（3）录用条件一定要事先告知应聘人员。无论是将录用条件载于招聘文件，还是劳动合同、企业规章制度，都必须以某种方式告知应聘人员，只有应聘人员事先知道这些条件的存在，这些条件才能对其产生约束力。一般情况下，招聘文件可以在报刊上发布，并保留好报刊原件；录用条件最好载入劳动合同中；企业规章制度应装订成册，在签订劳动合同的同时发放给劳动者，并由其签收。

四、订立劳动合同需注意哪些问题

（1）订立劳动合同前用人单位应认真审核劳动者的基本情况。

在签订劳动合同时，用人单位和劳动者均享有知情权，即有权了解对方的情况。一方面，用人单位应当如实告知劳动者工作内容、工作条件、工作地点、职业危害、安全生产状况、劳动报酬，以及劳动者要求了解的其他情况；另一方面，用人单位有权了解劳动者与劳动合同直接相关的基本情况，劳动者应当如实说明。为保护自身合法权益，用人单位应当认真审查以下内容。

① 劳动者的身份、年龄、学历、资格、工作经历等信息的真实性。特别要注意的是，我国禁止使用未满16周岁的童工，因此年龄信息也需认真核实。

② 劳动者的健康状况。劳动者的健康状况不但影响其工作表现，而且根据规定，劳动者患病期间，用人单位是不得随意解除劳动合同的，并且还需承担相应的医疗费用。因此用人单位在招用劳动者时，应做好健康检查工作，以控制由此导致的风险。

③ 劳动者与其他单位的劳动关系情况。包括劳动者是否与其他用人单位存在未到期的劳动合同，是否与其他单位签订了竞业限制协议等。如果用人单位招用了与其他单位尚未了结劳动关系的人员，或者尚在竞业限制期内的人员，可能会陷入官司，被要求向其他单位承担赔偿责任。

（2）用人单位应当及时订立书面劳动合同。

招到合适的劳动者后，用人单位应当及时与劳动者订立书面劳动合同。已建立劳动关系未同时订立书面劳动合同的，应当自用工之日起1个月内订立书面劳动合同。鉴于过去用人单位怠于签订劳动合同的现象相当严重，为此《劳动合同法》对不签订或不及时签订劳动合同的用人单位制定了严厉的惩处措施：用人单位自用工之日起超过1个月不满1年未与劳动者订立书面劳动合同的，须向劳动者每月支付2倍的工资；用人单位自用工之日起满1年不与劳动者订立书面劳动合同的，视为用人单位与劳动者已订立无固定期限劳动合同。

需特别注意的是，劳动者与用人单位建立劳动关系以用工之日为准，而不是以签订劳动合同之日为准。

（3）用人单位招用劳动者，不得扣押劳动者的居民身份证和其他证件，不得要求劳动者提供担保或者以其他名义向劳动者收取财物。

（4）劳动合同由用人单位与劳动者协商一致，并经用人单位与劳动者在劳动合同文本上签字或者盖章生效。劳动合同文本由用人单位和劳动者各执一份。

根据《劳动合同法》第二十六条第 1 款规定，如果存在下列情形的，劳动合同无效或部分无效：

（1）以欺诈、胁迫的手段或者乘人之危，使对方在违背真实意思的情况下订立或者变更劳动合同的；

（2）用人单位免除自己的法定责任、排除劳动者权利的。如有的用人单位在劳动合同中写上"工伤概不负责"的条款；

（3）违反法律、行政法规强制性规定的。如有的用人单位与未满 16 周岁的童工签订合同；有的要求劳动者劳动合同期内"不得结婚"、"不得生育"。

五、劳动合同的内容应如何约定

根据《劳动合同法》第十七条的规定，劳动合同应当具备以下条款：
（1）用人单位的名称、住所和法定代表人或者主要负责人；
（2）劳动者的姓名、住址和居民身份证或者其他有效身份证件号码；
（3）劳动合同期限；
（4）工作内容和工作地点；
（5）工作时间和休息休假；
（6）劳动报酬；
（7）社会保险；
（8）劳动保护、劳动条件和职业危害防护；
（9）法律、法规规定应当纳入劳动合同的其他事项。

除上述必备条款外，用人单位与劳动者可以在劳动合同中约定试用期、培训、保守秘密、补充保险和福利待遇等其他事项。

劳动合同条款在拟订过程中，需特别注意以下问题。

1. 劳动合同的期限

劳动合同分为固定期限劳动合同、无固定期限劳动合同和以完成一定工作任务为期限的劳动合同三种。具体订立哪种合同，由用人单位与劳动者协商。但是，有下列情形之一的，除劳动者要求订立固定期限劳动合同外，应当订立无固定期限劳动合同：（1）劳动者在该用人单位连续工作满 10 年的；（2）连续订立两次固定期限劳动合同后再续订劳动合同的。

2. 试用期

（1）试用期的期限应根据劳动合同期限进行约定，具体如表 4-1 所示。

表 4-1　不同试用期期限

劳动合同期限	试用期期限
不满 3 个月或以完成一定工作任务为期限的	不得约定试用期
3 个月以上不满 1 年的	不得超过 1 个月
1 年以上不满 3 年的	不得超过 2 个月
3 年以上或无固定期限的	不得超过 6 个月

需要注意的是，试用期是包含在劳动合同期限内的，如果劳动合同仅约定试用期的，试用期不成立，该期限为劳动合同期限。

（2）同一用人单位与同一劳动者只能约定 1 次试用期。

（3）劳动者在试用期的工资不得低于本单位相同岗位最低档工资或者劳动合同约定工资的 80%，并不得低于用人单位所在地的最低工资标准。

（4）在试用期中，除劳动者有《劳动合同法》第三十九条和第四十条第 1 项、第 2 项规定的情形外，用人单位不得解除劳动合同。用人单位在试用期解除劳动合同的，应当向劳动者说明理由。

3. 服务期

服务期与劳动合同期限不是同一个概念，它是劳动者必须为用人单位服务的期限，劳动者违反服务期约定的，还须按照约定向用人单位支付违约金。正因为此，服务期的使用有严格的条件限制，只有在用人单位为劳动者提供专项培训费用，对其进行专业技术培训的情况下，才可以约定服务期。同时，劳动者违反服务期应支付的违约金，《劳动合同法》也有明确规定，即违约金的数额不得超过用人单位提供的培训费用；用人单位要求劳动者支付的违约金不得超过服务期尚未履行部分所应分摊的培训费用。例如，某公司出资 3 万元送小林出国接受专业技术培训，双方签订了为期 3 年的服务期协议。现小林在服务期尚有 1 年未到期的情况下，要求离开公司，那么小林应当支付的违约金为 1 万元。

4. 保密义务和竞业限制

眼下因竞业限制而产生的劳动争议越来越多，尤其频发于高新技术企业。所谓竞业限制，就是限制劳动者到与原单位生产或者经营同类产品、从事同类业务的有竞争关系的其他用人单位就业，或者自己开业生产或者经营同类产品、从事同类业务。《劳动合同法》规定，对负有保密义务的劳动者，用人单位可以在劳动合同或者保密协议中与劳动者约定竞业限制条款，并约定在解除或者终止劳动合同后，在竞业限制期限内按月给予劳动者经济补偿；劳动者违反竞业限制约定的，应当按照约定向用人单位支付违约金。在拟订竞业限制条款时，要注意：

（1）用人单位必须确实存在需要保密的商业秘密或知识产权，如果无密可保，要求劳动者承担竞业限制义务的前提条件就不存在。

（2）承担竞业限制义务的人员限于负有保密义务的劳动者，具体包括高级管理人员、高级技术人员和其他负有保密义务的人员，不接触秘密的普通员工无须承担竞业限制义务。

（3）竞业限制的期限最长不得超过劳动者离职后2年。

（4）经济补偿和违约金的数额《劳动合同法》均没有明确规定，应经双方协商后确定具体金额或计算方法，以便日后执行。如地方法规、规章有具体规定的，可从其规定。如《浙江省技术秘密保护办法》（2006年1月1日起施行）规定，如果双方没有确定经济补偿费的，年度补偿费按劳动者离职前最后一个年度报酬总额的2/3计算。

【劳动合同范本】（资料来源：人力资源和社会保障部）

劳动合同

合同编号：

甲方（用人单位）名称：

住所：

法定代表人：

乙方（劳动者）姓名：

住址：

居民身份证号码：

根据《中华人民共和国劳动合同法》以及有关法律、法规、规章和政策的规定，经甲乙双方平等协商，订立本劳动合同。

一、劳动合同期限。按下列第　　　　款确定：

（一）本合同为有固定期限的劳动合同。合同期从　　　年　　月　　日起至　　　年　　月　　日止。其中试用期从　　年　月　日起至　　年　月　　日止。

（二）本合同为无固定期限的劳动合同。合同期从　　　年　　月　　日起至法定或约定的解除（终止）合同的条件出现时止。其中试用期从　　年　　月　　日起至　　年　　月　　日止；合同终止条件为　　　　　　　　　　　。

（三）本合同为以完成一定工作任务为期限的劳动合同。合同期从　　年　月　日起至工作完成止。

二、工作内容和工作地点。

（一）乙方同意按甲方生产（工作）需要，在　　　　岗位（工种）工作，完成该岗位（工种）所承担的各项工作内容。

116

（二）乙方的工作地点为　　　　　　　　　　　　。

三、工作时间和休息休假。

（一）乙方的工作时间按下列第　　　　　　　　项确定。

1. 标准工时制。乙方每日工作时间不超过 8 小时，每周工作时间不超过 40 小时。

2. 不定时工时制。根据乙方岗位特点和工作需要，经劳动行政部门批准，实施不定时工时制。

3. 综合计算工时制。根据乙方岗位特点和工作需要，经劳动行政部门批准，实施综合计算工时制。具体计算周期以批准文件为准。

（二）甲方根据工作需要，合理安排乙方加班加点，依法保障乙方的休息休假权利。

四、劳动报酬。

（一）乙方试用期的月工资为　　　　　　　元；试用期满继续保持劳动关系的，乙方月工资为　　　　　　元。工资发放日为每月　　　　　日，甲方不得无故拖欠。

（二）甲方依法为乙方代扣代缴个人所得税。

（三）乙方工资的增减，奖金、津贴、补贴、加班加点工资的发放，以及特殊情况下的工资支付等，均按相关法律、法规、规章、政策以及甲方依法制定的规章制度执行。

五、社会保险和福利。

（一）甲乙双方依法参加社会保险，按期足额缴纳养老保险基金、失业保险基金、工伤保险基金、医疗保险基金和生育保险基金。乙方个人缴纳部分，由甲方在其工资中代为扣缴。

（二）乙方的公休假、年休假、探亲假、婚丧假、女工孕期、产期、哺乳期待遇以及解除和终止劳动合同时乙方生活补助费（经济补偿金）、医疗补助费的发放等，均按有关法律、法规、规章、政策以及甲方依法制定的规定执行。

（三）乙方患职业病或因工负伤的待遇、因工或因病死亡的丧葬费、一次性抚恤费、供养直系亲属生活困难补助费等均按有关法律、法规、规章、政策执行。

（四）乙方患病或负伤的医疗期及其待遇，乙方供养直系亲属的医疗待遇等按法律、法规、规章、政策和甲方依法制定的规定执行。

（五）甲方还为乙方提供以下福利待遇：

六、劳动保护、劳动条件和职业危害防护。

（一）甲乙双方都必须严格执行国家有关生产安全、劳动保护、职业危害防护等规定。

（二）甲方为乙方提供符合规定的劳动保护设施、劳动防护用品及其他劳动保护条件，对乙方进行必要的职业健康和劳动安全卫生等各项规章制度的教育。

（三）乙方应严格遵守各项安全操作规程、劳动安全卫生制度，自觉预防事故和职业病的发生。

七、劳动纪律。

甲乙双方应严格遵守法律、法规、规章和政策。甲方应依法制定各项具体的内部管理制度。乙方应服从甲方的管理。

八、双方需要约定的其他事项：

九、本合同自双方签字盖章之日起生效。本合同生效后，双方必须严格履行。

十、本合同一式三份，甲乙双方各执一份，鉴证机关存档一份。

甲方（盖章）：　　　　　　　　鉴证机关（盖章）：

　　　　　　　　　　　　　　　鉴证编码：

乙方（签名）：　　　　　　　　鉴证人员（盖章）：

合同订立日期：　年　月　日　　鉴证日期：　年　月　日

六、如何解除劳动合同

劳动合同的解除是指劳动合同尚未到期之前，由于一方或双方的意志，劳动关系提前终止。解除劳动合同大多由一方提起，俗称"炒鱿鱼"。具体包括以下三种情形。

1. 经用人单位和劳动者协商一致的解除

需要注意的是，即便是协商一致解除，也要区分由谁提起解除要求。如果是用人单位首先提出来的，则依然须向劳动者支付经济补偿金。

2. 用人单位单方面解除

用人单位不能随随便便辞退劳动者，如确实需要单方面解除劳动合同的，一方面，要根据不同情形履行《劳动合同法》规定的解除程序；另一方面，在大多数情况下，还需向劳动者支付经济补偿。如果违法解除劳动合同的，劳动者可以要求继续履行劳动合同，或者要求用人单位按照经济补偿标准的2倍支付赔偿金。

（1）过失性解除。

当劳动者存在下列过失时，用人单位无须提前通知，也无须支付经济补偿，即可解除劳动合同：在试用期间被证明不符合录用条件的；严重违反用人单位的规章制度的；严重失职，营私舞弊，给用人单位造成重大损害的；劳动者同时与其他用人单位建立劳动关系，对完成本单位的工作任务造成严重影响，或者经用人单位提出，拒不改正的；以欺诈、胁迫的手段或者乘人之危，使用人单位在违背真实意思的情况下订立或者变更劳动合同的；被依法追究刑事责任的。

如果用人单位以劳动者严重违反企业规章制度为由解除劳动合同的，其前提是企业制定的规章制度内容合法、程序合法。根据《劳动合同法》的规定，企业在制定直接涉及劳动者切身利益的规章制度时必须经职工代表大会或者全体职工讨论，与工会或者职工代表平等协商确定；同时还需将其公示或告知劳动者，否则该规章制度可能被认定无效。

（2）无过失性解除。

在下列情形下，用人单位提前30天书面通知劳动者本人或者额外支付劳动者1个月工资后，可以解除劳动合同：劳动者患病或者非因工负伤，在规定的医疗期满后不能从事原工作，也不能从事由用人单位另行安排的工作的；劳动者不能胜任工作，经过培训或者调整工作岗位，仍不能胜任工作的；劳动合同订立时所依据的客观情况发生重大变化，致使劳动合同无法履行，经用人单位与劳动者协商，未能就变更劳动合同内容达成协议的。

用人单位依据以上规定解除劳动合同的，必须向劳动者依法支付经济补偿。

（3）经济性裁员。

经济性裁员是企业经营发生重大变化时，大规模裁减人员的行为。所谓企业经营重大变化，主要指以下情形：企业依照《企业破产法》规定进行重整的（关于重整参见第六章）；企业生产经营发生严重困难的；企业转产、重大技术革新或者经营方式调整，经变更劳动合同后，仍需裁减人员的；其他因劳动合同订立时所依据的客观经济情况发生重大变化，致使劳动合同无法履行的。所谓大规模裁减人员，是指裁减20人以上或者裁减职工总数10%以上。

实施经济性裁员须提前30天向工会或者全体职工说明情况，听取工会或者职工意见，并将裁减人员方案向劳动行政部门报告。

经济性裁员应当优先留用订立较长期限劳动合同或无固定期限劳动合同的人员，以及家庭无其他就业人员、有需要扶养的老人或者未成年人的困难人员。如果用人单位在裁员后6个月内重新招用人员的，应当通知被裁人员，并在同等条件下优先招用被裁人员。

经济性裁员应当向被裁人员支付经济补偿。

（4）用人单位不得解除劳动合同的情形。

尽管有上述规定，但如果劳动者存在下列情形的，用人单位不得实施无过失性解除或者经济性裁员的行为：从事接触职业病危害工作的劳动者未进行离岗前职业健康检查，或者疑似职业病病人在诊断或者医学观察期间的；在本单位患职业病或者因工负伤并被确认丧失或者部分丧失劳动能力的；患病或者非因工负伤，在规定的医疗期内的；女职工在孕期、产期、哺乳期的；在本单位连续工作满15年，且距法定退休年龄不足5年的；法律、行政法规规定的其他情形，如担任专职的工会主席、副主席或委员的，处于义务服兵役期间的。

3. 劳动者单方面解除

前面我们说过，劳动者享有辞职权，除非劳动者与用人单位签订了服务期协议或竞业限制协议，一般情况下，劳动者均可潇洒地和用人单位告别，而无须支付任何违约金。劳动者依法解除劳动合同具体包括三种情形。

（1）提前通知解除。

劳动者提前30天以书面形式通知用人单位，在试用期内提前3日通知用人单位，就可以解除劳动合同。

（2）随时通知解除。

用人单位有下列情形的，劳动者无须提前30天或3天，而是随时通知即可解除劳动合同：未按照劳动合同约定提供劳动保护或者劳动条件的；未及时足额支付劳动报酬的；未依法为劳动者缴纳社会保险费的；规章制度违反法律、法规的规定，损害劳动者权益的；因《劳动合同法》第二十六条第1款规定的情形致使劳动合同无效的；法律、行政法规规定劳动者可以解除劳动合同的其他情形。

（3）即时解除。

用人单位以暴力、威胁或者非法限制人身自由的手段强迫劳动者劳动的，或者用人单位违章指挥、强令冒险作业危及劳动者人身安全的，劳动者可以立即解除劳动合同，无须事先告知用人单位。

在后两种情形下，劳动者单方面解除劳动合同的，用人单位还须依法支付经济补偿。

七、哪些情形下用人单位必须支付经济补偿

根据前面关于劳动合同解除的介绍，现在可以对用人单位须支付经济补偿的情形作一个小结：

（1）双方协商解除劳动合同时，如系用人单位首先提出解除劳动合同的；

（2）用人单位实施无过失性解除劳动合同的；

（3）用人单位实施经济性裁员的；

（4）除劳动者提前通知解除外，由劳动者依法单方面解除劳动合同的。

此外，《劳动合同法》第四十六条还规定了用人单位需支付经济补偿的其他情形：

（1）除用人单位维持或者提高劳动合同约定条件续订劳动合同，劳动者不同意续订的情形外，因劳动合同期满而终止固定期限劳动合同的；

（2）因用人单位被依法宣告破产，被吊销营业执照、责令关闭、撤销或者用人单位决定提前解散而终止劳动合同的；

（3）法律、行政法规规定的其他情形。

那么经济补偿如何计算呢？主要取决于劳动者的工作年限和月工资（指劳动者在劳动合同解除或终止前12个月的平均工资）两个条件。一般情况下，经济补偿金=本人月工资×工作年限（见表4-2）。

表4-2　经济补偿金计算方式

工 作 年 限	计 算 方 式
不满6个月	本人月工资×0.5
6个月以上不满1年	本人月工资×1
1年以上	本人月工资×工作年限

120

如果劳动者月工资高于当地上年度职工月平均工资 3 倍的，经济补偿金=职工月平均工资×3×工作年限（该年限最高不超过 12 年）。

【案例】某通信公司诉王某劳动合同纠纷案（资料来源：最高人民法院）

2005 年 7 月，王某进入杭州某通信公司从事销售工作。公司《员工绩效管理办法》规定：员工半年、年度绩效考核分别为 S、A、C1、C2 四个等级，分别代表优秀、良好、价值观不符、业绩待改进；S、A、C（C1、C2）等级的比例分别为 20%、70%、10%；不胜任工作原则上考核为 C2。2008 年下半年、2009 年上半年及 2010 年下半年，王某的考核结果均为 C2。通信公司认为，王鹏不能胜任工作，故在支付了部分经济补偿金的情况下解除了劳动合同。2011 年 7 月 27 日，王某提起劳动仲裁。同年 10 月 8 日，劳动争议仲裁委作出裁决：通信公司支付王某违法解除劳动合同的赔偿金余额 36 596.28 元。通信公司不服，故诉至法院，请求判令不予支付解除劳动合同赔偿金余额。浙江省杭州市滨江区人民法院于 2011 年 12 月 6 日作出民事判决，维持了仲裁裁决。

法院生效裁判认为，《劳动法》《劳动合同法》对用人单位单方解除劳动合同的条件进行了明确限定。通信公司以王某不胜任工作为由，解除劳动合同，对此应负举证责任。根据《员工绩效管理办法》的规定，"C（C1、C2）考核等级的比例为 10%"，虽然王某曾经考核结果为 C2，但是 C2 等级并不完全等同于"不能胜任工作"，通信公司仅凭该限定考核等级比例的考核结果，不能证明劳动者不能胜任工作，不符合据此单方解除劳动合同的法定条件。通信公司违法解除劳动合同，应当承担经济补偿标准二倍的赔偿金。

评析：该案例事实上是对一些企业实行"末尾淘汰"的做法说不，因为劳动者在用人单位等级考核中居于末位等次，不等同于"不能胜任工作"，不符合单方解除劳动合同的法定条件，用人单位不能据此单方解除劳动合同。

第三节　知识产权

关键词：知识产权、专利权、商标权、发明、实用新型、外观设计、注册商标、驰名商标、商业秘密、计算机软件著作权

一、什么是知识产权

知识产权又称为智力成果权，是由英文"Intellectual Property"翻译而来，是指人们对其智力成果所享有的权利。知识产权是一种无形财产权，它与房屋、汽车等有形资产一样，

都受到国家法律的保护，都具有价值和使用价值。有些重大专利、驰名商标或作品的价值要远远高于房屋、汽车等有形资产。

知识产权主要包括著作权（版权）、专利权、商标权、地理标记权、未公开信息专有权（商业秘密权）等。知识产权具有无形性、专有性、地域性、时间性、法定性等特征。大部分的知识产权须经法定程序授予，才能得到法律的保护，而且对知识产权的保护有一定的时间限制，超过这个时间，智力成果就会进入到公有领域，成为全社会的财富。

在知识经济高度发达的今天，知识产权对一个企业的发展起着越来越重要的作用。可口可乐公司的老总曾说过：哪怕我突然一夜之间身无分文，只要我手里还有可口可乐这个牌子，第二天我就能靠可口可乐这个牌子建立起新的厂房。他这样说是有一定道理的，看看可口可乐在世界范围内的影响力就知道了。正因为知识产权如此重要，企业经营管理者必须高度重视知识产权的管理和保护，使企业控制的知识产权为企业带来更多的经济效益。

二、什么是专利、专利权

美国前总统林肯曾经说过：专利制度就是将利益的燃料添加到天才之火上。专利制度不仅保护发明人的权利，激发人们发明创造的热情，而且也是一个国家走上自主创新道路必不可少的法律保障。在我国，专利权是指一项发明创造（包括发明、实用新型或外观设计）向国务院专利行政部门提出专利申请，经依法审查合格后，国务院专利行政部门向专利申请人授予的在规定的时间内对该项发明创造享有的专有权。

1. 专利的类型

发明是指对产品、方法或者其改进所提出的新的技术方案，分为产品发明和方法发明两大类。产品发明包括所有创造出来的产品，方法发明包括所有利用自然规律的方法，又可以分为制造方法与使用方法两种类型。专利法保护的发明也可以是对现有产品或方法的改进。

实用新型是指对产品的形状、构造或者其结合所提出的适于实用的新的技术方案。实用新型专利在技术创新水平上略低于发明专利，所以又称为"小发明"或"小专利"。

外观设计是指对产品的形状、图案或者其结合以及色彩与形状、图案的结合所作出的富有美感并适于工业应用的新设计。在发明创造的三种类型中，总的来说，外观设计的技术含量是最低的，取得外观设计的专利权相对容易一些。

2. 授予专利权的条件

（1）授予专利权的发明和实用新型，应当具备新颖性、创造性和实用性。

新颖性，是指该发明或者实用新型不属于现有技术，也没有任何单位或者个人就同样的发明或者实用新型在申请日以前向国务院专利行政部门提出过申请，并记载在申请日以后公布的专利申请文件或者公告的专利文件中。

申请专利的发明创造在申请日以前 6 个月内，有下列情形之一的，不丧失新颖性：在中国政府主办或者承认的国际展览会上首次展出的；在规定的学术会议或者技术会议上首次发表的；他人未经申请人同意而泄露其内容的。

创造性，是指与现有技术相比，该发明具有突出的实质性特点和显著的进步，该实用新型具有实质性特点和进步。

实用性，是指该发明或者实用新型能够制造或者使用，并且能够产生积极效果。

（2）授予专利权的外观设计，应当不属于现有设计；也没有任何单位或者个人就同样的外观设计在申请日以前向国务院专利行政部门提出过申请，并记载在申请日以后公告的专利文件中。与现有设计或者现有设计特征的组合相比，授予专利权的外观设计应当具有明显区别，并不得与他人在先取得的合法权利相冲突。

（3）我国《专利法》（1985 年 4 月 1 日起施行，2008 年 12 月 27 日修正）规定，对下列各项，不授予专利权：

① 科学发现；
② 智力活动的规则和方法；
③ 疾病的诊断和治疗方法；
④ 动物和植物品种（但对动物和植物品种的生产方法，可以授予专利权）；
⑤ 用原子核变换方法获得的物质；
⑥ 对平面印刷品的图案、色彩或者二者的结合作出的主要起标识作用的设计。

另外，对违反国家法律、社会公德或者妨害公共利益的发明创造，不授予专利权。

3. 专利权的内容

专利独占权：专利权的核心是独占支配权，包括独占使用权、禁用权。独占使用权是指专利权人对其专利产品、专利方法享有独家制造、使用和销售的权利。禁用权是指除法律另有规定外，任何单位或个人未经专利权人许可，都不得实施其专利。

专利转让权（见下文介绍的专利权"继受取得"方式）。

专利实施许可权：实施专利，可以是专利权人自己制造、使用或销售专利产品，使用专利方法，也可以授权他人实施专利，其实质是转让专利使用权。

专利标记权：专利权人有权在其专利产品或者该产品的包装上标明专利标记和专利号。

三、如何取得专利权

专利权的取得方式有两种：原始取得和继受取得。原始取得是指专利申请权人通过向专利行政部门申请而获得专利权的方式。继受取得是指以买卖、赠与等方式获得专利权的方式。

1. 原始取得

（1）专利申请的原则。

先申请原则，即两个以上申请人分别就同样的发明创造申请专利时，专利权授予最先申请的申请人。

优先权原则，即在一国提出专利申请的人，从最初的申请日（优先日）起，在一定期限内又在他国提出同样内容的专利申请的，享有优先权。

一发明一申请原则，即一件发明或者实用新型专利申请应当限于一项发明或者实用新型（属于一个总的发明构思的两项以上的发明或者实用新型，可以作为一件申请提出）；一件外观设计专利申请应当限于一项外观设计（同一产品两项以上的相似外观设计，或者用于同一类别并且成套出售或者使用的产品的两项以上外观设计，可以作为一件申请提出）。

（2）专利申请的受理部门。

申请专利应当将申请文件面交或寄交国家知识产权局专利局受理处，也可以面交或寄交到设在地方的国家知识产权局专利局代办处。目前在北京、沈阳、济南、长沙、成都、南京、上海、广州、西安、武汉、郑州、天津、石家庄、哈尔滨、长春、昆明、贵阳、杭州、重庆、深圳、福州、南宁、乌鲁木齐、南昌、银川、合肥等地设有国家知识产权局专利局代办处。国防专利分局专门受理国防专利申请。另外，可以通过电子申请方式，将专利申请文件以符合规定的电子文件形式向国家知识产权局提出专利申请。

（3）专利申请的程序。

第一步，提出申请，按照要求提交申请文件。

申请发明或者实用新型专利的，应当提交请求书、说明书及其摘要和权利要求书等文件。

请求书应当写明发明或者实用新型的名称，发明人的姓名，申请人姓名或者名称、地址，以及其他事项。

说明书应当对发明或者实用新型作出清楚、完整的说明，以所属技术领域的技术人员能够实现为准；必要的时候，应当有附图。摘要应当简要说明发明或者实用新型的技术要点。

权利要求书应当以说明书为依据，清楚、简要地限定要求专利保护的范围。

申请外观设计专利的，应当提交请求书、该外观设计的图片或者照片，以及对该外观设计的简要说明等文件。提交的有关图片或者照片应当清楚地显示要求专利保护的产品的外观设计。要求保护色彩的，还应当提交彩色图片或者照片。

国务院专利行政部门收到专利申请后，对符合受理条件的申请，将确定申请日，给予申请号，发出受理通知书。

第二步，初步审查。

专利部门受理申请后，对其进行初步审查。经初步审查后，对符合《专利法》要求的发明专利申请，将自申请日起满 18 个月即予以公布（早期公布）；对于实用新型和外观设计专利申请，没有发现驳回理由的，即授予专利权，发给相应的专利证书，并予以登记和公告。

第三步，实质审查。

实质审查是申请发明专利的必经程序。所谓实质审查，即审查申请专利的发明是否具备新颖性、创造性和实用性。发明专利自申请日起 3 年内，申请人可随时提出实质审查请求，必要时专利部门也可自行启动实质审查。申请人应及时提出实质审查的请求，并缴纳审查费。

经实质审查后，对没有发现驳回理由的，专利部门将授予专利权，发给发明专利证书，并予以登记和公告；如果专利部门认为不符合《专利法》规定的，将通知申请人，要求其在规定期限内陈述意见或者修改申请。申请人必须及时予以答复，否则将被视为撤回申请。在申请人陈述意见或修改申请后，专利部门仍认为该发明专利申请不符合要求的，将作出驳回申请的决定。

第四步，复审。

专利申请人对专利部门驳回其申请不服的，可以在收到通知之日起 3 个月内向专利复审委员会请求复审；如对复审结果不服的，还可以在收到复审决定之日 3 个月内向人民法院提起诉讼。

（4）申请专利的费用。

向国务院专利部门申请专利和办理其他手续，应当按照规定缴纳费用。缴纳专利费用确有困难的，可以请求减缴或者缓缴。

具体的收费项目和标准如表 4-3 所示。

表 4-3　专利收费项目和标准（国内部分，资料来源：国家知识产权局）

单位：元

项　　目	收 费 标 准		
（一）申请费	全额	个人减缓	单位减缓
1. 发明专利	900	135	270
印刷费	50	不予减缓	不予减缓
2. 实用新型专利	500	75	150
3. 外观设计专利	500	75	150

续表

项　　目	收　费　标　准		
（二）发明专利申请审查费	2 500	375	750
（三）复审费			
1．发明专利	1 000	200	400
2．实用新型专利	300	60	120
3．外观设计专利	300	60	120
（四）发明专利申请维持费	300	60	120
（五）著录事项变更手续费			
1．发明人、申请人、专利权人的变更	200	不予减缓	不予减缓
2．专利代理机构、代理人委托关系的变更	50	不予减缓	不予减缓
（六）优先权要求费每项	80	不予减缓	不予减缓
（七）恢复权利请求费	1 000	不予减缓	不予减缓
（八）无效宣告请求费			
1．发明专利权	3 000	不予减缓	不予减缓
2．实用新型专利权	1 500	不予减缓	不予减缓
3．外观设计专利权	1 500	不予减缓	不予减缓
（九）强制许可请求费			
1．发明专利	300	不予减缓	不予减缓
2．实用新型专利	200	不予减缓	不予减缓
（十）强制许可使用裁决请求费	300	不予减缓	不予减缓
（十一）专利登记、印刷费、印花税			
1．发明专利	255	不予减缓	不予减缓
2．实用新型专利	205	不予减缓	不予减缓
3．外观设计专利	205	不予减缓	不予减缓
（十二）附加费			
1．第一次延长期限请求费每月	300	不予减缓	不予减缓
再次延长期限请求费每月	2 000	不予减缓	不予减缓
2．权利要求附加费从第 11 项起每项增收	150	不予减缓	不予减缓
3．说明书附加费从第 31 页起每页增收	50	不予减缓	不予减缓
从第 301 页起每页增收	100	不予减缓	不予减缓
（十三）中止费	600	不予减缓	不予减缓
（十四）实用新型专利检索报告费	2 400	不予减缓	不予减缓

续表

项　目	收　费　标　准		
（十五）年费	全额		
1．发明专利			
1～3 年	900	135	270
4～6 年	1 200	180	360
7～9 年	2 000	300	600
10～12 年	4 000	600	1 200
13～15 年	6 000	900	1 800
16～20 年	8 000	1 200	2 400
2．实用新型			
1～3 年	600	90	180
4～5 年	900	135	270
6～8 年	1 200	180	360
9～10 年	2 000	300	600
3．外观设计			
1～3 年	600	90	180
4～5 年	900	135	270
6～8 年	1 200	180	360
9～10 年	20 00	300	360

注：①维持费和复审费按照 80%及 60%两种标准进行减缓。②授权后三年的年费可以享受减缓。

　　缴纳专利费用确有困难的，可以请求减缓。可以减缓的费用包括五种：申请费（其中印刷费、附加费不予减缓）、发明专利申请审查费、复审费、发明专利申请维持费、自授予专利权当年起三年的年费。其他费用是不能减缓的。请求减缓专利费用时，须提交费用减缓请求书，如实填写经济收入状况，必要时还应附具有关证明文件。

　　根据上述介绍，可以发现申请专利权的手续烦琐、时间长、费用大，又会面临失败的风险。因此在提出申请之前，申请人需要考虑清楚下列问题，以作出正确的申请方案。

　　① 拟申请的发明创造是否必须申请专利？能否通过其他更经济、可靠的方式加以保护？并不是所有的技术方案都必须通过专利保护，可口可乐的饮料配方就是通过技术秘密的方式加以保护的。

　　② 拟申请的发明创造究竟是否具备新颖性、创造性和实用性？

　　③ 拟申请的发明创造究竟作为哪一种专利进行申请？

　　④ 如何撰写权利要求书和说明书，以确保申请成功？权利要求书和说明书的撰写质量

直接影响发明创造能否获得专利、保护范围的大小、审批进度等，而且由于各个不同的发明创造涉及不同的技术领域，往往专业性非常强，撰写技巧非常讲究。

如果申请人对上述问题没有把握的话，可以咨询专业人士，或者将专利申请事项委托给专利代理机构办理。

2. 继受取得

专利权人有权通过买卖、赠与等方式转让其专利权。转让专利权的，当事人应当订立书面专利转让合同，并由国务院专利行政部门登记、公告。专利权的转让自登记之日起生效。中国单位或者个人向外国人转让专利权的，必须经国务院有关主管部门批准。

四、如何保护专利权

1. 专利权的保护期限

我国《专利法》规定，发明专利权的保护期限为20年，实用新型和外观设计专利权的保护期限各为10年，均自申请日起计算。专利权人应当自授予专利权的当年开始缴纳专利年费，避免因忘了缴费而导致专利权终止。

2. 专利权的保护范围

发明或实用新型专利权的保护范围以其权利要求的内容为准，说明书及附图可以用于解释权利要求。外观设计专利权的保护范围以表示在图片或者照片中的该外观设计专利产品为准，简要说明可以用于解释图片或者照片所表示的该产品的外观设计。

3. 专利权的行政保护和司法保护

未经专利权人许可，实施其专利的行为，系侵犯专利权的行为。专利权人或者利害关系人可以向人民法院起诉（司法保护），也可以请求管理专利工作的部门处理（行政保护）。

专利权人或者利害关系人有证据证明他人正在实施或者即将实施侵犯其专利权的行为，如不及时制止将会使其合法权益受到难以弥补的损害的，可以在起诉前向人民法院申请采取责令停止有关行为和财产保全措施。

假冒他人专利，构成犯罪的，还将依照刑法追究其刑事责任。

五、什么是商标、注册商标、商标权

1. 商标

商标是指任何能够将自然人、法人或者其他组织的商品与他人的商品区别开的标志，包括文字、图形、字母、数字、三维标志、颜色组合和声音等，以及上述要素的组合。

2.　注册商标

经商标局核准注册的商标为注册商标，商标注册人享有商标专用权，受法律保护。

商标为什么要注册？首先，只有注册商标才受法律保护，未注册商标的使用人对该商标不享有专用权，一旦他人将该商标抢先注册，该商标的最先使用人反而不能再使用该商标；其次，未注册商标有可能与他人在相同或类似商品上使用的注册商标相同或近似，从而发生侵权行为；最后，未注册商标不能形成知识产权，不能成为使用人的无形资产。

另外，如果是法律、行政法规规定必须使用注册商标的商品，则必须申请商标注册，未经核准注册的，不得在市场上销售。目前，必须使用注册商标的商品只有烟草制品类。《烟草专卖法》第二十条规定，卷烟、雪茄烟和有包装的烟丝必须申请商标注册，未经核准注册的，不得生产、销售。

3.　商标权

商标权是注册商标专用权的简称，是指商标注册人依法支配其注册商标并禁止他人侵害的权利。商标权包括以下四项权利。

（1）专有使用权，是指商标权人在核定使用的商品上专有使用核准注册商标的权利。

（2）排他权，又称为禁止权，即禁止任何第三方未经其许可在相同或类似的商品或服务上使用与其注册商标相同或近似的商标的权利。当注册商标具有一定的知名度，尤其是驰名商标时，则禁止权的范围还将进一步扩大至非类似的商品或服务上。

（3）转让权，是指商标权人将其商标权转让给他人所有。商标的转让，必须是在注册商标的有效期内进行，而且转让人和受让人应当签订转让协议，并共同向商标局提出申请。

（4）使用许可权，是指商标注册人有权通过签订商标使用许可合同，许可他人使用其注册商标。许可人应当监督被许可人使用其注册商标的商品质量。被许可人应当保证使用该注册商标的商品质量。经许可使用他人注册商标的，必须在使用该注册商标的商品上标明被许可人的名称和商品产地。商标使用许可合同应当报商标局备案。

六、如何申请注册商标

申请注册商标须依法向国家工商行政管理总局商标局提出注册申请。申请人可以自己直接到商标局的商标注册大厅办理申请，也可以委托国家认可的商标代理机构办理。

1.　授予商标权的条件

根据《商标法》（1983 年 3 月 1 日起施行，2013 年 8 月 30 日第 3 次修正）的规定，申请注册的商标，应当有显著特征，便于识别，并不得与他人在先取得的合法权利相冲突。

同时《商标法》规定，下列标志不得作为商标使用：

（1）同中华人民共和国的国家名称、国旗、国徽、国歌、军旗、军徽、军歌、勋章等相同或者近似的，以及同中央国家机关的名称、标志、所在地特定地点的名称或者标志性建筑物的名称、图形相同的；

（2）同外国的国家名称、国旗、国徽、军旗等相同或者近似的，但经该国政府同意的除外；

（3）同政府间国际组织的名称、旗帜、徽记等相同或者近似的，但经该组织同意或者不易误导公众的除外；

（4）与表明实施控制、予以保证的官方标志、检验印记相同或者近似的，但经授权的除外；

（5）同"红十字"、"红新月"的名称、标志相同或者近似的；

（6）带有民族歧视性的；

（7）带有欺骗性，容易使公众对商品的质量等特点或者产地产生误认的；

（8）有害于社会主义道德风尚或者有其他不良影响的。

县级以上行政区划的地名或者公众知晓的外国地名，不得作为商标。但是，地名具有其他含义或者作为集体商标、证明商标组成部分的除外；已经注册的使用地名的商标继续有效。

下列标志不得作为商标注册：

（1）仅有本商品的通用名称、图形、型号的；

（2）仅直接表示商品的质量、主要原料、功能、用途、重量、数量及其他特点的；

（3）其他缺乏显著特征的。

前款所列标志经过使用取得显著特征，并便于识别的，可以作为商标注册。

2. 申请注册前的商标查询

按照《商标法》的规定，顺利的话，一件商标从申请到核准注册大约需要一年时间。如果商标注册申请被驳回，一方面损失商标注册费；另一方面重新申请注册商标还需要时间，而且再次申请能否被核准注册仍处于未知状态。因此，申请人在申请注册商标前最好进行商标查询，了解是否存在与拟申请注册商标可能构成冲突的在先商标权利，根据查询结果作出判断后，再提交申请书。

商标查询可登录国家工商总局中国商标网。

3. 申请注册商标的程序

（1）提出申请。

根据《中华人民共和国商标法实施条例》（2014年4月29日修订，2014年5月1日起施行）规定，申请注册商标应当按公布的商品和服务分类表填报。申请时，可以通过一份申请，就多个类别的商品申请注册同一商标。商标注册申请等文件，可以以书面方式或者数据电文方式提出。注册商标需要在核定使用范围之外的商品上取得商标专用权的，应当另行提出注册申请。

我国 1988 年起正式采用了《尼斯协定》规定的《商标注册用商品和服务国际分类表》，简称《商品国际分类表》，按其规定，商标注册用商品和服务国际分类共有 45 个类别，其中商品 34 个类别、服务 11 个类别。申请人需按照该分类表确定商品（服务）的类别。

申请商标注册时，每一件商标注册申请应当向商标局提交《商标注册申请书》1 份、商标图样 1 份；以颜色组合或者着色图样申请商标注册的，应当提交着色图样，并提交黑白稿 1 份；不指定颜色的，应当提交黑白图样。

商标图样应当清晰，便于粘贴，用光洁耐用的纸张印制或者用照片代替，长和宽应当不大于 10 厘米，不小于 5 厘米。

以三维标志申请商标注册的，应当在申请书中予以声明，说明商标的使用方式，并提交能够确定三维形状的图样，提交的商标图样应当至少包含三面视图。

以颜色组合申请商标注册的，应当在申请书中予以声明，说明商标的使用方式。

以声音标志申请商标注册的，应当在申请书中予以声明，提交符合要求的声音样本，对申请注册的声音商标进行描述，说明商标的使用方式。对声音商标进行描述，应当以五线谱或者简谱对申请用作商标的声音加以描述并附加文字说明；无法以五线谱或者简谱描述的，应当以文字加以描述；商标描述与声音样本应当一致。

申请注册集体商标、证明商标的，应当在申请书中予以声明，并提交主体资格证明文件和使用管理规则。

商标为外文或者包含外文的，应当说明含义。

（2）审查。

商标局在收到申请文件之日起 9 个月内审查完毕，符合规定的予以初步审定并公告；对不符合规定的，予以驳回。

（3）核准注册。

对初步审定的商标，自公告之日起 3 个月内，任何人均可以提出异议。公告期满无异议的，予以核准注册，发给商标注册证，并予以公告。

（4）异议与复审。

对初步审定、予以公告的商标提出异议的，商标局经调查核实后，作出决定。商标局决定不予注册，被异议人不服的，可以自收到通知之日起 15 日内向商标评审委员会申请复审。当事人对商标评审委员会的复审决定不服的，可以自收到通知之日起 30 日内向人民法院起诉。商标局决定准予注册的，异议人不服的，可以向商标评审委员会请求宣告该注册商标无效。

对驳回申请、不予公告的商标，商标注册申请人不服的，可以自收到通知之日起 15 日内向商标评审委员会申请复审。当事人对商标评审委员会的决定不服的，可以自收到通知之日起 30 日内向人民法院起诉。

4. 申请注册商标的费用

申请商标注册和办理其他商标事宜的，应当按照规定缴纳费用。商标业务收费项目和标准如表 4-4 所示（资料来源：国家工商总局商标局）。

表 4-4　商标业务收费项目及清单

单位：元/件

序　号	业 务 名 称	收 费 标 准	备　注
1	受理商标注册费	800	限定本类 10 个商品或服务项目，10 个以上（不含 10 个）每超过一个，另加收 80 元
2	受理集体商标注册费	3 000	
3	受理证明商标注册费	3 000	
4	受理补发商标注册证费	1 000	含刊登遗失声明的费用
5	受理转让注册商标费	1 000	
6	受理商标续展注册费	2 000	
7	受理续展注册迟延费	500	
8	受理商标评审费	1 500	
9	商标异议费	1 000	
10	变更费	500	
11	出具商标证明费	100	
12	撤销商标费	1 000	
13	商标使用许可合同备案费	300	

5. 商标的国际注册

近年来，我国不少老字号、知名品牌、驰名商标屡屡在国外被抢注，这引起了人们对于商标国际注册的重视。由于商标权的地域性特征，未在外国注册的商标势必得不到该国的法律保护，因此打算走向国际市场的企业，必须将自己的品牌注册到国外去。

那么如何办理商标的国际注册呢？有两种途径：一种是逐一国家注册，即分别向各国商标主管机关申请注册；另一种是马德里商标国际注册，即根据《商标国际注册马德里协定》或《商标国际注册马德里协定有关议定书》的规定，在马德里联盟成员国间进行的商标注册。我们通常所说的商标国际注册，指的就是马德里商标国际注册。"马德里联盟"是指由《马德里协定》和《马德里议定书》所适用的国家或政府间组织所组成的商标国际注册特别联盟。截至 2015 年 3 月 11 日，马德里联盟共有 94 个成员国（或称缔约方）。我国是马德里联盟成员国，对于国内企业来说，最方便的途径是通过我国商标局办理商标国际注册，具体只需向商标局国际注册处提交申请即可。

七、使用注册商标应注意哪些问题

注册商标的使用，是指将商标用于商品、商品包装或容器以及商品交易文书上，或者将商标用于广告宣传、展览以及其他商业活动中，用于识别商品来源的行为。在使用过程中，须注意以下问题。

（1）注册商标应严格按照《商标注册证》上核准注册的商标和核定使用的商品或服务使用。

（2）商标注册人不得自行改变注册商标、注册人名义、地址或者其他注册事项。

（3）商标注册人超过《商标注册证》核定使用的商品或服务范围使用其注册商标，并标明注册标志的，是冒充注册商标的违法行为。

（4）商标注册人不得自行转让注册商标。转让注册商标的，转让人和受让人应当签订转让协议，并共同向商标局提出申请。

（5）商标注册人有使用注册商标的义务。如果注册商标自核准之日起连续3年停止使用，该商标将可能被依法撤销。

（6）商标注册人应当对其使用注册商标的商品或服务的质量负责。

（7）商标注册人许可他人使用其注册商标，应当将其商标使用许可报商标局备案。许可人还应当监督被许可人使用其注册商标的商品质量。

八、如何保护商标权

1．商标权的保护期限

注册商标的有效期为10年，自核准注册之日起计算。注册商标有效期满，需要继续使用的，应当在期满前12个月内申请续展注册；在此期间未能提出申请的，可以给予6个月的宽展期。宽展期满仍未提出申请的，注册商标将会被注销。每次续展注册的有效期为10年。

2．商标权的保护范围

注册商标的专用权以核准注册的商标和核定使用的商品或服务为限。

3．商标权的行政保护和司法保护

《商标法》规定，有下列行为之一的，均属侵犯注册商标专用权：

（1）未经商标注册人的许可，在同一种商品上使用与其注册商标相同的商标的；

（2）未经商标注册人的许可，在同一种商品上使用与其注册商标近似的商标，或者在类似商品上使用与其注册商标相同或者近似的商标，容易导致混淆的；

（3）销售侵犯注册商标专用权的商品的；

（4）伪造、擅自制造他人注册商标标识或者销售伪造、擅自制造的注册商标标识的；

（5）未经商标注册人同意，更换其注册商标并将该更换商标的商品又投入市场的；

（6）故意为侵犯他人商标专用权行为提供便利条件，帮助他人实施侵犯商标专用权行为的；

（7）给他人的注册商标专用权造成其他损害的。遇有侵犯注册商标专用权行为的，商标注册人或者利害关系人可以向人民法院起诉，也可以请求工商行政管理部门处理。商标所有人认为他人将其注册商标或者未注册的驰名商标作为企业名称中的字号使用，误导公众，构成不正当竞争行为的，依照《反不正当竞争法》处理。

商标注册人或者利害关系人有证据证明他人正在实施或者即将实施侵犯其注册商标专用权的行为，如不及时制止，将会使其合法权益受到难以弥补的损害的，可以在起诉前向人民法院申请采取责令停止有关行为和财产保全的措施。在证据可能灭失或者以后难以取得的情况下，还可以在起诉前向人民法院申请保全证据。

《商标法》还规定，有以下行为的，构成犯罪的，除赔偿被侵权人的损失外，依法追究刑事责任：未经商标注册人许可，在同一种商品上使用与其注册商标相同的商标；伪造、擅自制造他人注册商标标识或者销售伪造、擅自制造的注册商标标识；销售明知是假冒注册商标的商品。

4. 驰名商标的特殊保护

驰名商标是指在中国为相关公众广为知晓并享有较高声誉的商标。认定驰名商标应考虑下列因素：

（1）相关公众对该商标的知晓程度；

（2）该商标使用的持续时间；

（3）该商标的任何宣传工作的持续时间、程度和地理范围；

（4）该商标作为驰名商标受保护的记录；

（5）该商标驰名的其他因素。

我国法律对驰名商标给予特殊保护，并扩大了对其保护的范围，主要表现在以下几方面。

（1）驰名商标即便未经注册，也可受到法律保护。

《商标法》规定，就相同或者类似商品申请注册的商标是复制、模仿或者翻译他人未在中国注册的驰名商标，容易导致混淆的，不予注册并禁止使用。

（2）已注册驰名商标，其受保护范围扩展到非相同或类似商品上。

《商标法》规定，就不相同或者不相类似商品申请注册的商标是复制、模仿或者翻译他人已经在中国注册的驰名商标，误导公众，致使该驰名商标注册人的利益可能受到损害的，不予注册并禁止使用。

另外需要注意的是，生产、经营者不得将"驰名商标"字样用于商品、商品包装或者容器上，或者用于广告宣传、展览以及其他商业活动中。

【案例】"新华书店"的驰名商标保护之路（资料来源：中国新闻出版报）

2007 年 8 月，"新华书店"这一有着 70 年光荣历史的"老字号"被国家工商行政管理总局商标评审委员会认定为中国驰名商标。为此，新华书店总店、新华书店协会经过了十余年的不懈努力，其过程可谓是一波三折、跌宕起伏。

早在 1993 年，全国各地就相继出现了个体书店张挂"新华书店"店招，以新华书店名义非法贩卖盗版图书及非法出版物的事件。为此，新华书店总店以毛泽东手书"新华书店"店招作为标识，国家商标局申请"新华书店"服务商标注册。结果得到的答复是，该标识不得注册为商标。理由是"书店"二字是企业名称，不在注册范围之内，而"新华"二字已有人注册在先。与此同时，却有人于 1996 年 8 月 13 日用中文的毛体、楷体、汉语拼音及英文等字体在美国联邦政府注册"新华书店"商标。

1997 年，在新华书店成立 60 周年之际，总店再次向国家商标局提请了"新华书店"商标注册的申请。然而，这一申请再次被国家商标局驳回，理由与 1995 年相同。于是，总店转而寻求商标注册的仲裁机构——商标评审委员会的支持。总店准备了大量书面材料，详细介绍了新华书店的历史，充分陈述了注册"新华书店"商标的理由。商标评审委员会研究了申述材料后，几次到新华书店总店了解情况，组织专题研讨。与此同时，许多出版界的老前辈也纷纷利用不同渠道呼吁要对"新华书店"这一国有无形资产、著名品牌给予注册保护。根据新华书店 60 年光荣而悠久的历史，考虑到新华书店行业的特殊性，特别是毛体"新华书店"字体在海内外的影响力，商标评审委员会作出了对"新华书店"商标予以注册的终审裁决。国家商标局分别于 1998 年 1 月、1998 年 11 月对"新华书店"商标核准注册。2003 年中国新华书店协会成立后，新华书店总店将"新华书店"商标注册及持有权全部无偿转让给协会。

伴随着"新华书店"商标知名度的提升，同时为进一步增加"新华书店"商标的保护力度，中国新华书店协会于 2006 年 8 月向商标评审委员会提出对"新华书店"进行驰名商标的认定申请。与此同时，为全面加强对"新华书店"商标的境外保护，中国新华书店协会在澳大利亚、日本、韩国、英国、美国、法国、德国、意大利、俄罗斯、西班牙、瑞士、乌克兰等 22 个国家申请注册"新华书店"商标。目前，中国新华书店协会已获得世界知识产权组织马德里国际注册局的注册证明。至此，"新华书店"这一金字招牌、重要的国有文化知名品牌已经在国内外受到全面保护。

评析：新华书店维权的曲折之路，从某种意义上说带有历史的印记。过去我国知识产权保护的意识不强，不少老字号、知名品牌都没有及时申请商标注册，这就给侵权人提供了可乘之机。这个案例给我们最重要的启发就是，知识产权是企业的重要资产，企业品牌、核心技术等知识产权的保护千万马虎不得。

九、如何保护商业秘密

1. 商业秘密的概念

商业秘密，是指不为公众所知悉、能为权利人带来经济利益、具有实用性并经权利人采取保密措施的技术信息和经营信息。技术信息包括生产工艺、技术诀窍、产品配方、设计图纸、关键技术参数和实验数据、研究报告、计算机程序等，又被称为技术秘密。经营信息包括经营方法、管理方法、产销战略、货源情报、客户名单、价目表等。

商业秘密具有秘密性、保密性、价值性的特点。保护企业的商业秘密，前提是有密可保，也就是说企业必须通过积极的措施将具有重要经济价值的技术信息或经营信息秘密化，使之成为受法律保护的商业秘密。如果企业没有很好的保密措施，大量的技术信息、经营信息任何人随随便便都可以得到，即便这些信息对企业来说很重要，也不能称为商业秘密。

以大学生创业过程中制订的创业计划为例，一份翔实可行的创业计划往往花费了大学生大量的时间和精力，其中不乏富有价值的商业秘密。那么如何保护我们的创业计划呢？一方面，我们应当将创业计划做成真正有自己特色的、与众不同的一份计划，体现它的独特性、创造性，只有当它与已有的创业计划都不一样，才能使之具备秘密性和价值性；另一方面，要采取严密的保密措施，包括制定内部保密制度，和涉秘人员签订保密协议等方式，严加防范泄密事件的发生。只有当秘密性、保密性、价值性同时具备的时候，创业计划才真正变成了商业秘密。

2. 商业秘密的保护

根据《反不正当竞争法》（1993年12月1日起施行）和《关于禁止侵犯商业秘密行为的若干规定》（1998年12月3日起实施）的有关规定，下列行为属于侵犯商业秘密的行为：（1）以盗窃、利诱、胁迫或者其他不正当手段获取权利人的商业秘密；（2）披露、使用或者允许他人使用以前项手段获取权利人的商业秘密；（3）与权利人有业务关系的单位和个人，或者权利人的职工违反合同约定或者违反权利人保守商业秘密的要求，披露、使用或者允许他人使用其所掌握的权利人的商业秘密；（4）第三人明知或者应知前列违法行为，获取、使用或者披露他人的商业秘密，视为侵犯商业秘密。

权利人认为其商业秘密受到了侵害，可以向工商行政管理机关申请查处侵权行为，也可以向人民法院提起诉讼。

侵犯商业秘密，构成侵犯商业秘密罪的，还须依法承担刑事责任。

十、如何保护计算机软件著作权

随着 IT 产业的迅猛发展，计算机软件作为一种重要的智力成果越来越需要保护。一方面计算机软件的开发非常辛苦，风险也很大；另一方面它又具有容易复制的特点，因而也更容易受到侵害。

根据《计算机软件保护条例》（2002 年 1 月 1 日起施行，2013 年 1 月 30 日第二次修订）的规定，计算机软件是指计算机程序及其有关文档。计算机程序，是指为了得到某种结果而可以由计算机等具有信息处理能力的装置执行的代码化指令序列，可以被自动转换成代码化指令序列的符号化指令序列，或者符号化语句序列。同一计算机程序的源程序和目标程序为同一作品。文档，是指用来描述程序的内容、组成、设计、功能规格、开发情况、测试结果及使用方法的文字资料和图表等，如程序设计说明书、流程图、用户手册等。

我国对计算机软件给予著作权的保护。软件著作权人享有发表权、署名权、修改权、复制权、发行权、出租权、信息网络传播权、翻译权、许可使用权、转让权等权利。

1. 软件著作权的归属

软件著作权属于软件开发者，如无其他证明，在软件上署名的自然人、法人或者其他组织为开发者。

合作开发的软件，其著作权的归属由合作开发者签订书面合同约定。无书面合同或者合同未作明确约定，合作开发的软件可以分割使用的，开发者对各自开发的部分可以单独享有著作权；但是，行使著作权时，不得扩展到合作开发软件整体的著作权。合作开发的软件不能分割使用的，其著作权由各合作开发者共同享有，通过协商一致行使；不能协商一致，又无正当理由的，任何一方不得阻止他方行使除转让权以外的其他权利，但是所得收益应当合理分配给所有合作开发者。

接受他人委托开发的软件，其著作权的归属由委托人与受托人签订书面合同约定；无书面合同或者合同未作明确约定的，其著作权由受托人享有。

由国家机关下达任务开发的软件，著作权的归属与行使由项目任务书或者合同规定；项目任务书或者合同中未作明确规定的，软件著作权由接受任务的法人或者其他组织享有。

自然人在法人或者其他组织中任职期间所开发的软件有下列情形之一的，该软件著作权由该法人或者其他组织享有，该法人或者其他组织可以对开发软件的自然人进行奖励：

（1）针对本职工作中明确指定的开发目标所开发的软件；

（2）开发的软件是从事本职工作活动所预见的结果或者自然的结果；

（3）主要使用了法人或者其他组织的资金、专用设备、未公开的专门信息等物质技术条件所开发并由法人或者其他组织承担责任的软件。

2. 软件著作权的保护期限

软件著作权自软件开发完成之日起产生。自然人的软件著作权，保护期为自然人终生及其死亡后 50 年，截止于自然人死亡后第 50 年的 12 月 31 日；软件是合作开发的，截止于最后死亡的自然人死亡后第 50 年的 12 月 31 日。法人或者其他组织的软件著作权，保护期为 50 年，截止于软件首次发表后第 50 年的 12 月 31 日，但软件自开发完成之日起 50 年内未发表的不再保护。

3. 软件著作权的登记

鉴于软件保护的难度，国家鼓励软件登记，并对登记的软件予以重点保护。

申请软件著作权登记的，应当向登记机关——中国版权保护中心通过直接递交或者挂号邮寄的方式提交以下材料：

（1）按要求填写的软件著作权登记申请表；

（2）软件的鉴别材料；

（3）相关的证明文件。

软件的鉴别材料包括程序和文档的鉴别材料。程序和文档的鉴别材料应当由源程序和任何一种文档前、后各连续 30 页组成。整个程序和文档不到 60 页的，应当提交整个源程序和文档。除特定情况外，程序每页不少于 50 行，文档每页不少于 30 行。

中国版权保护中心受理申请后，将在 60 日内完成审查，申请符合《计算机软件保护条例》和《计算机软件著作权登记办法》（2002 年 2 月 20 日起施行）规定的，予以登记，发给相应的登记证书，并予以公告。

第四节　合同管理

关键词：合同、合同管理、要约、承诺、合同担保、合同的履行

一、什么是合同管理

合同是平等主体的自然人、法人、其他组织之间设立、变更、终止民事权利义务关系的协议，是连接各经济主体、处理各种经济关系的重要法律依据和经济纽带。企业的生产

经营，从某种意义上说就是不断地订立合同，履行合同的过程。例如，"美特斯·邦威"生产衣服，须采购布料，与布料供应商之间就会产生买卖合同；"美特斯·邦威"想在杭州市设立一个旗舰店，需要租赁店面，那么就需要和"房东"签订租赁合同；衣服从生产厂家运到杭州，就会和物流公司达成运输协议；衣服卖给消费者，又和消费者之间构成买卖合同……在这一系列的合同行为过程中，不论哪个环节出现问题，都可能给企业的正常运转带来麻烦。由此可见，合同与企业的经营活动如影随形，要想控制企业经营风险，就必须管好合同。

合同管理是在企业内部通过建立一系列合同管理制度，对企业经营活动中各种合同的订立、变更、解除、审查、监督、履行进行规范，使合同依法订立并全面履行的一系列活动[①]。

要管理好合同，企业应当根据自身实际情况设置相应的合同管理机构，配备专门的合同管理人员，制定完整的合同管理制度。一般来说，须从以下几个方面加强合同的管理。

（1）合同签约管理。包括对合同相对方的资信调查、己方签约代表授权、合同的审查、合同专用章的使用等，目的是规范签约行为，预防履约风险。

（2）合同履行管理。对合同履行情况，包括合同变更、转让、解除、终止、违约情况等的管理，目的是随时监控并及时处理各种履行异常情况，保证合同的全面履行。

（3）合同纠纷管理。包括合同纠纷报告，处理方案拟订、执行等，目的是及时处理合同纠纷，最大限度地降低由此带来的损失。

（4）合同档案管理。包括合同台账登记、合同档案建立等，目的是使合同行为有据可查，并为改进企业的合同管理工作提供依据。

二、经济活动中有哪些常见的合同

1. 买卖合同

买卖合同是出卖人转移标的物的所有权于买受人，买受人支付价款的合同。这类合同多见于商品交易中。例如，"戴尔"公司拥有一批新型电脑，"百度"公司正好需要这一批电脑，于是"百度"找到了"戴尔"购买该批电脑并支付了相应的价款，那么该批电脑现在就归"百度"所有。

2. 供用电、水、气、热力合同

供用电、水、气、热力合同是一方提供电、水、气、热力供另一方利用，另一方利用这些资源并支付报酬的合同。日常生活中，我们用电，然后支付电费就属于这类合同。

---

① 后东升. 企业合同管理法律实务[M]. 北京：人民法院出版社，2005：71

3. 赠与合同

赠与合同是赠与人将自己的财产无偿给予受赠人，受赠人表示接受赠与的合同。由于赠与是一种无偿无对等给付的法律行为，因此一般情况下，在赠与财产的权利转移之前，赠与人可以撤销赠与。但具有救灾、扶贫等社会公益、道义义务性质的赠与合同或者经过公证的赠与合同，不可以任意撤销。

4. 借款合同

借款合同是借款人向贷款人借款，到期返还借款并支付利息的合同。如秋秋服装有限公司因为生产经营需要资金，向上海交通银行申请现金贷款 100 万元，并用公司厂房抵押，约定一年后还本付息（利息按中国人民银行规定的同期贷款利率计算）。

5. 租赁合同

租赁合同是出租人将租赁物交付承租人使用、收益，承租人支付租金的合同。常见的有房屋租赁、汽车租赁等。在这类合同中值得注意的是《合同法》第二百二十九条的规定："租赁物在租赁期间发生所有权变动的，不影响租赁合同的效力。"这就是我们所说的"买卖不破租赁"。另外，《合同法》第二百三十条规定，"出租人出卖租赁房屋的，应当在出卖之前的合理期限内通知承租人，承租人享有以同等条件优先购买的权利"，赋予了承租人优先购买权。

6. 融资租赁合同

融资租赁合同是出租人根据承租人对出卖人、租赁物的选择，向出卖人购买租赁物，提供给承租人使用，承租人支付租金的合同。融资租赁有利于用较少的资金解决生产所需，且能为出租人带来丰厚的利润，是一个由买卖合同和融资性质合同构成，涉及出卖人、出租人（买受人）、承租人三方的合同。

7. 承揽合同

承揽合同是承揽人按照定作人的要求完成工作，交付工作成果，定作人给付报酬的合同。承揽包括加工、定作、修理、复制、测试、检验等工作。如定作家具、首饰等。

8. 建设工程合同

建设工程合同是承包人进行工程建设，发包人支付价款的合同。建设工程合同包括工程勘察、设计、施工合同。建设工程合同具有较强的国家管理性，其签订一般采用招标、投标形式进行。例如，万科金色家园三期工程要建，首先须在相应的权威媒体公开发布招标公告，经过各投标人投标后，最后也须公布中标结果，要确保建设工程的招标、投标活动公开、公平、公正。

9．运输合同

运输合同是承运人将旅客或者货物从起运地点运输到约定地点，旅客、托运人或者收货人支付票款或者运输费用的合同。原则上，运输合同是有偿的，但是也有无偿的情况，如运送救济品或运送身高未达一定高度的小孩，即属于免费运输。

10．技术合同

技术合同是当事人就技术开发、转让、咨询或者服务订立的确立相互之间权利和义务的合同。订立技术合同，应当有利于科学技术的进步，加速科学技术成果的转化、应用和推广。我国经济快速发展，技术合同的成交额也大幅增长。

11．保管合同

保管合同是保管人保管寄存人交付的保管物，并返还该物的合同。保管合同为无偿合同，但是当事人也可以约定为保管而给付报酬。例如，去超市，你为了方便，把手上提的物品寄存在超市前台，你离开超市的时候，前台将该物返还于你，这种保管一般不需要给付报酬。在火车站，你将一个大包裹放在寄存处保管，寄存处的工作人员告诉你，保管需要交付保管费用 5 元，那么这种保管合同就是有偿保管。

12．仓储合同

仓储合同是保管人储存存货人交付的仓储物，存货人支付仓储费的合同。保管人为存货人保管储存的货物，出具仓单，存货人凭仓单提取货物并给保管人支付报酬。仓储合同为有偿合同，系由一般的保管合同发展、演变而来，法律对仓储合同有特别规定时，应适用法律的特别规定。

13．委托合同

委托合同是委托人和受托人约定，由受托人处理委托人事务的合同。委托合同是一种典型的提供劳务的合同，以委托人和受托人之间的相互信任为前提，法律后果由委托方承受。例如，万科地产委托探索广告公司设计房地产平面广告，并由探索广告公司联系媒体以"万科"的名义发布广告。

14．行纪合同

行纪合同是行纪人以自己的名义为委托人从事贸易活动，委托人支付报酬的合同。在我国，行纪人只能是经法定手续批准经营信托业务的法人，其他法人或公民不能成为行纪合同中的行纪人。行纪人是以自己的名义办理行纪事务，委托人不直接与第三人发生法律上的权利义务关系。

15．居间合同

居间合同是居间人向委托人报告订立合同的机会或者提供订立合同的媒介服务，委托人支付报酬的合同。

三、合同订立要经过哪些程序

根据《合同法》（1999年10月1日起施行）的规定，当事人订立合同，采取要约、承诺方式。

1. 要约

企业在经济活动中，要订立合同，就需要发出要约。要约是希望和他人订立合同的意思表示，又称发盘、出价，是订立合同的必经阶段。发出要约的人为要约人，接受要约的人为受要约人或相对人。要约的内容应具体确定，并表明经受要约人承诺，要约人即受该要约的约束。例如，"家乐福"超市向"伊利"乳业发电文称：我公司欲以10万元购买贵公司近日生产的250ml装纯牛奶10万盒，如贵公司愿意出售，请在两日内复电。显然，"家乐福"发出的是一个要约。要约到达受要约人时生效，要约可以撤回，也可以撤销。

2. 承诺

承诺是受要约人同意要约的意思表示。例如上面提到的"家乐福"向"伊利"发出的要约，正常情况下，"伊利"在两天时间内给"家乐福"回复"愿意出售"或者直接将货物送往"家乐福"，那么"伊利"作出的回复行为就是"承诺"。

承诺到达要约人时生效，承诺生效时合同成立，承诺生效的地点为合同成立的地点。当然，承诺可以在到达要约人之前或者同时到达要约人时撤回。上例中，如果"伊利"觉得"家乐福"给的价格太低，想以12万元出售，于是回复"家乐福"要求售价为12万元，那么"伊利"发出的这个回复将成为新的要约，而不是承诺。

【法条】

《合同法》

第三十条　承诺的内容应当与要约的内容一致。受要约人对要约的内容作出实质性变更的，为新要约。有关合同标的、数量、质量、价款或者报酬、履行期限、履行地点和方式、违约责任和解决争议方法等的变更，是对要约内容的实质性变更。

四、订立合同需要注意哪些问题

1. 签约前认真审查当事人的主体资格、信用情况

要审查合同相对方是否具备相应的民事主体资格，查验其营业执照、身份证件等证明材料，如果对方委托代理人前来签约，除了核实代理人身份外，还需查验其取得的授权情

况。只有签约主体具备订立合同的资格，其签订的合同才具有法律效力。

同时还应注意对方是否资信良好、是否具有履约能力、签约的真实目的等，防止受骗上当。有些不法分子假借订立合同的机会探听商业秘密或怀有其他不纯目的，对此必须加强防范。

2. 订立合同应采取书面形式

当事人订立合同，有书面形式、口头形式和其他形式。法律、行政法规规定采用书面形式或者当事人约定采用书面形式的，应当采用书面形式。书面形式不仅指合同书、信件，还包括电报、电传、传真、电子数据交换和电子邮件等数据电文形式。其他形式，如顾客将货币投入自动售货机内，售货机弹出所售货物，买卖合同成立。

但从保全证据、预防风险的角度看，订立合同应当尽量采用书面形式，因为空口无凭，"口头君子协议"靠不住。如果对方对你作出了书面合同以外的口头承诺，那么一定要把这些口头承诺写入书面合同，把它固定下来，否则日后发生争议时无据可查，你的权利就无法得到保障。

3. 把好对签约人员的授权关

签约实务中一般均派企业工作人员代表企业进行，这时就需要企业对签约人员进行授权，出具授权委托书，使其具有签约的权限。在授权的过程中，企业要认真挑选签约人员，并经审批程序之后，方能将签约所需的材料交给签约人员，如授权委托书、介绍信、合同书等。上述文件均需填写规范，明确授权权限和期限，并在企业留底备查。除非特殊需要，企业公章/合同专用章不能交给签约人员带出企业，防止失控导致的风险。

4. 认真审查合同的内容

《合同法》第十二条规定："合同的内容由当事人约定，一般包括以下条款：（一）当事人的名称、姓名和住所；（二）标的；（三）数量；（四）质量；（五）价款或者报酬；（六）履行期限、地点和方式；（七）违约责任；（八）解决争议的方法。当事人可以参照各类合同的示范文本订立合同。"

标的，是合同权利义务指向的对象。标的的数量多少、质量如何、什么样的价位都直接关系到企业的经济利益，因此都要把好关，避免因约定不明而导致履行困难，或者发生争议。

履行期限、地点和方式也非常重要。例如，秋秋服装公司和红星制衣厂定做了一批衣服，约定两个月后交货，但没有明确交货地点和方式，结果"秋秋"认为"红星"应该送货上门，然后现场付款，但是"红星"认为他们应该自己提货。于是，争议就发生了。所以在订立合同的时候，最好能白纸黑字写清楚。

违约责任条款最好采用约定违约金的方式，而不是笼统地约定违约方要"赔偿损失"等，因为主张赔偿损失必须举证证明损失的大小，这在实际操作中有时很困难。当然，如果违约金约定过高，对方当事人可以要求法院或者仲裁机构予以减少。

争议的解决办法一般写法是"合同双方发生争议的，通过协商解决，协商不成的，双方当事人均有权到××法院通过诉讼解决"，也有约定通过仲裁解决的（关于仲裁参见本书第七章）。从节约诉讼成本的角度考虑，订立合同时可以尽量争取将管辖法院约定为己方就近的法院。

生效条件也是合同的主要条款。一般的约定是"本合同自双方签字盖章之日起生效"，也有的合同附生效条件或生效期限，这时须注意审查所附的条件或期限是否可以实现，如果实现不了，该合同无法生效。

合同内容审查应抓住以下重点。

（1）合同内容的真实性、可行性和合法性。

（2）合同条款的完备性、一致性。合同条款不仅要完整，而且不能相互矛盾。

（3）合同文字的准确性、唯一性。要避免含义模糊，约定不明的情况出现。

（4）权利义务的平等性。对于"不平等条约"要及时提出修改意见。

5. 尽量要求对方提供合同担保

合同担保的作用是督促合同相对方（债务人）履行合同，从而降低履约风险，保障己方（债权人）合同权利。合同担保可采用的担保方式包括保证担保、抵押担保、质押担保、留置担保、定金担保等。

五、合同履行中需要注意哪些问题

合同生效之后，当事人均应全面履行自己的义务。履行不当往往是合同在履行的过程中引发争议的一根导火线。因此，在合同的履行中，需要遵循合同履行的原则，还须特别注意一些履行中权利义务问题。

1. 遵循合同履行原则

（1）全面履行原则。全面履行原则，是指按照合同约定，遵循合同的本旨，准确、完整地履行合同义务。《合同法》第六十条第 1 款明确规定："当事人应当按照约定全面履行自己的义务。"在实务中，有的企业为了方便或逃避税务，在合同签订中使用的是公司账号，而在履行中却使用合同以外第三方的私人账号，这显然增加了履约风险。因此，特别提醒在合同履行中应遵循全面履行原则。履行中如需变更的，应采用书面形式，以防争议。

（2）诚实信用原则。《合同法》第六十条第 2 款："当事人应当遵循诚实信用原则，根据合同的性质、目的和交易习惯履行通知、协助、保密等义务。"在合同的履行过程中，有可能当事人的名称、法定代表人、负责人等发生了变更，而该合同还未完成履行，那么当事人应遵循按诚实信用原则的要求，继续完成合同的履行，积极履行通知、协助、保密等附随义务。

2. 善用各项权利保护自己

在合同履行中，当事人如善于运用法律赋予的权利，能更好地保护企业利益。

（1）履行抗辩权。抗辩权是指对抗请求的权利，常用于双务合同履行中，是一种行之有效的保障合同债务履行的法律制度，是及时防止不良债权形成的有效方法。双务合同履行抗辩权包括同时履行抗辩权、不安抗辩权和后履行抗辩权。

同时履行抗辩权，是指双务合同的当事人互负债务，没有先后履行顺序的，应当同时履行。一方在对方履行之前或履行不符合约定时，有权拒绝相应的履行要求。

不安抗辩权，是指先履行债务的当事人有证据证明对方的经营状况严重恶化，或转移财产、抽逃资金以逃避债务；或丧失商业信誉，以及其他丧失或有可能丧失履行债务能力的其他情形时，可中止履行，并及时通知对方；对方在合理期限内提供适当担保时，应当恢复履行，对方不能提供担保或证明履行能力的，中止履行的一方可以解除合同。

后履行抗辩权，是指当事人双方约定了先后履行顺序，先履行一方未履行的或履行不符合约定的，后履行一方有权拒绝相应履行要求。

（2）代位权。因债务人怠于行使其到期债权，对债权人造成损害的，债权人可以向人民法院请求以自己的名义代位行使债务人的债权。

（3）撤销权。因债务人放弃其到期债权或无偿转让财产或以明显不合理的低价转让财产，对债权人造成损害的，债权人可以请求人民法院撤销债务人的行为。

（4）解除权。在合同履行的过程中，当出现法定情形时，当事人可以解除合同。在订立合同的时候，当事人也可以约定解除条件，解除条件成立时，解除权人可以解除合同。

【法条】

《合同法》

第九十四条 有下列情形之一的，当事人可以解除合同：

（一）因不可抗力致使不能实现合同目的；

（二）在履行期限届满之前，当事人一方明确表示或者以自己的行为表明不履行主要债务；

（三）当事人一方迟延履行主要债务，经催告后在合理期限内仍未履行；

（四）当事人一方迟延履行债务或者有其他违约行为致使不能实现合同目的；

（五）法律规定的其他情形。

3. 及时追究违约责任

在合同履行的过程中，如当事人出现违约情况，应该及时处理或追究，以确保合同的顺利履行，保障企业的合法权益。

追究违约责任的一般程序如下。

（1）协商。就对方的违约情形，与对方进行协商，争取达成解决问题的一致意见，并将该一致意见以书面形式确定下来（如双方签订变更协议、补充协议、备忘录等）。

（2）催告。协商不成的，向对方正式发函，提出我方的处理意见和要求，催促对方限期履约。

（3）诉讼或仲裁。催告效果不佳的，直接提起诉讼或仲裁，通过法律途径追究其违约责任。

追究违约责任的过程中，要注意证据的收集和保全，同时还应及时采取防止损失扩大的合理措施。根据《合同法》的规定，当事人一方违约后，对方应当采取适当措施防止损失的扩大；没有采取适当措施致使损失扩大的，不得就扩大的损失要求赔偿。当然，当事人因防止损失扩大而支出的合理费用，由违约方承担。

第五节　进出口贸易

关键词：进出口贸易、贸易保护主义、**WTO** 规则、禁止进出口、限制进出口、电子口岸、国际贸易术语、国际结算、信用证、提单、进出口通关

一、什么是进出口贸易

进出口贸易，又称对外贸易，是指一国/地区与其他国家/地区之间交换商品或服务的活动，包括货物进出口、技术进出口和国际服务贸易（本节将主要介绍货物进出口）。

改革开放以来，我国对外贸易发展迅猛，成为国民经济发展的重要组成部分，2010 年进出口总额达到 2.97 万亿美元，世界排名由第三位升至第二位。我国对外贸易发展早期，主要鼓励出口，贸易顺差比较大，近年来受世界经济增速放缓、贸易保护主义抬头影响，贸易摩擦进入高发期，针对我国的"两反一保"案件数量和涉案金额居高不下。同时，在运用电子商务开展对外贸易的过程中，交易风险也相伴而生，甚至频现走私（参见第二章第一节"海外代购的法律风险"）、逃汇、逃税、欺诈、经销假冒伪劣商品等违法违规行为。

【案例】中国仍然是贸易保护主义最大受害国（资料来源：中国网）

2014 年 1 月商务部发言人在一次例行发布会上表示，2013 年，中国贸易摩擦的形势并未趋缓，在调查数量上反而有所增加。从数据对比来看，中国将连续 18 年成为遭遇反倾销调查最多的国家，连续 8 年遭遇反补贴调查最多的国家，中国仍然是贸易保护主义的最大受害国。

商务部发言人指出，贸易摩擦是我国成为世界第二大经济体和第一大出口国的伴生现

象，有一定的必然性、长期性和复杂性，这种局面难以在短期内根本扭转，既要认真应对，也要平常心看待。为了维护产业利益，我国在应对国外贸易保护主义和保护自有产业方面做了很多工作。在摩擦应对方面，中国有效应对了中欧光伏贸易摩擦等一批涉案金额大、影响范围广的重大案件，保护了企业出口市场份额，此外，在强化贸易摩擦的预警机制、公共信息服务和贸易救济知识普及等方面的工作都得到了显著加强。中国还妥善运用世贸组织的争端解决机制，维护我国企业合法利益，去年在多起案件中取得了满意的结果。中国还通过对话磋商、管控分歧，既发挥与主要贸易伙伴国政府间贸易救济磋商机制作用，又努力维护与发展中国家稳定可预期的贸易环境。中国强化了对企业的法律技术指导服务，支持中国企业运用法律维权，同时支持相关商协会和国外的业界进行交流。

应该看到，无论是传统商务领域，还是电子商务领域，对外贸易依然大有可为，国家出台了诸多政策鼓励对外贸易。企业从事进出口贸易，应当熟悉对外贸易法律、法规和WTO规则，充分用好国家政策，主动防范风险，规范经营，为顺利开拓国际市场打下扎实基础。

【小贴士】

两反一保：即倾销与反倾销，补贴与反补贴，保障措施和特别保障措施。"两反一保"是世界贸易组织允许的由成员方为保护国内同类产品产业免遭进口产品造成损害而采取的限制进口的政府行为，是一种法律制度。

WTO：世界贸易组织（World Trade Organization），是当代最重要的国际经济组织之一，总部设在瑞士日内瓦，前身是1948年起实施的关税及贸易总协定的秘书处。其成员间的贸易额占世界贸易额的绝大多数，被称为"经济联合国"。基本原则是通过实施市场开放、非歧视和公平贸易等原则，来实现世界贸易自由化的目标。自2001年12月11日开始，中国正式加入WTO。

货物进出口流程，首先从与外商报价、询价、洽谈合同开始，达成签约意向后，其基本流程（以信用证支付为例）如下。

1. 出口

（1）签订合同。

（2）进口方开信用证，出口方审证。

（3）出口方备货（涉及相关检验、检疫）。

（4）出口方发货（涉及办理国际货物运输、报关通关）。

（5）结算（涉及结汇、出口退税）。

2. 进口

（1）签订合同。

（2）进口方开信用证、银行审单付款、进口方购汇赎单。

（3）进口方收货（涉及办理国际货物运输、报关通关、进口检验检疫）。

（4）结算。

由于涉及货物进出境、国际支付和国际运输，与国内贸易相比，进出口贸易流程实际要复杂许多，具体包括：对外贸易经营者资质、进出口货物管制（是否属于自动许可货物、是否属于限制/禁止进出口货物、是否涉及配额管理、是否需要检验检疫）、国际贸易术语、国际货物运输及保险、进出境报关通关、关税、国际结算、单证、外汇管理等。这些环节均可能发生风险，因此从事进出口贸易，不仅要熟知进出口贸易实务，还应当对期间的风险点、法律规范有深入的了解。

我国进出口贸易相关法律法规主要包括：《对外贸易法》、《进出口商品检验法》、《进出境动植物检验法》、《海关法》、《海商法》、《货物进出口管理条例》、《技术进出口管理条例》、《反倾销条例》、《反补贴条例》、《保障措施条例》、《外汇管理条例》、《进出口关税条例》、《对外贸易经营者备案登记办法》、《禁止进口限制进口技术管理办法》、《技术进出口合同登记管理办法》、《货物出口许可证管理办法》、《货物自动进口许可管理办法》、《国际货物运输代理业管理规定》等。

二、如何申请进出口权

拥有进出口权的企业，可依法自主地从事进出口业务；无进出口经营的企业，需选择外贸代理企业代理进出口。凡是已经取得工商营业执照、组织机构代码证、税务登记证、银行开户许可证的企业，均可申请办理对外贸易经营者备案，取得进出口权。具体流程如下。

1. 办理对外贸易经营者备案登记

企业可至商务部对外贸易经营者备案登记系统办理备案登记。取得备案登记表后，凭加盖备案登记印章的登记表在 30 日内到当地海关、检验检疫、外汇、税务等部门办理开展对外贸易业务所需的有关手续。

2. 办理海关电子口岸手续

企业须先到所在地的中国电子口岸数据分中心或制卡代理点办理企业信息备案工作，再到所在地技术监督局、工商局、税务部门进行企业入网资格审批，完成审批后方可办理企业 IC 卡（相当于企业在电子口岸网上使用的身份证和印章），之后还须至海关办理海关业务审批。具体可登录中国电子口岸综合服务网站 www.chinaport.gov.cn 查询。

3. 办理"贸易外汇收支企业名录"登记、外汇账户开立申请手续

根据国家外汇管理局相关规定，企业依法取得对外贸易经营权后，应当持有关材料到外汇局"贸易外汇收支企业名录"登记。同时，还必须按规定申请外汇账户的开立，从而

进行结汇、付汇和售汇的操作。

4. 办理报检备案手续

进出口企业可以选择自己办理进出口检验检疫的报检工作，也可以委托报检单位代理报检。如果企业选择自己办理，则需要办理报检备案手续。按照国家质检总局的要求，自理报检单位及报检员的注册、更改等业务均须在中国电子检验检疫业务网（http://cs.eciq.cn）提交申请并携带有关材料到属地的进出口检验检疫局办理。

5. 办理出口退税登记证

根据国家税务总局《出口退（免）税管理办法（试行）》的规定：有进出口经营权的企业，出口和代理出口的货物，除另有规定者外，可在货物报关出口并在财务上做销售后，凭有关凭证按月报送税务机关批准退还或免征增值税和消费税。企业在取得有关部门批准其经营出口产品业务的文件和工商行政管理部门核发的工商登记证明后，应于 30 日内到税务部门办理出口企业退税登记。

三、哪些货物是禁止、限制进出口的

国家准许货物与技术的自由进出口，但并不意味着任何企业均可从事一切货物及技术的进出口。《对外贸易法》有如下规定。

1. 实行国营贸易管理货物的进出口业务只能由经授权的企业经营

擅自进出口实行国营贸易管理的货物的，海关不予放行。

目前我国实行进口国营贸易管理的货物包括粮食、植物油、糖、烟草、原油、成品油、化肥、棉花。实现出口国营贸易管理的货物包括原油、成品油、煤炭、大米、玉米、棉花、钨砂、锑砂、氧化锑、仲/偏钨酸铵、三氧化钨及蓝色氧化钨、钨酸及其盐类、钨粉及其制品、锑（包括锑合金）及锑制品、蚕丝类、白银。

2. 实行自动许可的进出口货物须办理自动许可手续

未办理自动许可手续的，海关不予放行。

3. 国家基于下列原因，可以限制或者禁止有关货物进出口

（1）为维护国家安全、社会公共利益或者公共道德，需要限制或者禁止进口或者出口的；

（2）为保护人的健康或者安全，保护动物、植物的生命或者健康，保护环境，需要限制或者禁止进口或者出口的；

（3）为实施与黄金或者白银进出口有关的措施，需要限制或者禁止进口或者出口的；

（4）国内供应短缺或者为有效保护可能用竭的自然资源，需要限制或者禁止出口的；

（5）输往国家或者地区的市场容量有限，需要限制出口的；

（6）出口经营秩序出现严重混乱，需要限制出口的；

（7）为建立或者加快建立国内特定产业，需要限制进口的；

（8）对任何形式的农业、牧业、渔业产品有必要限制进口的；

（9）为保障国家国际金融地位和国际收支平衡，需要限制进口的；

（10）依照法律、行政法规的规定，其他需要限制或者禁止进口或者出口的；

（11）根据我国缔结或者参加的国际条约、协定的规定，其他需要限制或者禁止进口或者出口的。

为维护国家安全，对与裂变、聚变物质或者衍生此类物质有关的货物、技术进出口，以及与武器、弹药或者其他军用物资有关的进出口，国家可以采取任何必要的措施。在战时或者为维护国际和平与安全，国家在货物、技术进出口方面可以采取任何必要的措施。

对限制进口或者出口的货物，国家实行配额、许可证等方式管理。

限制、禁止进出口货物及物品目录具体可以到商务部 12335 中国外经贸企业服务网（www.12335.gov.cn）及海关总署网站（http://www.customs.gov.cn）查询。

四、签订进出口贸易合同需注意哪些问题

进出口贸易合同也是一种合同，对于合同订立普遍应当注意的问题，不再提示，接下来仅讨论进出口贸易合同的特殊问题。

1. 国际贸易术语的使用

国际贸易术语是在国际贸易长期实践过程中逐步形成的价格术语，不同价格术语下，国际贸易合同双方的权利和义务是不同的。为了规范国际贸易术语的使用，避免各自解释的不确定性，出现了国际贸易术语解释的一些规则。比较通用的是国际商会制定的《国际贸易术语解释通则》（*International Rules for the Interpretation of Trade Terms*，INCOTERMS）。在订立进出口合同时，正确使用国际贸易术语非常重要。

根据交货地点、风险转移等不同，INCOTERMS 把贸易术语分为 E、F、C、D 四组，分别明确了各个术语下买卖双方承担的责任和义务。作为进口商，选择 D 组贸易术语风险相对最小，而 E 组术语风险最大，因此，应当尽量选择 D 组或者 F 组术语；而作为出口商，应当尽可能避免 D 组术语，争取选择其他各组。当然，不同术语的风险仅是理论上，在实践中并不是确定不变的。由于无单放货风险的加大，2000 年，对外贸易经济合作部曾发出通知，要求外贸企业在签订出口合同时，尽量签订 CIF 或 CFR 条款，力拒 FOB 条款，避免外商指定境外货代安排运输。

鉴于 INCOTERMS 不时修订，所以签订合同时要清楚地指明所引用的 INCOTERMS 版本，以免双方就术语版本问题引起争议。目前 INCOTERMS 最新版本是于 2011 年 1 月 1 日生效的 2010 版。

2. 结算方式的选择

进出口贸易下结清货款的传统方式主要有汇付、托收、信用证等。

汇付就是交易双方根据合同约定，通过电汇或信汇方式支付货款。预付货款（前 T/T），进口商有收不到货的风险，货到付款（后 T/T），则出口商有收不到钱的风险。

托收是指出口商出具汇票委托银行代为收款，托收条件下，出口商处于不利地位，要委托银行向客户收款的前提是出口商备妥托收项下的单据，也就是必须先备妥货物装运后取得单据才能通过银行托收。

信用证（Letter of Credit，L/C）是银行开立的保证进口商有支付能力的凭证。信用证下，进口商先将货款交存银行，由银行开立信用证，出口商按合同和信用证规定的条款发货，凭符合规定的单据就能得到银行付款。信用证有三个特点：一是信用证不依附于买卖合同，银行在审单时强调的是信用证与基础贸易相分离的书面形式认证。二是信用证是凭单付款，不以货物为准。只要单据相符，开证行就应无条件付款。三是信用证是一种银行信用，它是银行的一种担保文件。

在选择支付方式时，首先须考虑的问题是安全因素，其次是占用资金的时间，至于办理手续的繁简、银行费用成本也应注意。那么何种支付方式才是真正安全的？很多人想当然地认为是信用证，但大量案例表明，真正意义上的国际贸易诈骗所使用的手段几乎都是人们通常认为相对安全的信用证或跟单托收。因为如果没有貌似安全、可靠的支付形式，诈骗者难以得到出口商的信任。在费用成本高、拒付风险大、信用证诈骗盛行等诸多因素下，从 20 世纪 90 年代开始，非信用证结算成为国际贸易结算的新趋势。其实，没有绝对安全的支付方式，在实际使用中，各种支付方式加以组合，以及使用国际保理、福费廷以及备用信用证等新兴结算方式，灵活应用，才是降低风险的有效之道。

【小贴士】

国际保理，即国际保付代理（International Factoring），又称承购应收账款，是指在以商业信用出口货物时，出口商交货后把应收账款的发票和装运单据转让给保理商，即可收进全部或部分货款，从而融通资金或规避风险。

福费廷（Forfeiting）或称为无追索权的融资，又称买断、包买票据，是一种为远期信用证支付方式下的出口商提供付款保证和融资服务的业务，包买商从出口商那里无追索地购买已经承兑的、并通常由进口商所在地银行担保的远期汇票或本票，音译为福费廷。

3. 运输方式的选择

国际货物的传统运输方式有海洋运输、铁路运输、公路运输、航空运输、管道运输、大陆桥运输等，在单一运输方式不能满足需求的情况下，国际多式联运应运而生。

运输方式的选择，除了考虑运输成本、速度、货物特性等因素之外，需要特别注意货物运输的法律风险问题，包括货代风险、不良承运人带来的风险、单证缺陷带来的风险、交易对方国家法律环境与本国差异带来的风险等。针对这些风险，进出口企业应从以下方面做好风险防范：

（1）做好对交易对象的资信调查，包括调查对方国家的法律环境，避免被欺诈，以及因法律环境不同带来的合同履行风险；

（2）尽量选择信用好的货代和承运人，对方指定的要尽量婉拒；

（3）积极投保，因为国际货物运输风险种类繁多，防不胜防，投保可以尽可能减少风险带来的损失；

（4）应尽量由己方办理运输和保险，避免让对方办理；

（5）谨慎选择货运单据，不能盲目采用空运单、海运单和记名提单，因为这些都不是货权凭证，买方凭身份证明就能提货。

【小贴士】

海运提单（Ocean Bill of Lading）与海运单（Sea Waybill）一字之差，但却是两种完全不同的单据，前者是提单，是物权凭证；后者只是运输单据，不具有货权凭证的效力。

记名提单（Named/Nominate Bill of Lading），由于在许多国家里，记名提单的收货人可以不凭提单就可以提货，因此记名提单实际上已经失去了货权凭证的作用。

无单放货，又叫无正本提单放货，是指国际贸易中承运人或其代理人（货代）把其承运的货物交给未持有正本提单的收货人。由于当今运输技术的发展，货物往往先于正本提单到达，为提高效率、缓解港口压力，航运实践中出现了以正本提单以外的其他单证连同保函提货的做法。这种做法的不利之处，就是导致出现冒充收货人骗取货物，或者收货人提货后不支付货款等恶意行为，大大增加了出口商财货两空的风险。

五、法律适用与争议解决

进出口贸易过程中产生争议与纠纷，由于涉及来自不同法律制度下的国家/地区的当事人，究竟适用哪个国家/地区的法律，通过哪种方式解决争议，都需要在合同中作出明确约定。

国际贸易合同的当事人可以选择适用法律，包括国际公约、国际惯例、外国法或者有关地区的法律，如果没有选择的，则适用履行义务最能体现该合同特征的一方当事人经常居所地法律或者其他与该合同有最密切联系的法律，如买方或卖方所在地、合同履行地、合同签订地、诉讼标的物所在地等国家/地区的法律。

我国企业应当尽量争取在合同中明确适用中国法律，凡是与本合同相关的争议提交中国法院诉讼或者是选择中国/第三国仲裁机构仲裁解决。

六、如何进行进出口通关

通关是指进出口货物的收发货人、受委托的报关企业，依照《海关法》以及有关法律、行政法规和规章的要求，在规定的期限、地点，采用电子数据报关单和纸质报关单形式，向海关报告实际进出口货物的情况，并且接受海关审核的行为。通关也称为报关、申报。进出口货物只有在履行各项义务，办理海关申报、查验、征税、放行等手续后，才能放行，货主或申报人才能提货。货物在通关期间，不论是进口、出口或转运，都是处在海关监管之下，不准自由流通。

通关流程包括以下内容。

1. 申报

进口货物的收货人、受委托的报关企业应当自运输工具申报进境之日起十四日内向海关申报。出口货物发货人、受委托的报关企业应当在货物运抵海关监管区后、装货的二十四小时以前向海关申报。超过规定时限未向海关申报的，将被征收滞纳金。

向海关申报时，除提交进出口货物报关单外，还应提交下列文件：（一）合同；（二）发票；（三）装箱清单；（四）载货清单（舱单）；（五）提（运）单；（六）代理报关授权委托协议；（七）进出口许可证件；（八）海关要求的加工贸易手册（纸质或电子数据的）及其他进出口有关单证。

2. 审单

目前，海关对申报的电子报关单数据实行集中审单制度。海关审单中心收到报关单电子数据，通过计算机系统对报关企业及报关员进行资格认证后，开始进入计算机自动审核程序。报关单电子数据通过规范性审核的，计算机自动接受申报。报关单电子数据经通道判别，交由现场海关进行接单审核、征收税费处理，以及经专业化审核通过后，系统自动完成计征税费程序处理。

3. 接单

海关审结电子数据报关单后，进出口货物的收发货人、受委托的报关企业应当自接到海关"现场交单"或者"放行交单"通知之日起10日内，持打印出的纸质报关单，备齐规定的随附单证并且签名盖章，到货物所在地海关递交书面单证并且办理相关海关手续。接单岗位关员对收发货人提交的书面报关单及其随附单证进行单单相符审核和单机核对，即审核随附单证内容与报关单填制内容是否相符，审核报关单电子数据与纸质报关单填制内容是否相符。

4. 征税

对于应纳税的进出口货物，应按《海关法》、《进出口关税条例》、《海关进出口税则》、

《海关进出口货物征税管理办法》等规定征收关税和其他税费。征收税费环节关员对报关单、随附单证及货物查验结果审核无误后，打印、签发各类税费专用缴款书。进出口货物收发货人持海关签发的税费专用缴款书到银行缴纳税费，并将银行的缴款回执交还海关。涉及减免税的货物，应当在货物申报进出口前，向其所在地海关申请办理减免税备案、审批手续。

5. 查验与放行

海关查验货物时，进出口货物的收发货人或其代理人应当到场，并按照海关的要求负责搬移货物、开拆和重封货物的包装，提供查验货物所需的单证，回答海关提出的问题。海关检查进出境运输工具（包括承运海关监管货物的境内运输工具）时，运输工具负责人或有关责任人应当到场，并根据海关的要求开启舱室、房间、车门，有走私嫌疑的，并应当开拆可能藏匿走私货物、物品的部位，搬移货物、物料。

【小贴士】

无纸通关是利用中国电子口岸及现代海关业务信息化管理系统功能，改变海关验凭进出口企业递交书面报关单及随附单证办理通关手续的做法，直接对企业联网申报的进出口货物报关电子数据进行无纸审核、验放处理的通关方式。

七、哪些货物需要检验、检疫

根据《进出口商品检验法》、《进出境动植物检疫法》、《国境卫生检疫法》等法律规定，进出口货物需办理相关检验、检疫手续后才能通关，海关凭出入境检验检疫机构出具的通关单接受申报。需要检验检疫的货物主要包括以下几种：

（1）《进出境动植物检疫法》及其实施条例，《国境卫生检疫法》及其实施细则，以及有关国际条约、双边协议规定应当实施动植物检疫和卫生检疫的；

（2）列入《商检机构实施检验的进出口商品种类表》的；

（3）列入《出入境检验检疫机构实施检验检疫的进出境商品目录》的；

（4）属于实施进口安全质量许可制度、国家施行民用商品出入境验证制度、出口质量许可制度以及卫生注册登记制度等行政许可制度管理的；

（5）其他有关法律法规规定应当实施检验检疫的。

【超级链接】

一、法定节假日知多少

根据《全国年节及纪念日放假办法》（2008年1月1日起施行，2013年12月11日修订）的规定，目前我国全体公民放假的节日包括以下几种：

（1）新年，放假1天（1月1日）；

（2）春节，放假3天（农历正月初一、初二、初三）；

（3）清明节，放假1天（农历清明当日）；

（4）劳动节，放假1天（5月1日）；

（5）端午节，放假1天（农历端午当日）；

（6）中秋节，放假1天（农历中秋当日）；

（7）国庆节，放假3天（10月1日、2日、3日）。

部分公民放假的节日及纪念日包括以下几种：

（1）妇女节（3月8日），妇女放假半天；

（2）青年节（5月4日），14周岁以上的青年放假半天；

（3）儿童节（6月1日），不满14周岁的少年儿童放假1天；

（4）中国人民解放军建军纪念日（8月1日），现役军人放假半天。

二、买卖合同示范文本（资料来源：浙江省工商局）

工业品买卖合同

合同编号：

签订地点：

签订时间：　　年　　月　　日

出卖人：

买受人：

第一条　标的、数量、价款及交（提）货时间：

标的名称	牌号商标	规格型号	生产厂家	计量单位	数量	单价	金额	交（提）货时间及数量
合计人民币金额（大写）：								

（注：空格如不够用，可以另接）

第二条　质量标准：

第三条　出卖人对质量负责的条件及期限：

第四条　包装标准、包装物的供应与回收：

第五条　随机的必备品、配件、工具数量及供应办法：

第六条　合理损耗标准及计算方法：

第七条　标的物所有权自＿＿＿＿＿＿时起转移，但买受人未履行支付价款义务的，标的物属于＿＿＿＿＿＿所有。

第八条　交（提）货方式、地点：

第九条　运输方式及到达站（港）和费用负担：

第十条　检验标准、方法、地点及期限：

第十一条　成套设备的安装与调试：

第十二条　结算方式、时间及地点：

第十三条　担保方式（也可另立担保合同）：

第十四条　本合同解除的条件：

第十五条　违约责任：

第十六条　合同争议的解决方式：本合同在履行过程中发生的争议，由双方当事人协商解决；也可由当地工商行政管理部门调解；协商或调解不成的，按下列第＿＿＿＿＿＿种方式解决：

（一）提交＿＿＿＿＿＿＿＿＿＿仲裁委员会仲裁；

（二）依法向人民法院起诉。

第十七条　本合同自＿＿＿＿＿＿＿＿＿＿＿＿起生效。

第十八条　其他约定事项：

出卖人（章）：	买受人（章）：	鉴（公）证意见：
住所：	住所：	
法定代表人：	法定代表人：	
委托代理人：	委托代理人：	
电话：	电话：	
开户银行：	开户银行：	
账号：	账号：	鉴（公）证机关（章）
		经办人：
邮政编码：	邮政编码：	年　月　日

【实务演练】

1. 假设某公司注册资本 300 万元，股东甲出资 100 万元，股东乙出资 200 万元。公司章程规定不按出资比例行使表决权，股东甲、股东乙各享有 50%的表决权。问：股东甲、乙的出资比例、表决权各是多少？

2. 召开一次股东会会议，自定议题，并形成股东会决议。

3. 为你的企业拟订一份招聘广告，要求招聘岗位不少于三个，录用条件明确、具体。

4. 作为一家新创企业，该怎样制定企业品牌、核心技术的保护战略？

5. 马上到年底了，贵公司想定制一批纪念品，作为礼品赠送给客户。请为此拟订一份合同。

6. 小王打算开设网店，从事海外代购业务，作为朋友，你有哪些好的建议？

【案例评析】

王老吉、加多宝合作变反目　互相起诉商战不休

王老吉商标权人广州医药集团有限公司（下称"广药"）和广东加多宝饮料食品有限公司（下称"加多宝"）原本是互利共赢的合作关系，加多宝租用王老吉商标，经过十多年的成功营销，把一款岭南一隅的凉茶饮料做成继碳酸饮料、果汁和茶饮料之后的第四大饮料品类。王老吉品牌也因此身价倍增，估值千亿元。但是从 2010 年开始，两家因为商标租用是否到期问题产生争议，进而反目成仇，从商标使用权、包装装潢权到广告语，双方相互起诉，官司不断，上演了一场旷日持久、剧情跌宕的商战肥皂剧。

第一季：商标权之争

2011 年 4 月广药向中国国际经济贸易仲裁委员会提起商标权仲裁申请；2012 年 5 月仲裁委员会裁决判定加多宝停止使用王老吉商标。加多宝不服，向法院申请撤销仲裁裁决。2012 年 7 月 13 日，北京市第一中级人民法院作出终审判决，驳回了加多宝撤销仲裁结果的申请。至此，加多宝不能继续使用王老吉商标。

第二季：红罐装潢权之争

商标使用权之争落败后，加多宝迅速奋起反击，以自己是红罐包装装潢专有权人为由，起诉广药侵权，广药不甘示弱，也以同样的案由起诉加多宝。2013 年 5 月 15 日，广东省高级人民法院开庭审理了广药和加多宝互诉红罐包装装潢侵权纠纷一案。双方提出的诉求几乎一模一样：第一，对方停止并销毁相关红罐产品；第二，对方赔礼道歉并消除相关影响；第三，对方承担一切诉讼费用；第四，广药要求加多宝赔偿 1.5 亿元，加多宝对广药的索赔

则暂定 3 096 万元。庭审中，加多宝方面指出，加多宝早就对红色罐体包装申请了外观设计专利，并使用多年，因此加多宝享有红罐包装装潢专用权；而广药方面则坚持认为，知名商标的包装装潢与商标本属一体，理应归属于王老吉，加多宝应立刻停止使用"红罐"包装。

第三季：广告语之争持续发酵

红罐之诉尚未尘埃落定，双方又在广告宣传领域展开角逐。广药以加多宝使用"全国销量领先的红罐凉茶改名为加多宝"、"红罐王老吉凉茶更名为加多宝凉茶了"等广告语，涉嫌虚假宣传、误导消费者、不正当竞争为由，再次将加多宝告上法庭。2013 年 12 月 20 日受理该案的广州市中级人民法院宣判，加多宝立即停止使用"全国销量领先的红罐凉茶改名为加多宝"、"红罐王老吉凉茶更名为加多宝凉茶了"广告语进行广告宣传的行为，并立即销毁使用了上述广告语的宣传物品，同时赔偿广药公司经济损失费、合理费用等 1 000 多万元。

几天后，2013 年 12 月 24 日加多宝起诉王老吉广告语"怕上火就喝王老吉"不正当竞争一案在重庆市第一中级人民法院宣判，法院当场驳回加多宝的全部诉讼请求。宣判结束后，王老吉方面对判决结果表示认同；而加多宝方面表示，"怕上火"广告是公司 10 年来耗费巨资进行打造的，加多宝是当之无愧的创作者和拥有者，因此对于审判结果难以理解。

上诉两案一审宣判后，加多宝均表示立即向上一级人民法院上诉。

2014 年 3 月 11 日，广药诉加多宝又一不正当竞争案在广州市中级人民法院开庭。这次是针对加多宝使用的"怕上火喝加多宝"广告语……

（资料来源：新华网、网易等）

评析：王老吉、加多宝至今酣战不休，广药已向法院起诉加多宝商标侵权索赔 29 亿元。王老吉、加多宝之争，说白了就是品牌之争，不管最终结果如何，他们倒确确实实给大家上了非常生动的一课，让人们再次深刻地理解了企业品牌的重要性。一方面，对于任何企业来说，都应当十分珍惜和爱护自己的品牌，并通过商标权、专利权等方式保护好自己的品牌；另一方面，在法制社会，商战也应当遵守法律，不正当竞争会受到法律的制裁，同时，企业一定要善于运用法律手段保护自己的合法权益。

第 五 章

企业经营法律实务（下篇）

本章要点提示

- ☑ 如何加强产品（服务）质量管理
- ☑ 如何合法地开展市场营销
- ☑ 如何有效地进行财务、税务管理
- ☑ 如何实施 HSE 管理
- ☑ 如何成功筹资、融资

第一节 产品（服务）质量管理

关键词：质量管理、产品质量法、产品质量责任

一、什么是产品（服务）质量管理

著名的美国质量管理专家克劳士比有句名言："质量是免费的。"他认为"真正费钱的是不符合质量标准的事情——没有第一次就把事情做对"。因为那些不符合质量标准的工作必须补救，否则就会使企业产生额外的支出，包括时间、金钱和精力，由此产生了质量损失。其实许多人都知道产品（服务）质量对一个企业的重要性，但是把产品（服务）质量作为企业的长期战略目标来抓的人却并不是很多。不少人受暂时、短期的利益驱使，以次充好，不能保证产品（服务）质量的稳定性和可靠性，经受不住时间的考验，这样的企业必将遭到市场的无情淘汰。只有企业高度重视产品（服务）质量，才能保证企业的长远发展。

【案例】海尔集团的生命——产品质量（资料来源：全球品牌网）

20 世纪 80 年代初，海尔集团还是一家濒临倒闭的小集体企业。在总裁张瑞敏的决策下，引进了前西德的先进技术，然而，第一批走下生产线的几百台电冰箱都有一个小小的缺陷，

这令他极为愤怒，他立即下令把这些电冰箱全部砸掉，一台也不能流向市场，并且张瑞敏带头砸了第一台电冰箱。这一砸惊醒了工人们的质量意识，严格的管理使得海尔凭借高质量的产品，持续高速地发展。2004 年，世界品牌实验室、世界经理人周刊和世界经理人网站联合发布消息——世界最具影响力的 100 个品牌揭晓。海尔是唯一入选的中国品牌，排在第 95 位，此前从没有中国本土品牌进入该排行榜。

质量管理不仅对企业来说很重要，它还关系着整个社会生活的安全。企业的产品（服务）都要与人接触，其质量的优劣都会影响到人们的工作和生活，尤其是供人们食用的产品，它的质量管理显得更为重要。例如，2008 年曝光的婴幼儿奶粉三聚氰胺污染事件，给婴幼儿的生长发育带来了巨大的伤害，给他们的家庭造成了极大的精神伤害和物质损失。因此，产品（服务）质量管理绝对来不得半点马虎，任何一家企业都应当本着高度的社会责任感对待质量问题，那些不重视产品（服务）质量，生产质量低劣甚至假冒伪劣产品的企业都将受到法律的严惩。

我国现行的产品（服务）质量法律规定散见于以《产品质量法》（1993 年 9 月 1 日起施行，2000 年 7 月 8 日修正）为核心的各法律、法规之中，如《民法通则》、《刑法》、《计量法》、《标准化法》、《农产品质量安全法》、《药品管理法》、《食品安全法》、《消费者权益保护法》、《国务院关于进一步加强质量工作若干问题的决定》、《认证证书和认证标志管理办法》、《产品标识标注规定》、《强制性产品认证管理规定》等。

二、国家制定了哪些产品质量监督管理制度

1. 企业质量体系认证制度

国家根据国际通用的质量管理标准，推行企业质量体系认证制度。企业根据自愿原则可以向国务院产品质量监督部门认可的或者国务院产品质量监督部门授权的部门认可的认证机构申请企业质量体系认证。经认证合格的，由认证机构颁发企业质量体系认证证书。

国际通用的质量管理标准，是指国际标准化组织（ISO）推荐的 ISO9000 系列国际标准。我国已将其转化为我国的国家标准，即"质量管理和质量保证"系列标准（GB/T19000-ISO9000）。

企业质量体系认证的目的，在于确认企业对其产品的质量保证及控制能力是否符合标准要求，以衡量企业能否持续稳定地保证产品质量。因为一般来讲，通过抽样检验产品质量，只能是对被检样品质量的认可，即使是建立在统计学基础上的抽样检验，也只能证明一个产品批次的质量，而不能证明以后生产、出厂销售的产品是否持续符合标准的要求。

虽然企业质量体系认证的原则是自愿的，国家并不强制，但是通过认证，就等于取得

通向市场的"通行证"。企业经质量体系认证合格，可增加消费者对该企业产品的信任度，从而增强企业在市场上的竞争能力。因此建议企业在条件具备的情况下，积极申请企业质量体系认证。

2. 产品质量认证制度

国家参照国际先进的产品标准和技术要求，推行产品质量认证制度。企业根据自愿原则可以向国务院产品质量监督部门认可的或者国务院产品质量监督部门授权的部门认可的认证机构申请产品质量认证。经认证合格的，由认证机构颁发产品质量认证证书，准许企业在产品或者其包装上使用产品质量认证标志。

【小贴士】

CCC：根据国家质检总局《强制性产品认证管理规定》实施的强制性产品认证标志。我国强制性产品认证简称 CCC 认证或 3C 认证。

产品质量认证，是指由公正的并独立于买卖双方的第三方，对某一产品或服务是否符合特定标准进行鉴定的活动。在我国，产品质量认证分为安全认证和合格认证。实行安全认证的产品，必须符合有关法律的强制性标准要求；实行合格认证的产品，必须符合有关法律的国家或者行业标准要求，未制定国家标准、行业标准的，以社会普遍公认的安全、卫生要求为依据。

3. 产品质量监督检查制度

国家对产品质量实行以抽查为主要方式的监督检查制度，对可能危及人体健康和人身、财产安全的产品，影响国计民生的重要工业产品以及消费者、有关组织反映有质量问题的产品进行抽查。

为了保证产品质量抽查检验的公正，我国《产品质量法》规定产品质量检验机构应当是各级政府产品质量监督管理部门或其授权的机构，但必须具备相应的检测条件和能力。国家监督抽查的产品，地方不得另行重复抽查；上级监督抽查的产品，下级不得另行重复抽查。并且不得向被检查人收取检验费用。监督抽查的结果要公布，以表明产品质量监督检查的公正性，增加透明度，起到威慑作用。生产者、销售者对抽查检验结果有异议的，可以自收到检验结果之日起 15 日内向实施监督抽查产品质量的监督部门或其上级部门申请复检。

4. 产品质量社会监督制度

产品质量的社会监督，主要是指消费者及保护消费者权益的社会组织，依法对产品质量所进行的监督。《产品质量法》规定，任何单位和个人有权对违反本法规定的行为，向产品质量监督部门或者其他有关部门检举。同时规定，消费者有权就产品质量问题，向产品的生产者、销售者查询，向产品质量监督部门、工商行政管理部门及有关部门申诉；保护消费者权益的社会组织可以就消费者反映的产品质量问题建议有关部门负责处理，支持消费者对因产品质量造成的损害向人民法院起诉。

三、生产者负有哪些产品质量责任和义务

根据《产品质量法》的规定，生产者负有以下产品质量责任和义务。

（1）生产者应当对其生产的产品质量负责。产品质量应当符合下列要求。

① 不存在危及人身、财产安全的不合理的危险，有保障人体健康和人身、财产安全的国家标准、行业标准的，应当符合该标准。

② 具备产品应当具备的使用性能，但是对产品存在使用性能的瑕疵作出说明的除外。

③ 符合在产品或者其包装上注明采用的产品标准，符合以产品说明、实物样品等方式表明的质量状况。

同时，国家鼓励推行科学的质量管理方法，采用先进的科学技术，鼓励企业产品质量达到并且超过行业标准、国家标准和国际标准。

（2）生产者必须保证产品或其包装上的标识真实，并符合法定要求。

① 有产品质量检验合格证明。

② 有中文标明的产品名称、厂名和厂址。

③ 根据产品的特点和使用要求，需要标明产品规格、等级、所含主要成分的名称和含量的，用中文相应予以标明；需要事先让消费者知晓的，应当在外包装上标明，或者预先向消费者提供有关资料。

④ 限期使用的产品，必须在显著位置标明生产日期、安全使用期或失效日期。

⑤ 使用不当，容易造成产品本身损坏或者可能危及人身、财产安全的产品，应当有警示标志或者中文警示说明。

⑥ 易碎、易燃、易爆、有毒、有腐蚀性、有放射性等危险物品以及储运中不能倒置和有其他特殊要求的产品，其包装质量必须符合相应要求，依照国家有关规定作出警示标志或者中文警示说明，标明储运注意事项。

（3）生产者不得有以下行为。

① 不得生产国家明令淘汰的产品。

② 不得伪造产地或伪造、冒用他人的厂名、厂址。

③ 不得伪造或者冒用质量标志。

（4）不得生产假冒伪劣产品，如在产品中掺杂、掺假，以假充真、以次充好、以不合

格产品冒充合格产品等。

四、销售者负有哪些产品质量责任和义务

《产品质量法》对销售者的产品质量责任和义务，作了如下规定：

（1）销售者应当建立并执行进货检查验收制度，验明产品合格证明和其他标识；

（2）销售者应当采取措施，保证销售产品的质量；

（3）销售者不得销售国家明令淘汰并停止销售的产品和失效、变质的产品；

（4）销售者销售的产品的标识应当符合《产品质量法》第二十七条的规定；

（5）销售者不得伪造产地，不得伪造或者冒用他人的厂名、厂址；

（6）销售者不得伪造或者冒用认证标志等质量标志；

（7）销售者销售产品，不得掺杂、掺假，不得以假充真、以次充好，不得以不合格产品冒充合格产品。

【法条】

《产品质量法》

第二十七条 产品或者其包装上的标识必须真实，并符合下列要求：

（一）有产品质量检验合格证明；

（二）有中文标明的产品名称、生产厂厂名和厂址；

（三）根据产品的特点和使用要求，需要标明产品规格、等级、所含主要成分的名称和含量的，用中文相应予以标明；需要事先让消费者知晓的，应当在外包装上标明，或者预先向消费者提供有关资料；

（四）限期使用的产品，应当在显著位置清晰地标明生产日期和安全使用期或者失效日期；

（五）使用不当，容易造成产品本身损坏或者可能危及人身、财产安全的产品，应当有警示标志或者中文警示说明。

裸装的食品和其他根据产品的特点难以附加标识的裸装产品，可以不附加产品标识。

五、生产者、销售者违反《产品质量法》要承担哪些责任

1. 民事责任

（1）销售者需承担的民事责任。

销售者出售的产品有下列情形的，应负修理、更换、退货及赔偿损失的法律责任：

① 不具备产品应当具备的使用性能而事先未作说明的；

② 不符合在产品或者包装上注明采用的产品标准的；

③ 不符合以产品说明、实物样品等方式表明的质量状况的。

由于销售者的过错使产品存在缺陷，造成人身、他人财产损害的，或者销售者不能指明缺陷产品的生产者也不能指明缺陷产品的供货者的，销售者需承担赔偿责任。

（2）生产者需承担的民事责任。

因产品存在缺陷造成人身、缺陷产品以外的其他财产损害的，生产者应当承担赔偿责任。

产品的缺陷是指产品存在危及人身、他人财产安全的不合理的危险；产品有保障人体健康和人身、财产安全的国家标准、行业标准的，是指不符合该标准。

需注意的是，不管生产者主观上是否有过错，缺陷产品的生产者均需承担赔偿责任。生产者承担无过错责任已为世界上许多国家所采用。只有如此规定，才能约束生产者严把产品质量关，避免生产缺陷产品，也才能更好地保护消费者的利益。同时，《产品质量法》也规定，如果生产者能够证明，未将产品投入流通，或产品投入流通时引起损害的缺陷不存在，或将产品投入流通时的科学技术水平尚不能发现缺陷的存在，如有些药品在多年实践中才发现具有损害人体健康的物质，生产者可以不承担赔偿责任。

（3）缺陷产品损害赔偿的范围。

人身损害赔偿：因产品存在缺陷造成受害人人身伤害的，侵害人应当赔偿医疗费、治疗期间的护理费、因误工减少的收入等费用；造成残疾的，还应当支付残疾者生活自助具费、生活补助费、残疾赔偿金以及由其扶养的人所必需的生活费等费用；造成受害人死亡的，应当支付丧葬费、死亡赔偿金以及由死者生前扶养的人所必需的生活费等费用。

财产损害赔偿：因产品存在缺陷造成受害人财产损失的，侵害人应当恢复原状或者折价赔偿。受害人因此遭受其他重大损失的，侵害人应当赔偿损失。

2. 行政责任

依照《产品质量法》的有关规定，生产者、销售者如果不履行法定的义务，侵犯了消费者及社会公共利益，扰乱了正常的产品质量管理秩序，但尚未构成犯罪的，生产者、销售者还将面临下列行政处罚：警告、责令改正、责令停止生产和停止销售、没收违法产品和违法所得、罚款、吊销营业执照等。

3. 刑事责任

依照《产品质量法》的有关规定，可以追究刑事责任的违法行为有以下几种：

（1）生产、销售不符合保障人体健康和人身、财产安全的国家标准、行业标准的产品，构成犯罪的；

（2）在产品中掺杂、掺假，以假充真、以次充好或者以不合格产品冒充合格产品，构成犯罪的；

（3）销售失效、变质产品构成犯罪的。

此外，我国《刑法》第三章规定了生产、销售伪劣商品罪，如果生产者、销售者的行为构成此罪的，应当承担刑事责任。

六、如何加强产品（服务）质量管理

不同企业生产的产品（提供的服务）不同，因而不存在一个千篇一律的产品（服务）质量管理模式。重要的是结合企业自身实际，制定和执行完善的质量管理制度，具体可从以下几点入手：

（1）建立健全内部产品（服务）质量管理制度，实行全员、全过程、全面质量管理，条件具备时，申请质量管理体系认证；

（2）建立内部质量管理机构，配备专门的质量管理人员；

（3）严格实施岗位质量规范、质量责任以及相应的考核办法，奖罚分明；

（4）建立完善的质量管理记录，提供有效证据；

（5）提供有效的员工培训，不断提高员工专业技术水平；

（6）加强企业文化建设，形成质量至上的企业理念；

（7）推行科学的质量管理方法，采用先进的科学技术，不断追求高质量；

（8）自觉接受质量监督检查，积极处理质量问题，及时化解质量危机。

【案例】"三株"神话破灭的启示（资料来源：全球品牌网）

1993年底，三株公司在山东济南创立，此后短短三年时间里，三株销售额从一个多亿跃至80亿元；从1993年底30万元注册资本起家，到1997年底公司净资产已达48亿元。迅速崛起的三株达到了自身发展的顶峰时刻，更创造了中国保健品行业史上的纪录。

然而正如其迅速崛起一样，三株的溃败来得也是那样突然。1996年6月，湖南常德一退休老人在喝完三株口服液后去世，其家属随后向三株公司提出索赔，财大气粗的三株则拒绝给予任何赔偿，坚称是消费者自身问题。遭到拒绝后死者家属一纸诉状将三株公司告上法院。1998年3月，法院一审宣判三株败诉，二十多家媒体炮轰三株，引发了三株口服液的销售地震，4月份（即审判后的第二个月）的三株口服液销售额就从上年的月销售额2亿元下降至几百万元，15万人的营销大军被迫削减为不足2万人，生产经营陷入空前灾难之中。据三株公司介绍，这场质量官司给三株造成的直接经济损失达四十多亿元。

1999年3月，法院终审判决三株公司获胜，但此时三株帝国已经陷入全面瘫痪状态。三株的二百多个子公司停业，绝大多数工作站和办事处全部关闭，全国销售基本停止，一个超级企业帝国的神话就此终结。

评析: 市场就是如此无情,敢问今天谁还记得三株? 三株之所以被市场淘汰,导火线是产品质量问题。在这一质量危机的处理过程中,三株强硬的态度和简单粗暴的行为方式,把自己推到了消费者的对立面,严重伤害了消费者的感情,毁坏了企业的形象,尽管最终三株赢得了官司,但却输掉了人心和市场。质量就是生命,消费者就是上帝,这恐怕是任何企业在任何时候都不能忘记的;质量至上,尤其是维护企业质量至上的形象和信誉更是企业必须牢牢把握的硬道理。

其实质量危机只是三株自身发展危机的冰山一角,导致三株帝国最终崩溃的深层次原因是其后期的盲目扩张和管理不善。为实现成为中国第一纳税人的梦想,三株公司向医疗电子、精细化工、生物工程、材料工程、物理电子及化妆品等多个行业渗透,大量并购亏损医药企业;同时在全国各地设立分支机构,到1997年,三株共注册了三百多家子公司、两千多个县级办事处、一万三千多个乡镇工作站,吸纳了15万销售人员。此时的三株仿佛患上了"巨人症",在快速膨胀的业绩背后,却是危机四伏:企业负债率急剧上升、机构臃肿、管理失控、负面新闻频频出现。例如,未经患者同意,编写典型病例进行宣传,导致纠纷;冒用专家名义、夸大功效、诋毁对手做虚假广告,结果被起诉,并被一些地方卫生主管部门处罚等。可以这么说,案例中的质量官司只是压倒这个巨人的最后一根稻草。

第二节　市场营销行为管理

关键词:**市场营销、消费者权益保护、竞争行为管理、不正当竞争、垄断、广告**

一、什么是市场营销行为管理

作为一个营利性组织,企业生存的主要目标就是将自己的产品(服务)推向市场,销售出去,并从中获取利润。根据市场营销学理论,市场营销实务由产品策略、定价策略、分销渠道策略、促销策略、市场营销组合策略等组成。从法律角度分析,企业市场营销行为,主要涉及经营者与消费者之间的法律关系,以及不同经营者之间的法律关系,前者主要受《消费者权益保护法》规范,后者则属于竞争法的范畴。企业市场营销行为管理的核心就是要保证合法正当竞争,保障消费者权益。目前我国企业之间的市场竞争越来越激烈,频频出现一些不正当竞争现象,如食品行业的蒙牛与伊利、王老吉与加多宝,互联网企业腾讯(QQ)与奇虎(360),电商京东、国美、苏宁的价格战,打车软件补贴战等,一时间硝烟四起,暗战不断。必须看到,竞争直接关系到企业的根本经济利益,关系到企业的生存和发展,而稍有不慎,又很容易触碰法律的底线。因此,如何规范市场营销行为,做好

竞争行为管理，是每个企业都必须认真思考的课题

我国现行的竞争法律体系以《反不正当竞争法》和《反垄断法》（2008年8月1日起施行）为主体法，包括了《价格法》、《广告法》、《刑法》、《关于禁止在市场经济活动中实行地方封锁的规定》、《关于禁止有奖销售活动中不正当竞争行为的若干规定》、《关于禁止公用企业限制竞争行为的若干规定》、《关于禁止仿冒知名商品特有的名称、包装、装潢的不正当竞争行为的若干规定》、《关于禁止侵犯商业秘密行为的若干规定》、《关于禁止商业贿赂行为的暂行规定》和《关于禁止串通招标投标行为的暂行规定》等相关法规。

二、消费者有哪些权益

《消费者权益保护法》（1994年1月1日起施行，2013年10月25日修正）规定了消费者的权利和经营者的义务，实际上经营者的义务就是要保障消费者的权利，如果侵害消费者权益的，要接受法律制裁。

根据《消费者权益保护法》的规定，我国消费者享有下列权利。

1. 消费者在购买、使用商品和接受服务时享有人身、财产安全不受损害的权利

作为经营者，应当按照下列要求，履行保障消费者人身财产安全权的义务和责任。

（1）应当保证其提供的商品或者服务符合保障人身、财产安全的要求。对可能危及人身、财产安全的商品和服务，应当向消费者作出真实的说明和明确的警示，并说明和标明正确使用商品或者接受服务的方法以及防止危害发生的方法。

（2）发现其提供的商品或者服务存在缺陷，有危及人身、财产安全危险的，应当立即向有关行政部门报告和告知消费者，并采取停止销售、警示、召回、无害化处理、销毁、停止生产或者服务等措施。采取召回措施的，经营者应当承担消费者因商品被召回支出的必要费用。

（3）宾馆、商场、餐馆、银行、机场、车站、港口、影剧院等经营场所的经营者，应当对消费者尽到安全保障义务。

2. 消费者享有知悉其购买、使用的商品或者接受的服务的真实情况的权利

消费者有权根据商品或者服务的不同情况，要求经营者提供商品的价格、产地、生产者、用途、性能、规格、等级、主要成分、生产日期、有效期限、检验合格证明、使用方法说明书、售后服务，或者服务的内容、规格、费用等有关情况。

相应的，经营者有向消费者提供商品或者服务的真实、全面的情况和信息的义务，采用网络、电视、电话、邮购等方式提供商品或者服务的经营者，以及提供证券、保险、银行等金融服务的经营者，应当向消费者提供经营地址，联系方式，商品或者服务的数量和

质量，价款或者费用，履行期限和方式，安全注意事项和风险警示，售后服务，民事责任等信息。

消费者因经营者利用虚假广告或者其他虚假宣传方式提供商品或者服务，其合法权益受到损害的，可以向经营者要求赔偿。广告经营者、发布者不能提供经营者的真实名称、地址和有效联系方式的，应当承担赔偿责任。广告经营者、发布者设计、制作、发布关系消费者生命健康的商品或者服务的虚假广告，造成消费者损害的，应当与提供该商品或者服务的经营者承担连带责任。社会团体或者其他组织、个人在关系消费者生命健康的商品或者服务的虚假广告或其他虚假宣传中向消费者推荐商品或服务，造成消费者损害的，应当与提供该商品或者服务的经营者承担连带责任。

【案例】网店店主宣称真丝"假一赔万"，违背承诺被判赔偿一万元（资料来源：浙江法院网）

2012年7月11日，廖某某在某网上商城一旗舰店购买裙子1条，卖家在该商品详情中载明：1. 材质真丝，面料主成分含量91%～95%。2. 产品为品牌设计中心设计师最新作品，进口欧根纱真丝面料，质量保证，假一赔万。2012年7月13日，廖某某收到上述商品，发现不是真丝材质，遂与卖家交涉，未果。之后该商品经纺织品检测中心检测，结果表明：该商品的面料成分为聚酯纤维及聚酰胺薄膜纤维，真丝含量为零。廖某某遂向法院起诉维权。

一审法院经审理认为：原、被告之间网络购物的约定，实质上是双方成立的买卖合同，该买卖合同成立并生效，双方的权利义务关系应受法律的保护。现被告提供给原告的商品，经检测，真丝含量为零，不符合合同约定。被告作出"假一赔万"的承诺，是对自己设定的义务，被告应当向原告履行赔偿的义务。法院经审理判决被告返还原告购物款、服装面料检测费用，并支付原告廖某某违约金10 000元。

3. 消费者享有自主选择商品或者服务的权利

消费者有权自主选择提供商品或者服务的经营者，自主选择商品品种或者服务方式，自主决定购买或者不购买任何一种商品，接受或者不接受任何一项服务；有权进行比较、鉴别和挑选。

实践中有的经营者在消费者看过、摸过某商品后，强制消费者购买，不购买就恶语相加；有的旅行社工作人员强制消费者在指定商店购买一定金额的商品，并以暴力相威胁，严重侵犯了消费者购买决定权。我国法律明令禁止强买强卖的行为，《治安管理处罚法》第四十六条规定，强买强卖商品，强迫他人提供服务或者强迫他人接受服务的，处五日以上十日以下拘留，并处二百元以上五百元以下罚款；情节较轻的，处五日以下拘留或者五百元以下罚款。

4. 消费者享有公平交易的权利

消费者在购买商品或者接受服务时，有权获得质量保障、价格合理、计量正确等公平交易条件，有权拒绝经营者的强制交易行为。

5. 消费者因购买、使用商品或者接受服务受到人身、财产损害的，享有依法获得赔偿的权利

侵害消费者权益的经营者应当承担的赔偿责任包括以下几种。

（1）人身损害赔偿。

包括赔偿医疗费、护理费、交通费等为治疗和康复支出的合理费用，以及因误工减少的收入。造成残疾的，还应当赔偿残疾生活辅助具费和残疾赔偿金。造成死亡的，还应当赔偿丧葬费和死亡赔偿金。给消费者或其他受害人造成严重精神损害的，还应当赔偿精神损失。

（2）财产损害赔偿。

经营者造成消费者财产损害的，应当依照法律规定承担赔偿损失等民事责任。包括对不合格的商品或者服务修理、重做、更换、退货；补足商品数量、退还货款和服务费用；继续履行，返还预付款、支付预付款利息和消费者必须支付的合理费用；排除商品或者服务的危险等。赔偿损失的，按照损失发生时的市场价格或者其他方式计算。

（3）惩罚性赔偿。

经营者提供商品或者服务有欺诈行为的，应当按照消费者的要求增加赔偿其受到的损失，增加赔偿的金额为消费者购买商品的价款或者接受服务的费用的三倍；增加赔偿的金额不足五百元的，以五百元计。法律另有规定的，依照其规定。

经营者明知商品或者服务存在缺陷，仍然向消费者提供，造成消费者或者其他受害人死亡或者健康严重损害的，受害人除有权要求经营者依法赔偿人身损害和精神损失外，还有权要求所受损失二倍以下的惩罚性赔偿。

生产不符合食品安全标准的食品或者经营明知是不符合食品安全标准的食品，消费者除要求赔偿损失外，还可以向生产者或者经营者要求支付价款十倍或损失三倍的赔偿金；增加赔偿的金额不足一千元的，为一千元。

6. 消费者享有依法成立维护自身合法权益的社会组织的权利

消费者协会和其他消费者组织是依法成立的对商品和服务进行社会监督的保护消费者合法权益的社会组织。

7. 消费者享有获得有关消费和消费者权益保护方面的知识的权利

消费者应当努力掌握所需或者服务的知识和使用技能，正确使用商品，提高自我保护意识。

8. 消费者在购买、使用商品和接受服务时，享有人格尊严、民族风俗习惯得到尊重的权利，享有个人信息依法得到保护的权利

目前一些不良商家将通过经营活动获得的消费者身份信息、电话号码、家庭住址、电子邮箱等个人信息泄露给他人，甚至出卖谋利；有的商家随意通过短信、电子邮件等向消费者发送广告、推送信息，这些行为都严重影响消费者生活安宁，侵害消费者隐私。为此，2013 年《消费者权益保护法》修改时专门增加了关于个人信息保护的内容，并明确规定，经营者收集、使用消费者个人信息，应当遵循合法、正当、必要的原则，明示收集、使用信息的目的、方式和范围，并经消费者同意。经营者收集、使用消费者个人信息，应当公开其收集、使用规则，不得违反法律、法规的规定和双方的约定收集、使用信息。同时经营者及其工作人员对收集的消费者个人信息必须严格保密，并采取技术措施和其他必要措施，确保信息安全，防止消费者个人信息泄露、丢失。

另外，经营者未经消费者同意或请求，或者消费者明确表示拒绝的，不得向其发送商业性信息。

9. 消费者享有对商品和服务以及保护消费者权益工作进行监督的权利

消费者有权检举、控告侵害消费者权益的行为和国家机关及其工作人员在保护消费者权益工作中的违法失职行为，有权对保护消费者权益工作提出批评、建议。

三、什么是不正当竞争

不正当竞争，是指经营者违反《反不正当竞争法》的规定，损害其他经营者的合法权益，扰乱社会经济秩序的行为。常见的不正当竞争行为包括如下几种行为。

1. 商业混同行为

商业混同行为包括以下几种：（1）假冒他人注册商标；（2）擅自使用知名商品特有的名称、包装、装潢，或者使用与知名商品近似的名称、包装、装潢，造成和他人的知名商品相混淆，使购买者误认为是该知名商品；（3）擅自使用他人的企业名称或者姓名，引人误认为是他人的商品；（4）在商品上伪造或者冒用认证标志、名优标志等质量标志，伪造产地，对商品质量作引人误解的虚假表示。

2. 滥用独占地位行为

滥用独占地位行为，是指公用企业或者其他依法具有独占地位的经营者，限定他人购买其指定的经营者的商品，以排挤其他经营者的公平竞争的行为。

公用企业，是指以为公众服务为目的，为满足公众日常物质生活需要而从事经营活动的企业，如电力、自来水、煤气供应、公共交通（公共汽车、铁路和轮渡等）、通信等各种企业。

3. 滥用行政权力行为

滥用行政权力行为是指政府及其所属部门，滥用行政权力，限定他人购买其指定的经营者的商品以及限制其他经营者正当的经营活动，或者限制外地商品进入本地市场以及限制本地商品流向外地市场的行为。

滥用独占地位行为和滥用行政权力行为还可能违反《反垄断法》，构成垄断行为。

4. 商业贿赂行为

商业贿赂，是指经营者采用财物或其他手段进行贿赂以销售或者购买商品。商业贿赂的主要形式是回扣，通常比较多地出现在商品的流通领域中，如商品购销、土地的转让与成片开发过程中；在建筑工程的承包、银行贷款，以及为取得政府对某种经营业务的行政特许等领域也大量存在，这些都对正常的市场秩序造成了严重的危害。

《反不正当竞争法》规定，经营者销售或者购买商品，可以以明示方式给对方折扣，可以给中间人佣金，折扣、佣金必须如实入账。所以，可以采用折扣、佣金的方式，切不可采用回扣的方式。

5. 虚假宣传行为

即经营者利用广告或者其他方法，对商品的质量、制作成分、性能、用途、生产者、有效期限、产地等作引人误解的虚假宣传的行为，以及广告的经营者在明知或者应知的情况下，代理、设计、制作、发布虚假广告的行为。

6. 侵犯商业秘密的行为

关于侵犯商业秘密行为的认定，详见第四章第三节"如何保护商业秘密"。

企业既要保护好自己的商业秘密，也要注意不能侵犯别人的商业秘密。

7. 倾销行为

即以排挤竞争对手为目的，以低于成本的价格销售商品的行为。但有下列情形之一的，不属于不正当竞争行为：（1）销售鲜活商品；（2）处理有效期限即将到期的商品或者其他积压的商品；（3）季节性降价；（4）因清偿债务、转产、歇业降价销售商品。

8. 搭售行为

搭售即搭售商品或服务的行为，是指经营者在提供商品或服务时，附带提供其他商品或服务。如某复印机销售公司在其客户购买复印机时，要求客户必须购买一定数量的复印纸，否则不予供货。

9. 违反规定的有奖销售活动

有奖销售是常见的促销行为，但有奖销售必须注意避免以下情形：（1）采用谎称有奖或者故意让内定人员中奖的欺骗方式进行有奖销售；（2）利用有奖销售的手段推销质次价高的商品；（3）抽奖式的有奖销售，最高奖的金额超过 5 000 元。

10. 诋毁行为

即经营者捏造、散布虚伪事实，损害竞争对手的商业信誉、商品声誉的行为。主要形式有以下几种：（1）捏造虚伪事实；（2）造谣中伤，故意歪曲损害竞争对手的企业经营形象；（3）散布虚伪事实；（4）含沙射影，标榜自己，诋毁竞争对手；（5）毁他扬己。

11. 通谋投标行为

这是发生在招投标过程中的不正当竞争行为，主要表现为以下形式：（1）投标者串通投标，抬高标价或者压低标价；（2）投标者和招标者相互勾结，以排挤竞争对手的公平竞争。

不正当竞争行为给其他经营者造成损害的要承担停止侵害、恢复名誉、消除影响、赔礼道歉、赔偿损失等民事侵权责任；同时可能面临责令停止违法行为、罚款、没收违法所得、责令停业整顿、吊销营业执照等行政处罚；情节严重、构成犯罪的，还需承担刑事责任。

四、什么是垄断行为

垄断是对竞争的限制和排除，它严重破坏市场竞争格局，影响市场经济的健康发展。因此各国法律均对垄断行为加以限制和制裁，大名鼎鼎的微软就曾多次被提起反垄断调查，并遭到欧盟的巨额罚款。

我国《反垄断法》规定的垄断行为包括以下几种：（1）经营者达成垄断协议；（2）经营者滥用市场支配地位；（3）具有或者可能具有排除、限制竞争效果的经营者集中。同时《反垄断法》禁止滥用行政权力排除、限制竞争的行为。

1. 订立垄断协议的行为

垄断协议，是指排除、限制竞争的协议、决定或者其他协同行为。

具有竞争关系的经营者不得达成下列垄断协议：

（1）固定或者变更商品价格；

（2）限制商品的生产数量或者销售数量；

（3）分割销售市场或者原材料采购市场；

（4）限制购买新技术、新设备或者限制开发新技术、新产品；

（5）联合抵制交易；

（6）国务院反垄断执法机构认定的其他垄断协议。

经营者与交易相对人不得达成下列协议：

（1）固定向第三人转售商品的价格；

（2）限定向第三人转售商品的最低价格；

（3）国务院反垄断执法机构认定的其他垄断协议。

【案例】6 家奶企垄断价格被罚约 6.7 亿元（资料来源：新华网）

2013 年 8 月 7 日，国家发展和改革委员会宣布，合生元等 6 家乳粉生产企业因违反《反垄断法》限制竞争行为共被罚约 6.7 亿元，成为我国反垄断史上开出的最大罚单。3 家企业因配合执法机关调查并积极整改被免除处罚。

据介绍，从 2013 年 3 月开始，根据举报，国家发改委对 9 家乳粉生产企业开展了反价格垄断调查。大量证据表明，涉案企业价格垄断具体的措施和手段主要包括合同约定、直接罚款、变相罚款、扣减返利、限制供货、停止供货等。一旦下游经营者不按照涉案企业规定的价格或限定的最低价格进行销售，就会遭到惩罚。涉案企业的上述行为违反了《反垄断法》，不正当地维持了乳粉的销售高价，严重排除、限制同一乳粉品牌内的价格竞争，削弱了不同乳粉品牌间的价格竞争，破坏了公平有序的市场竞争秩序，损害了消费者利益。

2. 滥用市场支配地位的行为

市场支配地位，是指经营者在相关市场内具有能够控制商品价格、数量或者其他交易条件，或者能够阻碍、影响其他经营者进入相关市场能力的市场地位。具有市场支配地位的经营者不得从事下列滥用市场支配地位的行为：

（1）以不公平的高价销售商品或者以不公平的低价购买商品；

（2）没有正当理由，以低于成本的价格销售商品；

（3）没有正当理由，拒绝与交易相对人进行交易；

（4）没有正当理由，限定交易相对人只能与其进行交易或者只能与其指定的经营者进行交易；

（5）没有正当理由搭售商品，或者在交易时附加其他不合理的交易条件；

（6）没有正当理由，对条件相同的交易相对人在交易价格等交易条件上实行差别待遇；

（7）国务院反垄断执法机构认定的其他滥用市场支配地位的行为。

3. 排除、限制竞争的经营者集中行为

经营者集中，是指经营者合并；经营者通过取得股权或者资产的方式取得对其他经营者的控制权；经营者通过合同等方式取得对其他经营者的控制权或者能够对其他经营者施加决定性影响。

经营者集中超过一定的度，具有排除、限制竞争的效果时，即构成垄断，为避免经营者集中对正常市场竞争的不利影响，《反垄断法》规定，经营者集中达到国务院规定的申报标准的，经营者应当事先向国务院反垄断执法机构申报，未申报的不得实施集中。

4. 滥用行政权力排除、限制竞争的行为

滥用行政权力排除、限制竞争的行为又称为行政垄断行为，具体包括行政机关和法律、法规授权的具有管理公共事务职能的组织实施的下列行为。

（1）限定或者变相限定单位或者个人经营、购买、使用其指定的经营者提供的商品。

（2）实施各种妨碍商品在地区之间自由流通的措施。

（3）以设定歧视性资质要求、评审标准或者不依法发布信息等方式，排斥或者限制外地经营者参加本地的招标、投标活动。

（4）采取与本地经营者不平等待遇等方式，排斥或者限制外地经营者在本地投资或者设立分支机构。

（5）强制经营者从事《反垄断法》规定的垄断行为。

（6）制定含有排除、限制竞争内容的规定。

【案例】《反垄断法》第一案（资料来源：上海法制报）

《反垄断法》于2008年8月1日起正式施行，同日国家质检总局就成了被告。北京4家防伪企业将国家质检总局诉至北京市第一中级人民法院，认为其在推广"中国产品质量电子监管网"的过程中，违反了反垄断法和反不正当竞争法，涉嫌行政垄断。

这些企业为什么要告国家质检总局？因为从2005年4月开始，国家质检总局不断推广一家名为"中信国检信息技术有限公司"的企业经营的中国产品质量电子监管网的经营业务，将该网的推广与中国名牌、免检产品等评选挂钩，并规定一些产品不赋码入网不得销售。企业加入这一系统，每年一般须缴纳600元的密匙费，而普通市民通过手机查询，每次也须缴纳0.2元的短信费。这些企业认为：一方面，国家质检总局强制推广电子监管网经营业务，严重损害了防伪行业各企业参与市场公平竞争的权利；另一方面，极大地增加了企业和消费者的负担。

5. 经营者违反《反垄断法》的法律责任

经营者违反《反垄断法》规定，达成并实施垄断协议、滥用市场支配地位的，将面临责令停止违法行为、没收违法所得、罚款等行政处罚；违反《反垄断法》规定实施集中的，则将被责令停止实施集中、限期处分股份或者资产、限期转让营业以及采取其他必要措施恢复到集中前的状态并罚款等行政处罚。

经营者实施垄断行为，给他人造成损失的，依法承担民事责任。

拒不配合反垄断执法机构依法实施审查和调查，除面临行政处罚外，情节严重构成犯罪的，还将被依法追究刑事责任。

五、企业做广告要注意哪些问题

做广告是企业在激烈的市场竞争中采取的常用营销手段之一，那么企业做广告有什么讲究呢？根据《广告法》（2015年4月24日修订，2015年9月1日起施行）等广告法律法规的规定，企业做广告需要注意以下问题。

（1）广告的内容应当真实、准确、清晰、合法。

广告应当真实、合法，以健康的表现形式表达广告内容，符合社会主义精神文明建设和弘扬中华民族优秀传统文化的要求；不得含有虚假或者引人误解的内容，不得欺骗、误导消费者；不得损害未成年人和残疾人的身心健康；不得贬低其他生产经营者的商品或者服务。

广告不得有下列情形：① 使用或者变相使用中华人民共和国的国旗、国歌、国徽，军旗、军歌、军徽；② 使用或者变相使用国家机关、国家机关工作人员的名义或者形象；③ 使用国家级、最高级、最佳等用语；④ 损害国家的尊严或者利益，泄露国家秘密；⑤ 妨碍社会安定，损害社会公共利益；⑥ 危害人身、财产安全，泄露个人隐私；⑦ 妨碍社会公共秩序或者违背社会良好风尚；⑧ 含有淫秽、色情、赌博、迷信、恐怖、暴力的内容；⑨ 含有民族、种族、宗教、性别歧视的内容；⑩ 妨碍环境、自然资源或者文化遗产保护；⑪ 法律、行政法规规定禁止的其他情形。

广告内容涉及的事项需要取得行政许可的，应当与许可的内容相符合。广告使用数据、统计资料、调查结果、文摘、引用语等引证内容的，应当真实、准确，并表明出处。引证内容有适用范围和有效期限的，应当明确表示。广告中涉及专利产品或者专利方法的，应当标明专利号和专利种类。

（2）广告应当具有可识别性，能够使消费者辨明其为广告。大众传播媒介不得以新闻报道形式变相发布广告。

（3）医疗、药品、保健食品、婴儿乳制品、化妆品、烟、酒、美容、教育培训、招商、房地产、农药、兽药、饲料、种子等广告需遵循其特殊规定。

如保健食品广告应当显著标明"本品不能代替药物"；广播电台、电视台、报刊音像出版单位、互联网信息服务提供者不得以介绍健康、养生知识等形式变相发布医疗、药品、医疗器械、保健食品广告；禁止在大众传播媒介或者公共场所、公共交通工具、户外发布烟草广告。

（4）委托设计、制作、发布广告时，应当委托具有合法经营资格的广告经营者、广告发布者。广告代言人在广告中对商品、服务作推荐、证明，应当依据事实，并不得为其未使用过的商品或者未接受过的服务作推荐、证明。不得利用不满十周岁的未成年人作为广告代言人。

除公益广告外，不得在中小学校、幼儿园内开展广告活动，不得利用中小学生和幼儿的教材、教辅材料、练习册、文具、教具、校服、校车等发布或者变相发布广告；在针对未成年人的大众传播媒介上不得发布医疗、药品、保健食品、医疗器械、化妆品、酒类、美容广告，以及不利于未成年人身心健康的网络游戏广告。

（5）设置、发布户外广告需接受地方政府管理，办理相关手续。

有下列情形之一的，不得设置户外广告：① 利用交通安全设施、交通标志的；② 影响市政公共设施、交通安全设施、交通标志、消防设施、消防安全标志使用的；③ 妨碍生产或人民生活，损害市容市貌的；④ 在国家机关、文物保护单位、风景名胜区等的建筑控制地带，或者县级以上地方人民政府禁止设置户外广告的区域设置的。

第三节　财务、税务管理

关键词：企业财务管理、会计、会计凭证、会计账簿、会计报表、现金管理、发票管理、增值税、营业税、企业所得税、纳税申报、税收筹划

一、什么是企业财务管理

企业财务，是指企业在生产经营过程中客观存在的资金运动及其所体现的经济利益关系。企业财务管理就是对企业资金运动的管理，简单地说就是"管钱"。

企业财务管理是企业管理的重要内容，如何管好财务，达到收支平衡，让企业始终有着充足的资金流，并且不断带来效益，是企业生存发展的头等大事，换言之，谁都不会忽视管钱的重要性。对于企业的投资者——创业者而言，通过有效的企业财务管理，能够清楚地了解企业的经营状况，客观评析企业的经营成果和存在的问题，及时调整企业发展战略和决策，从而保障企业发展走上正确的轨道。

依法实施企业财务管理，客观真实地反映企业资金运动状况，并以此为依据缴纳税款，是每一个企业的基本义务。其基本的要求就是依法会计、依法纳税。

在企业财务管理过程中，应当遵循的法律法规主要有《会计法》、《企业会计准则》、《企业财务通则》、《现金管理暂行条例》、《发票管理办法》、《税收征收管理法》、《税收征收管理法实施细则》、《增值税暂行条例》、《营业税暂行条例》、《企业所得税法》、《企业所得税法实施条例》等。

二、企业如何建账做账

【法条】

《公司法》

第一百六十三条　公司应当依照法律、行政法规和国务院财政部门的规定建立本公司的财务、会计制度。

《会计法》

第二条　国家机关、社会团体、公司、企业、事业单位和其他组织（以下统称单位）必须依照本法办理会计事务。

会计是以货币计量作为统一尺度，根据凭证，按照规定的程序，对各企业、各单位的经济活动和财务开支，全面地、系统地、真实地、准确地进行记录、计算、分析、检查和监督的一种活动。[①]简言之，就是企业建账做账活动。

那么企业应该如何依法建账做账呢？

1. 企业建账做账的过程

企业建账做账的过程主要包括三个环节：填制会计凭证→登记会计账簿→编制财务会计报告。

（1）会计凭证包括原始凭证和记账凭证。企业在建账做账过程中，要特别重视原始凭证的填制和取得，原始凭证必须真实、合法，填制必须完整、准确，记载的各项内容均不得涂改。记账凭证应当根据经过审核的原始凭证及有关资料编制。

根据《会计法》的规定，办理下列经济业务事项，必须填制或者取得原始凭证：

① 款项和有价证券的收付；

② 财物的收发、增减和使用；

③ 债权、债务的发生和结算；

④ 资本、基金的增减；

⑤ 收入、支出、费用、成本的计算；

⑥ 财务成果的计算和处理；

⑦ 需要办理会计手续、进行会计核算的其他事项。

（2）会计账簿包括总账、明细账、日记账和其他辅助性账簿。

会计账簿登记，必须以经过审核的会计凭证为依据，按照连续编号的页码顺序登记，如果记账时发生错误或者隔页、缺号、跳行的，应当按照国家会计制度规定的方法更正，

---

① 潘静成，刘文华. 经济法[M]. 北京：中国人民大学出版社，2005：314.

并由会计人员和会计机构负责人（会计主管人员）在更正处盖章；使用电子计算机进行会计核算的，其会计账簿的登记、更正，应当符合国家会计制度的规定。同时，企业应当建立财产清查制度，定期对账，保证会计账簿记录与实物、款项相符。

特别要注意的是，企业发生的各项经济业务事项只能在依法设置的会计账簿上统一登记、核算，不得另外私设会计账簿。现实中，有的企业搞两本账，一本应付检查，一本自己用，这是极端错误的违法行为。

（3）财务会计报告是企业对外提供的反映企业某一特定日期的财务状况和某一会计期间的经营成果、现金流量等会计信息的文件。

财务会计报告包括会计报表及其附注和其他应当在财务会计报告中披露的相关信息和资料。会计报表包括资产负债表、利润表、现金流量表等报表，小企业编制的会计报表可以不包括现金流量表。

资产负债表，是指反映企业在某一特定日期的财务状况的会计报表。

利润表（也称损益表），是指反映企业在一定会计期间经营成果的会计报表。

现金流量表，是指反映企业在一定会计期间的现金和现金等价物流入和流出的会计报表。

【资产负债表样式】（资料来源：浙江省地方税务局）

资产负债表

编制单位：　　　　　　　　年　　月　　日　　　　　　　　单位：元

资　　产	行次	年初数	期末数	负债和所有者权益（或股东权益）	行次	年初数	期末数
流动资产：				流动负债：			
货币资金	1			短期借款	68		
短期投资	2			应付票据	69		
应收票据	3			应付账款	70		
应收股息	4			应付工资	72		
应收账款	6			应付福利费	73		
其他应收款	7			应付利润	74		
存货	10			应交税金	76		
待摊费用	11			其他应交款	80		
一年内到期的长期债权投资	21			其他应付款	81		
其他流动资产	24			预提费用	82		
流动资产合计	31			一年内到期的长期负债	86		

续表

资　产	行次	年初数	期末数	负债和所有者权益（或股东权益）	行次	年初数	期末数
长期投资：				其他流动负债	90		
长期股权投资	32			流动负债合计	100		
长期债权投资	34			长期负债：			
长期投资合计	38			长期借款	101		
固定资产：				其他应付款	103		
固定资产原价	39			其他长期负债	106		
减：累计折旧	40						
固定资产净值	41			长期负债合计	110		
工程物资	44						
在建工程	45			负债合计	114		
固定资产清理	46			所有者权益（或股东权益）：			
固定资产合计	50			实收资本（或股本）	115		
无形资产及其他资产：				资本公积	120		
无形资产	51			盈余公积	121		
长期待摊费用	52			其中：法定公益金	122		
其他长期资产	53			未分配利润	123		
无形资产及其他资产合计	60			所有者权益（或股东权益）合计	124		
资产总计	67			负债和所有者权益（或股东权益）合计	135		

单位负责人：　　　　　　财会负责人：　　　　　　复核：　　　　　　制表：

【利润表样式】（资料来源：浙江省地方税务局）

利润表

编制单位：　　　　　　　　　　　　年　　　月　　　　　　　　单位：元

项　目	行　次	本　月　数	本年累计数
一、主营业务收入	1		
减：主营业务成本	4		
主营业务税金及附加	5		
二、主营业务利润（亏损以"－"号填列）	10		
加：其他业务利润（亏损以"－"号填列）	11		
减：营业费用	14		
管理费用	15		
财务费用	16		

项　　目	行　　次	本　月　数	本年累计数
三、营业利润（亏损以"－"号填列）	18		
加：投资收益（损失以"－"号填列）	19		
补贴收入	22		
营业外收入	23		
减：营业外支出	25		
四、利润总额（亏损总额以"－"号填列）	27		
减：所得税	28		
五、净利润（净亏损以"－"号填列）	30		

单位负责人：　　　　　财会负责人：　　　　　复核：　　　　　制表：

根据编制期间不同，财务会计报告分为年度、半年度、季度、月度报告。一般企业均应在每一会计年度（会计年度自公历 1 月 1 日起至 12 月 31 日止）终了时编制年度财务会计报告。

（4）另外，企业建账做账还应对会计凭证、会计账簿、财务会计报告和其他会计资料建立档案，妥善保管。

2. 企业建账做账的特别规定

《会计法》对公司、企业会计核算还有特别规定。公司、企业必须根据实际发生的经济业务事项，按照国家统一的会计制度的规定确认、计量和记录资产、负债、所有者权益、收入、费用、成本和利润。公司、企业做账过程中不得有下列行为：

（1）随意改变资产、负债、所有者权益的确认标准或者计量方法，虚列、多列、不列或者少列资产、负债、所有者权益；

（2）虚列或者隐瞒收入，推迟或者提前确认收入；

（3）随意改变费用、成本的确认标准或者计量方法，虚列、多列、不列或者少列费用、成本；

（4）随意调整利润的计算、分配方法，编造虚假利润或者隐瞒利润等。

3. 会计机构和人员的设置

企业根据自身实际情况，可以设置会计机构或者在有关机构中设置会计人员并指定会计主管人员；如果不具备设置条件的，可以不设置会计机构，但是应当委托经批准设立从事会计代理记账业务的中介机构代理记账。

设置会计机构时要注意配备具备相应资质的会计人员，根据规定，从事会计工作的人员，必须取得会计从业资格证书。担任会计机构负责人（会计主管人员）的，还应当具备会计师以上专业技术职务资格或者从事会计工作 3 年以上经历。

4. 依法向税务机关办理备案

根据《税收征收管理法》的规定，从事生产、经营的纳税人的财务、会计制度或者财务、会计处理办法和会计核算软件，还应当报送税务机关备案。

【小贴士】

个体工商户是否建账，要根据其注册资金、营业额等实际情况而定。根据《个体工商户建账管理暂行办法》（2007 年 1 月 1 日起施行）的规定，注册资金在 20 万元以上的，或者销售增值税应税劳务的纳税人或营业税纳税人月销售（营业）额在 40 000 元以上，从事货物生产的增值税纳税人月销售额在 60 000 元以上，从事货物批发或零售的增值税纳税人月销售额在 80 000 元以上的个体户应当设置复式账；注册资金在 10 万元以上 20 万元以下的，或销售增值税应税劳务的纳税人或营业税纳税人月销售（营业）额在 15 000 元至 40 000 元，从事货物生产的增值税纳税人月销售额在 30 000 元至 60 000 元，从事货物批发或零售的增值税纳税人月销售额在 40 000 元至 80 000 元的应当设置简易账。达不到上述建账标准的个体工商户，经县以上税务机关批准，可按照税收征管法的规定，建立收支凭证粘贴簿、进货销货登记簿或者使用税控装置。

三、企业如何使用现金

【法条】

《现金管理暂行条例》（1988 年 10 月 1 日起施行）

第三条 开户单位之间的经济往来，除按本条例规定的范围可以使用现金外，应当通过开户银行进行转账结算。

本书第三章曾介绍过，企业设立登记后，需要到银行办理开户登记，除了规定可以使用现金的情形之外，企业等单位之间资金往来均需通过银行转账进行。根据《现金管理暂行条例》的规定，可以使用现金的范围包括以下几种：

（1）职工工资、津贴；

（2）个人劳务报酬；

（3）根据国家规定颁发给个人的科学技术、文化艺术、体育等各种奖金；

（4）各种劳保、福利费用以及国家规定的对个人的其他支出；

（5）向个人收购农副产品和其他物资的价款；

（6）出差人员必须随身携带的差旅费；

（7）结算起点（1 000 元）以下的零星支出；

（8）中国人民银行确定需要支付现金的其他支出。

该条例还规定，企业等单位自己库存现金有限额限制，具体限额由开户银行核定。发生现金收入时，企业等单位均需及时送存银行，需要支付现金时可以从本单位库存现金限额中支付或者从开户银行提取，但不得从现金收入中直接支付（即坐支）。

那么既然对现金使用有如此严格的限制，企业之间经济往来如何通过银行转账结算呢？银行结算方式有很多，如支票结算、汇票结算、银行本票结算、汇兑结算、委托收款结算、托收承付结算、信用卡结算等。

【小贴士】

汇票是出票人签发的，委托付款人在见票时或者在指定日期无条件支付确定的金额给收款人或者持票人的票据，分为银行汇票和商业汇票。

支票是出票人签发的，委托办理支票存款业务的银行或者其他金融机构在见票时无条件支付确定的金额给收款人或者持票人的票据，分为现金支票、转账支票。

银行本票是银行签发的，承诺自己在见票时无条件支付确定的金额给收款人或者持票人的票据。

四、企业如何使用发票

发票，是指在购销商品、提供或者接受服务以及从事其他经营活动中，开具、收取的收付款凭证。企业应当按照规定开具、使用、取得发票。

1. 依法领购发票

发票是重要的财务会计凭证，国家明令禁止私自印制、伪造、变造发票。增值税专用发票由国务院税务主管部门确定的企业印制；其他发票，按照国务院税务主管部门的规定，分别由省、自治区、直辖市税务机关确定的企业印制。对于企业来说，依法领购发票是远离假发票、保证依法使用发票的前提。

领购发票时应当持税务登记证件、经办人身份证明、按照国务院税务主管部门规定式样制作的发票专用章印模，向主管税务机关办理发票领购手续。

2. 依法开具、取得发票

企业对外发生经营业务收取款项时，应当向付款方开具发票；在购买商品、接受服务以及从事其他经营活动支付款项时，应当向收款方取得发票。

开具发票时，应当按照规定的时限、顺序、栏目，全部联次一次性如实开具，并加盖发票专用章。取得发票时，不得要求变更品名和金额。不符合规定的发票，不得作为财务报销凭证，任何单位和个人有权拒收。

使用税控装置开具发票的企业，应当按照规定安装、使用税控装置，并按期向主管税务机关报送开具发票的数据。使用非税控电子器具开具发票的，应当将非税控电子器具使用的软件程序说明资料报主管税务机关备案，并按照规定保存、报送开具发票的数据。

3. 依法保管发票、接受发票检查

开具发票的单位和个人应当按照税务机关的规定存放和保管发票，不得擅自损毁。已经开具的发票存根联和发票登记簿，应当保存 5 年。保存期满，报经税务机关查验后方可销毁。

此外，还需配合税务机关的发票检查工作，如实反映情况，提供有关资料，不得拒绝、隐瞒。

4. 违反发票管理的行为

（1）不按规定开具发票的行为，包括以下几种：应当开具而未开具发票，或者未按照规定的时限、顺序、栏目，全部联次一次性开具发票，或者未加盖发票专用章的；使用税控装置开具发票，未按期向主管税务机关报送开具发票数据的；使用非税控电子器具开具发票，未将非税控电子器具使用的软件程序说明资料报主管税务机关备案，或者未按照规定保存、报送开具发票数据的；跨规定区域开具发票等。

（2）虚开发票的行为，包括以下几种：为他人、为自己开具与实际经营业务情况不符的发票；让他人为自己开具与实际经营业务情况不符的发票；介绍他人开具与实际经营业务情况不符的发票。

（3）非法代开发票行为。

（4）不按规定使用发票的行为，包括以下几种：转借、转让、介绍他人转让发票、发票监制章和发票防伪专用品；知道或者应当知道是私自印制、伪造、变造、非法取得或者废止的发票而受让、开具、存放、携带、邮寄、运输；拆本使用发票；扩大发票使用范围；以其他凭证代替发票使用。

（5）未按照规定缴销发票的行为。

（6）未按照规定存放和保管发票的行为。

上述行为将受到没收非法所得、罚款等行政处罚，构成犯罪的，依法追究刑事责任。对违反发票管理规定 2 次以上或者情节严重的单位和个人，税务机关可以向社会公告。

【案例】切勿违规取得发票　以免损失后悔莫及（资料来源：杭州市国税局）

建德市某工具有限公司在向 A 企业购进 30 万元原材料过程中，因 A 企业为小规模纳税人无法提供增值税专用发票，在公司支付货款后，A 企业就从另一家单位——B 企业把发

票开给该公司（发票上销货单位名称也是 B 企业）。这项看似货款两清的交易，殊不知却因无知埋下了隐患。之后，B 企业以发票开给该公司，却尚未收到货款为由，向该公司索讨货款，由此引发了一场本不应该发生的经济官司，该公司最终还是以偿付了并无实际交易的 30 万元货款而告终。

该公司之所以会为并不存在的交易埋单，症结就在于该公司未按规定取得发票，该公司取得发票和 B 公司开具发票的行为事实上都是违法的。根据《增值税专用发票管理办法》规定，企业开具增值税专用发票必须票、货、款相一致，支付的货款必须交给开票和销售货物的同一个单位。否则，开票单位为虚开发票，接收发票单位则为未按规定取得发票，发票不但不能抵扣，还将被税务机关处罚。

现在，社会上提供代开各种发票服务的信息和短信很多。为此，税务部门提醒：企业一定要学法、懂法、守法，按规定开具和取得发票，不要贪图便宜、疏忽大意，被一些别有用心的单位和不法分子钻了空子，因小失大。

五、与企业有关的主要税种有哪些

1. 增值税

增值税是以生产经营过程中产生的增值额为课税对象的一种税。根据《增值税暂行条例》（2009 年 1 月 1 日起施行）规定，在我国境内销售货物或者提供加工、修理修配劳务以及进口货物的单位和个人，为增值税的纳税义务人，应当缴纳增值税。

（1）征税范围：主要包括境内销售货物行为；境内提供加工、修理修配等应税劳务的行为；货物进口行为。

（2）纳税人：分为一般纳税人和小规模纳税人。

一般纳税人和小规模纳税人在税款计算、适用税率以及管理上均有所不同，其认定标准主要是依据企业年销售额的大小，如表 5-1 所示。

表 5-1　一般纳税人和小规模纳税人的认定标准

纳　税　人	工　业　企　业	商　业　企　业
一般纳税人	年销售额 50 万元以上	年销售额 80 万元以上
小规模纳税人	年销售额 50 万元以下	年销售额 80 万元以下

一般纳税人需经税务机关认定，领取资格证书。

（3）税率：分为三档，销售或进口一般货物和应税劳务适用基本税率为 17%；特定货物适用的低税率为 13%；出口货物适用零税率。

以上所说的特定货物包括：粮食、食用植物油；自来水、暖气、冷气、热水、煤气、石油液化气、天然气、沼气、居民用煤炭制品；图书、报纸、杂志；饲料、化肥、农药、农机、农膜等。

小规模纳税人增值税征收率为3%。

根据2011年11月16日财政部、国家税务总局印发的《营业税改征增值税试点方案》，从交通运输业、部分现代服务业等生产性服务业开始试点营业税改征增值税。在现行增值税17%标准税率和13%低税率基础上，新增11%和6%两档低税率。租赁有形动产等适用17%税率，交通运输业、建筑业等适用11%税率，其他部分现代服务业适用6%税率。

（4）增值税起征点（仅适用于个人）。

销售货物的，为月销售额5 000～20 000元。

销售应税劳务的，为月销售额5 000～20 000元。

按次纳税的，为每次（日）销售额300～500元。

2. 营业税

营业税是以工商营利单位和个人商品销售收入额、提供劳务发生的营业额为征税对象的一种税。根据《营业税暂行条例》（2009年1月1日起施行）的规定，在我国境内提供应税劳务、转让无形资产或者销售不动产的单位和个人，为营业税的纳税义务人，应当缴纳营业税。

（1）征税范围：主要包括提供加工、修理修配两种增值税应税劳务以外的其他合法劳务的行为；转让无形资产（包括土地使用权、知识产权等）的行为；销售不动产的行为。

（2）纳税人：分单位和个人两类。个人包括个体经营者和其他有经营行为的个人。

（3）税目、税率如表5-2所示。

表5-2　营业税税目、税率表

税　　目	税　　率
一、交通运输业	3%
二、建筑业	3%
三、金融保险业	5%
四、邮电通信业	3%
五、文化体育业	3%
六、娱乐业	5%～20%
七、服务业	5%
八、转让无形资产	5%
九、销售不动产	5%

（4）营业税起征点（仅适用于个人）：按期纳税的，为月营业额5 000～20 000元；按

次纳税的，为每次（日）营业额 300～500 元。

3. 企业所得税

企业所得税是国家对企业和其他组织获取的生产经营所得和其他所得开征的一种税。根据《企业所得税法》（2008 年 1 月 1 日起施行）的规定，企业和其他取得收入的组织（以下统称企业）为企业所得税的纳税人，应当缴纳企业所得税。

（1）纳税人。

纳税人包括居民企业和非居民企业。

居民企业，是指依法在中国境内成立，或者依照外国（地区）法律成立但实际管理机构在中国境内的企业。

非居民企业，是指依照外国（地区）法律成立且实际管理机构不在中国境内，但在中国境内设立机构、场所的，或者在中国境内未设立机构、场所，但有来源于中国境内所得的企业。

个人独资企业、合伙企业无须缴纳企业所得税。

（2）征税对象和计税依据。

企业所得税的征税对象是企业每一纳税年度的各类所得。计税依据，即应纳税所得额的计算公式：应纳税所得额=收入总额-准予扣除的项目。

收入总额由以下各部分构成：销售货物收入；提供劳务收入；转让财产收入；股息、红利等权益性投资收益；利息收入；租金收入；特许权使用费收入；接受捐赠收入；其他收入。

准予扣除的项目包括不征税收入、免税收入、各项扣除以及允许弥补的以前年度亏损等。

（3）税率、应纳税额。

企业所得税的税率为 25%。

非居民企业在中国境内未设立机构、场所的，或者虽设立机构、场所但取得的所得与其所设机构、场所没有实际联系的，就其来源于中国境内的所得缴纳企业所得税，适用 20% 的税率。

应纳税额=应纳税所得额×适用税率-准予减免和抵免的税额

（4）税收优惠。

为鼓励国家重点扶持和鼓励发展的产业和项目，照顾小型微利企业，《企业所得税法》及其实施条例明确给予以下税收优惠。

从事规定的农、林、牧、渔业项目免征或减半征收企业所得税。

从事港口码头、机场、铁路、公路、电力、水利等基础设施项目投资经营所得，给予三免三减半的优惠。

从事符合条件的环境保护、节能节水项目的所得，给予三免三减半的优惠。

符合国家产业政策规定的，综合利用资源生产的产品所取得的收入，可以在计算应纳税所得额时，减按 90% 计入收入总额。

购置用于环境保护、节能节水、安全生产等专用设备的投资额的 10%，可以从企业当年的应纳税额中抵免。

符合条件的小型微利企业，减按 20% 的税率征收企业所得税。小型微利企业的标准是：工业企业，年度应纳税所得额不超过 30 万元，从业人数不超过 100 人，资产总额不超过 3 000 万元；其他企业，年度应纳税所得额不超过 30 万元，从业人数不超过 80 人，资产总额不超过 1 000 万元。

促进技术创新和科技进步的优惠措施：第一，企业从事符合条件的技术转让所得可以免征、减半征收企业所得税。第二，国家需要重点扶持的高新技术企业，减按 15% 的税率征收企业所得税。第三，企业开发新技术、新产品、新工艺的研究开发费用，可以在计算应纳税所得额时再加计扣除 50%。第四，创业投资企业采取股权投资方式投资于未上市的中小高新技术企业两年以上的，可以按照其投资额的 70% 在股权持有满两年的当年抵扣该创业投资企业的应纳税所得额；第五，企业的固定资产由于技术进步等原因，确需加速折旧的，可以缩短折旧年限或者采取加速折旧的方法。

安置残疾人员的企业支付给残疾职工的工资加计扣除 100%。

4．个人所得税

需要特别指出的是，个体工商户、个人独资企业投资人、合伙企业合伙人的生产经营所得，目前均按照《个人所得税法》的规定缴纳个人所得税，而不是缴纳企业所得税。

其应缴税额的计算公式如下：

应纳税额=（每一纳税年度收入总额-成本-费用-损失）×适用税率

适用税率为 5%～35% 共五级超额累进税率，如表 5-3 所示。

表 5-3　个人所得税适用税率

级　数	全年应纳税所得额	税率（%）	速算扣除数（元）
1	不超过 15 000 元部分	5	0
2	超过 15 000 元至 30 000 元部分	10	250
3	超过 30 000 元至 60 000 元部分	20	1 250
4	超过 60 000 元至 100 000 元部分	30	4 250
5	超过 100 000 元部分	35	6 750

六、企业如何依法纳税

依法纳税是企业的法定义务。那么企业应当如何履行依法纳税的义务呢？下面我们把企业纳税过程中需遵循的主要程序与要求小结如下。

（1）企业应当自设立之日起 30 日内办理开业税务登记（详见本书第三章第二节）。

（2）企业应当依法设置账簿，根据合法有效凭证记账，并将企业财务会计制度报送税务机关备案。

（3）企业在生产经营过程中应当依法开具、使用、取得、保管发票。

（4）企业应当依法进行纳税申报。

根据《税收征收管理法》的规定，纳税人必须依照法律、行政法规规定或者税务机关依照法律、行政法规的规定确定的申报期限、申报内容如实办理纳税申报，报送纳税申报表、财务会计报表以及税务机关根据实际需要要求报送的其他纳税资料。扣缴义务人必须依照法律、行政法规规定或者税务机关依照法律、行政法规的规定确定的申报期限、申报内容如实报送代扣代缴、代收代缴税款报告表以及税务机关根据实际需要要求扣缴义务人报送的其他有关资料。

纳税人、扣缴义务人可以直接到税务机关办理纳税申报或者报送代扣代缴、代收代缴税款报告表，也可以按照规定采取邮寄、数据电文或者其他方式办理上述申报、报送事项。

（5）纳税人依法缴纳税款，扣缴义务人依法代扣代缴税款。

根据《税收征收管理法》的规定，纳税人、扣缴义务人按照法律、行政法规规定或者税务机关依照法律、行政法规的规定确定的期限，缴纳或者解缴税款。

（6）企业应当配合和接受税务机关的税务检查。

（7）税务登记事项发生变化时，企业应当及时办理变更、注销税务等登记手续。

违反税法，不仅可能面临罚款、吊销营业执照等各项行政处罚，还可能构成犯罪，被依法追究刑事责任。我国《刑法》设专节规定了危害税收征管罪，对包括偷税罪、抗税罪、逃避追缴欠税罪、骗取出口退税罪、虚开增值税专用发票罪等在内的涉税犯罪行为予以严惩。

【小贴士】

生产、经营规模小，达不到《个体工商户建账管理暂行办法》规定设置账簿标准的个体工商户可以申请定期定额纳税，即由税务机关对其在一定经营地点、一定经营时期、一定经营范围内的应纳税经营额（包括经营数量）或所得额进行核定，并以此为计税依据，确定其应纳税额。

七、什么是税收筹划

税收筹划是指企业在遵守国家税法、不损害国家利益的前提下，充分利用税收法规所提供的包括减免税在内的一切优惠政策，达到少缴税或递延缴纳税款，从而降低税收成本，实现税收成本最小化的经营管理活动。例如，对于从事兼营业务的企业，对不同业务应分开记账核算，分别纳税，否则将从高适用税率。

【法条】

《增值税暂行条例》

第三条　纳税人兼营不同税率的货物或者应税劳务，应当分别核算不同税率货物或者应税劳务的销售额；未分别核算销售额的，从高适用税率。

《营业税暂行条例》

第三条　纳税人兼有不同税目的应当缴纳营业税的劳务（以下简称应税劳务）、转让无形资产或者销售不动产，应当分别核算不同税目的营业额、转让额、销售额（以下统称营业额）；未分别核算营业额的，从高适用税率。

再如，大学生创业企业不少属于科技型企业，可以争取认定为高新技术企业，以便按照企业所得税法的规定享受税收优惠。

需特别注意的是，我们所说的税收筹划是一种合理、合法的节税行为，不是违法的偷税、逃税。在国外，纳税人为有效减轻税收负担，都对税务管理加以研究，专门聘请税务顾问研究税收政策和征管制度的各项规定，利用优惠政策，达到节税的目的。为避免逾越合法的界限，税收筹划必须建立在依法纳税的前提之下。鉴于税收法律法规的复杂性，对于初次创业者而言，多咨询税务机关或专业的税务师，是避免在纳税问题上栽跟头的必备功课。

【案例】一个大学生的创业税案①

小王 2002 年一毕业就在学校门口开了一家计算机维修保养服务部，由于选址合理、技术过硬，生意红红火火，不到半年时间就收回了投资。接下来，小王又雄心勃勃进军网吧业务。到第二年底，小王的服务部营业额已达 90 余万元，净赚 15 万元。但是小王还没高兴多久，麻烦就来了。在一次税务检查后，税务部门发现小王在 2003 年仅漏缴营业税就高达 14.5 万元，加上附加税及各类罚金，小王一年下来不仅分文未赚，还赔进去 5 万多元。税务部门限期小王缴足偷漏的税款及罚金，否则将移送公安机关。

其实小王有点冤，因为他从创业一开始就不忘纳税。他经营的原本是修理修配业务，所以一直按照 4% 的税率向税务部门缴纳增值税。问题出在后来的网吧业务。开了网吧之后，小王的服务部实际上既从事修理修配业务，又经营网吧，这就是兼营。按照规定，开办网

---

① 韩国文. 创业学[M]. 武汉：武汉大学出版社，2007：496～498

吧取得的收入应按照 20%的税率缴纳营业税。如果小王对修理修配业务和网吧业务分开核算，那么修理修配所得收入和开办网吧的业务收入可以分别适用各自的税率纳税，可是小王的营业核算是一笔糊涂账，两方面的收入都混在一起，这种情况下，就必须从高适用税率，也就是说，一律按照20%的税率纳税，小王就全部收入仅按照4%的税率纳税显然远远不够。

第四节　HSE 管理

关键词：HSE（健康、安全、环境）、**HSE 管理体系、职业病防治法、安全生产法、环境保护法、清洁生产促进法、循环经济促进法**

【案例】"有毒快递"事件折射快递企业安全生产漏洞（资料来源：齐鲁晚报）

2013 年 11 月，山东发生一起有毒快递导致网购客和快递员工 1 死 9 伤的悲剧。惹事的是湖北某化工厂，该厂将禁运有毒化学品氟乙酸甲酯经当地圆通快递收寄点寄往潍坊某制药厂，结果这份有毒快递泄漏并污染了同车快递。11 月 28 日，装有有毒快递的运输车到达圆通下属潍坊公司，工作人员在卸载时，刺激性气味突然散发开来，两名员工当场呕吐。然而快递公司低估了该事件的影响，第二天也就是 11 月 29 日上午，在对可疑快递自行隔离后，依然将同一车次的其他快递先后投出，导致一名网购客收到快递后引发不适，最终于当晚在医院抢救无效死亡；另有两位山东其他地方的网购客和数名快递员工先后染病入院。

评析：近年来，受益于电子商务的迅猛发展和网购的井喷，我国快递业疯狂生长，随之而来的是质疑不断。可以说人们对于快递的态度是又爱又恨，爱其便捷，恨其"野蛮"。这次有毒快递事件，再次引发人们的强烈质疑，快递企业在收寄件过程中，为何不严格把关，为何能让有毒快递畅通无阻？快递企业如何保障安全生产？如何保障员工及客户的生命和财产安全？

一、什么是 HSE、HSE 管理体系[①]

HSE 是健康（Health）、安全（Safety）和环境（Environment）三个词英文首字母缩写，对 HSE 问题的重视，体现了现代企业价值目标从单纯逐利到追求社会效益、环境效益和经济效益协调发展的转变。HSE 管理体系是指企业将实施健康、安全与环境管理的组织机构、职责、做法、程序、过程和资源等要素通过先进、科学的运行模式有机地融合在一起，相

---

① 参见中国石油化工集团公司安全监管局、中国石化青岛安全工程研究院. 中国石化 HSE 管理体系建设理论与实践. 北京：中国石化出版社，2013

互关联、相互作用，形成一套结构化的动态管理体系。从其功能上讲，它是一种事前进行危害识别与风险评价，从而采取有效的防范手段和控制措施防止其发生，以便减少可能引起的人员伤害、财产损失和环境污染的有效管理模式。

我国国内比较早地提出并建立 HSE 管理体系的企业是一些大型企业，如中石化、中石油，因为国际石油石化市场对 HSE 有着严格的要求，这也是我国企业走向国际市场、与国际接轨的内在要求。而一些化工、农药等企业及相关行业组织也开始逐步重视 HSE 管理理念，如中国农药工业协会 2012 年发布了《中国农药行业 HSE 管理规范》，并在全行业开展 HSE 管理体系合规企业的认证工作。

建立 HSE 管理体系的一个基本要求，就是自觉遵守 HSE 相关法律法规的要求，包括职业健康法律法规，安全生产法律法规，以及环境保护法律法规，并在此基础上实施 HSE 管理。违反 HSE 相关法律、法规的企业，应当承担相应的民事责任、行政责任，构成犯罪的，还将承担刑事责任。

【案例】胡某某、丁某某投放危险物质案（资料来源：最高人民法院）

盐城市某化工有限公司系环保部门规定的"废水不外排"企业。被告人胡某某系化工公司法定代表人，曾因犯虚开增值税专用发票罪于 2005 年 6 月 27 日被判处有期徒刑二年，缓刑三年。被告人丁某某系化工公司生产负责人。2007 年 11 月底至 2009 年 2 月 16 日期间，两被告人在明知该公司生产过程中所产生的废水含有苯、酚类有毒物质的情况下，仍将大量废水排放至该公司北侧的五支河内，任其流经蟒蛇河污染盐城市区城西、越河自来水厂取水口，致盐城市区 20 多万居民饮用水停水长达 66 小时 40 分钟，造成直接经济损失人民币 543.21 万元。

法院经一审、二审认为：胡某某、丁某某明知其公司在生产过程中所产生的废水含有毒害性物质，仍然直接或间接地向其公司周边的河道大量排放，放任危害不特定多数人的生命、健康和公私财产安全的结果发生，使公私财产遭受重大损失，构成投放危险物质罪，且属共同犯罪。胡某某是主犯，丁某某是从犯。胡某某系在缓刑考验期限内犯新罪，依法应当撤销缓刑，予以数罪并罚。据此胡某某犯投放危险物质罪，判处有期徒刑十年，与其前罪所判处的刑罚并罚，决定执行有期徒刑十一年；丁某某犯投放危险物质罪，判处有期徒刑六年。

近年来，我国国民经济一直保持高速增长，与此同时，企业生产安全事故不断，职业健康状况不容乐观，而环境污染的势头也难以有效遏制，一些恶性案件社会影响极坏，造成人民生命、财产巨大损失。社会是企业利益的来源，企业从社会汲取营养，反过来回报社会，与社会形成和谐共生的关系，这样才能更好地发展。如果企业只追求经济效益，不顾社会责任，一味巧取豪夺，而不进行环境和生态上的"反哺"，最终会因资源环境的破坏而失去生存的基本条件。违背"健康"、"安全"、"环保"的所谓发展必将是不健康、不安全、难以持续的。21 世纪是生态文明的世纪，是强调企业履行社会责任、节约资源能源、保护生态环境的世纪。因此，一个优秀的企业家，应当高度重视 HSE 问题，建立完善的 HSE 管理体系，努力改善职业健康、安全生产和环境保护现状，让企业生产更安全、职工更健康、环境更美好，这也是大学生创业者义不容辞的责任。

二、如何做好职业健康管理

我国现行的职业健康法律法规体系主要包括《职业病防治法》（2002 年 5 月 1 日起施行，2011 年 12 月 31 日修正），《劳动法》、《使用有毒物品作业场所劳动保护条例》、《尘肺病防治条例》、《放射性同位素与射线装置安全和防护条例》、《作业场所职业健康监督管理暂行规定》、《作业场所职业危害申报管理办法》、《职业病目录》、《职业病危害因素分类目录》、《职业健康监护管理办法》等，以及大量的职业安全健康技术规范与国家标准，如《工业企业设计卫生标准 GBZ1-2010》、《工作场所有害因素职业接触限制标准 GBZ2.1-2007，GBZ2.2-2007》。

做好职业健康管理，需要企业负责人高度重视职业健康管理工作，建立健全的职业健康管理制度，加强对职业病防治的管理，提高职业病防治水平，促进员工职业健康。具体而言，主要包括以下内容。

1. 落实人员，建立职业健康管理机构

《职业病防治法》规定，企业的主要负责人对本单位的职业病防治工作全面负责。在明确责任人的前提下，企业要设置或者指定职业卫生管理机构或者组织，配备专职或者兼职的职业卫生管理人员，负责本单位的职业病防治工作。

2. 建章立制，落实职业健康管理制度和防治措施

（1）制定职业病防治计划和实施方案；

（2）建立、健全职业卫生管理制度和操作规程；

（3）建立、健全职业卫生档案和劳动者健康监护档案；

（4）建立、健全工作场所职业病危害因素监测及评价制度；

（5）建立、健全职业病危害事故应急救援预案。

3. 加强预防，做好职业危害申报和评价

企业应当依照法律法规的要求，严格遵守国家职业卫生标准，落实职业病预防措施，从源头上控制和消除职业病危害。用人单位工作场所存在职业病目录所列职业病的危害因素的，应当及时、如实向所在地安全生产监督管理部门申报危害项目，接受监督。

新建、扩建、改建建设项目和技术改造、技术引进项目（以下统称建设项目）可能产生职业病危害的，在可行性论证阶段应当向安全生产监督管理部门提交职业病危害预评价报告。预评价报告经安全生产监督管理部门审核同意的，才能批准建设。建设项目的职业病防护设施所需费用应当纳入建设项目工程预算，并与主体工程同时设计，同时施工，同时投入生产和使用。建设项目在竣工验收前，建设单位应当进行职业病危害控制效果评价。建设项目竣工验收时，其职业病防护设施经安全生产监督管理部门验收合格后，方可投入正式生产和使用。

产生职业病危害的用人单位，其工作场所应当符合下列职业卫生要求：

（1）职业病危害因素的强度或者浓度符合国家职业卫生标准；

（2）有与职业病危害防护相适应的设施；

（3）生产布局合理，符合有害与无害作业分开的原则；

（4）有配套的更衣间、洗浴间、孕妇休息间等卫生设施；

（5）设备、工具、用具等设施符合保护劳动者生理、心理健康的要求；

（6）法律、行政法规和国务院卫生行政部门、安全生产监督管理部门关于保护劳动者健康的其他要求。

4. 依法参加工伤保险，保障员工下列职业卫生保护权利

（1）获得职业卫生教育、培训；

（2）获得职业健康检查、职业病诊疗、康复等职业病防治服务；

（3）了解工作场所产生或者可能产生的职业病危害因素、危害后果和应当采取的职业病防护措施；

（4）要求用人单位提供符合防治职业病要求的职业病防护设施和个人使用的职业病防护用品，改善工作条件；

（5）对违反职业病防治法律、法规以及危及生命健康的行为提出批评、检举和控告；

（6）拒绝违章指挥和强令进行没有职业病防护措施的作业；

（7）参与用人单位职业卫生工作的民主管理，对职业病防治工作提出意见和建议。

对从事接触职业病危害作业的劳动者，用人单位应当按照国务院安全生产监督管理部门、卫生行政部门的规定组织上岗前、在岗期间和离岗时的职业健康检查，并将检查结果书面告知劳动者。职业健康检查费用由用人单位承担。

用人单位不得安排未经上岗前职业健康检查的劳动者从事接触职业病危害的作业；不得安排有职业禁忌的劳动者从事其所禁忌的作业；对在职业健康检查中发现有与所从事的职业相关的健康损害的劳动者，应当调离原工作岗位，并妥善安置；对未进行离岗前职业健康检查的劳动者不得解除或者终止与其订立的劳动合同。

同时必须注意的是，为保护未成年人和妇女，用人单位不得安排未成年工从事接触职业病危害的作业；不得安排孕期、哺乳期的女职工从事对本人和胎儿、婴儿有危害的作业。

三、如何做好安全生产管理

我国现行的安全生产法律法规体系主要包括《安全生产法》（2002 年 11 月 1 日起施行，2009 年 8 月 27 日第一次修正，2014 年 8 月 31 日第二次修正）、《矿山安全法》、《消防法》、《安全生产许可证条例》、《铁路安全管理条例》、《电力安全事故应急处置和调查处理条例》、《危险化学品安全管理条例》、《易制毒化学品管理条例》、《特种设备安全监察条例》、《生产安全事故报告和调查处理条例》、《建设工程安全生产管理条例》等，以及各项安全生产标准。

《安全生产法》明确规定，生产经营单位必须遵守本法和其他有关安全生产的法律、法规，加强安全生产管理，建立、健全安全生产责任制度，完善安全生产条件，确保安全生产。企业主要负责人对本单位安全生产工作负有下列职责：

（1）建立、健全本单位安全生产责任制；

（2）组织制定本单位安全生产规章制度和操作规程；

（3）组织制定并实施本单位安全生产教育和培训计划；

（4）保证本单位安全生产投入的有效实施；

（5）督促、检查本单位的安全生产工作，及时消除生产安全事故隐患；

（6）组织制定并实施本单位的生产安全事故应急救援预案；

（7）及时、如实报告生产安全事故。

具体来说，安全生产管理工作主要包括以下几种。

1. 建立健全企业安全生产规章制度

按照《安全生产法》等相关法律法规的要求，结合本企业的实际，制定安全生产管理制度，可包括安全生产责任制度、安全措施和费用管理制度、重大危险源管理制度、危险物品使用管理制度、安全检查制度、消防安全制度、人员安全管理制度、设备设施安全管理制度、生产环境安全管理制度等。

2. 建立安全生产责任制

安全生产是整个企业全员、全过程的一个活动，因此，企业上下均应承担相应责任。企业负责人要把任务合理分解，真正把"安全生产、人人有责"落实到每个机构、每个人身上，增强企业员工责任心。

3. 设置安全生产管理机构

矿山、金属冶炼、建筑施工、道路运输单位和危险物品的生产、经营、储存单位以及其他从业人员超过一百人的企业，应当设置安全生产管理机构或者配备专职安全生产管理人员。从业人员在一百人以下的企业，应当配备专职或者兼职的安全生产管理人员，或者委托具有国家规定的相关专业技术资格的工程技术人员提供安全生产管理服务（在这种情况下，保证安全生产的责任仍由本单位负责）。

4. 组织安全生产教育和培训

除了主要负责人和安全生产管理人员必须具备与本单位所从事的生产经营活动相应的安全生产知识和管理能力外，生产经营单位还应当对员工进行安全生产教育和培训，保证员工具备必要的安全生产知识，熟悉有关的安全生产规章制度和安全操作规程，掌握本岗位的安全操作技能。未经安全生产教育和培训合格的员工，不得上岗作业。特种作业人员必须按照国家有关规定经专门的安全作业培训，取得特种作业操作资格证书，方可上岗作业。

为防患于未然，日常经营管理过程中，还应当经常教育和督促员工严格执行本单位的安全生产规章制度和安全操作规程，并向员工如实告知作业场所和工作岗位存在的危险因素、防范措施以及事故应急措施。为员工提供符合国家标准或者行业标准的劳动防护用品，并监督、教育员工按照使用规则佩戴、使用。

5. 完善安全生产条件

企业应当具备安全生产条件；应当按照规定提取和使用安全生产费用，专门用于改善安全生产条件；不具备安全生产条件的，不得从事生产经营活动。不得将生产经营项目、场所、设备发包或者出租给不具备安全生产条件或者相应资质的单位或者个人。企业新建、改建、扩建工程项目（以下统称建设项目）的，其安全设施必须与主体工程同时设计、同时施工、同时投入生产和使用。

企业经营场所和设施设备管理也必须符合《安全生产法》的要求，如在有较大危险因素的生产经营场所和有关设施、设备上，应设置明显的安全警示标志。生产、经营、储存、使用危险物品的车间、商店、仓库不得与员工宿舍在同一座建筑物内，并应当与员工宿舍保持安全距离。生产经营场所和员工宿舍应当设有符合紧急疏散要求、标志明显、保持畅通的出口。禁止封闭、堵塞生产经营场所或者员工宿舍的出口。

企业使用的安全设备，应当符合国家标准或者行业标准，并进行经常性维护、保养，定期检测，保证正常运转。使用涉及生命安全、危险性较大的特种设备，以及危险物品的容器、运输工具，必须按照国家有关规定，由专业生产单位生产，并经取得专业资质的检测、检验机构检测、检验合格，取得安全使用证或者安全标志，方可投入使用。

【案例】一百年前一场火灾改变美国劳工保护法律①

一百年前的一天，1911 年 3 月 25 日，纽约市发生了一场惨绝人寰的工厂火灾。发生火灾的是位于华盛顿广场附近的埃斯克大楼的三角女式衬衣公司。由于当时的政府没有关于

---

① 林达. 一路走来一路读（增补本）[M]. 北京：生活·读书·新知三联书店，2011：323-327.

工作场所的安全规范，制衣厂雇主为了节省成本，在厂房里挤进了尽可能多的设备和工人，车间四处散放着易燃布料和纸箱，而为防止女工偷窃，还锁闭大门、通道（那个年代的普遍做法）。几个因素叠加，火势一起，迅速蔓延，女工逃生无门，半个小时之内导致146名女工丧命，许多女工被活活烧死在缝纫机边，一些无法忍受被烧死的女工跳楼而亡。惨案发生后，人们通过对惨案中所有不利因素进行细致全面的调查，迅速开创性地形成了关于建筑和工作场所防火规范的全面立法，如工作场所防火演习、室外消防梯、封闭电梯井、自动报警系统、自动防火喷淋系统等。而且这些立法很快超越了防火的范围，直接推动了美国有关劳工权利和利益的立法突飞猛进地发展。

6. 定期做好安全生产检查

通过制度化的安全生产检查，对生产过程及安全管理制度中可能存在的隐患、危险源、工作漏洞与疏忽等进行查证，以及时识别危险源，发现隐患，通过相应的整改措施，消除危险隐患，保障长久的生产安全。安全生产检查的内容很多，包括安全生产制度的完善、落实，人员执行情况，硬件设备情况等。

7. 做好事故应急预案和事故报告

为预防安全事故发生，将安全生产事故带来的损害尽可能降低，企业应当参照《生产经营单位安全生产事故应急预案编制导则（AQ/T9002-2006）》做好事故应急预案，并在平时做好实战演练。一旦发生生产安全事故时，主要负责人应当做好事故报告，立即组织抢救，并不得在事故调查处理期间擅离职守。

四、如何履行企业的环保义务

我国现行的环境保护法律体系包括环境保护、自然资源开发利用、节约能源等法律规定以及相关标准，如《环境保护法》（2014年4月24日修订，2015年1月1日起施行）、《清洁生产促进法》（2003年1月1日起施行，2012年修正）、《循环经济促进法》（2009年1月1日起施行）、《水法》、《土地管理法》、《森林法》、《草原法》、《矿产资源法》、《水土保持法》、《海洋环境保护法》、《大气污染防治法》、《水污染防治法》、《环境影响评价法》、《节约能源法》、《大气环境质量标准》、《地面水环境质量标准》、《城市区域环境噪声标准》、《污水综合排放标准》、《大气污染物综合排放标准》等。建立了环境影响评价制度、"三同时"制度、排污许可管理制度、排污收费制度等环境保护的基本制度。

1. 环境影响评价制度

环境影响评价，是指对规划和建设项目实施后可能造成的环境影响进行分析、预测和评估，提出预防或者减轻不良环境影响的对策和措施，进行跟踪监测的方法与制度。

按照评价的对象可以分为规划环境影响评价和建设项目环境影响评价。

规划环境影响评价的对象包括国务院有关部门、设区的市级以上地方人民政府及其有关部门，对其组织编制的土地利用的有关规划，区域、流域、海域的建设、开发利用规划；国务院有关部门、设区的市级以上地方人民政府及其有关部门，对其组织编制的工业、农业、畜牧业、林业、能源、水利、交通、城市建设、旅游、自然资源开发的有关专项规划。

建设项目的环境影响评价则针对具体的建设项目进行。国家对建设项目的环境影响评价实行分类管理，根据建设项目对环境影响程度的大小，确定评价方式。对可能造成重大环境影响的，应当编制环境影响报告书，对产生的环境影响进行全面评价；对可能造成轻度环境影响的，应当编制环境影响报告表，对产生的环境影响进行分析或者专项评价；对环境影响很小、不需要进行环境影响评价的，填报环境影响登记表。

【法条】

《环境保护法》

第十九条　编制有关开发利用规划，建设对环境有影响的项目，应当依法进行环境影响评价。

未依法进行环境影响评价的开发利用规划，不得组织实施；未依法进行环境影响评价的建设项目，不得开工建设。

2. "三同时"制度

"三同时"制度，是指建设项目中防治环境污染和其他公害的设施必须与主体工程同时设计、同时施工、同时投产使用的制度。"三同时"制度是我国防止新污染源出现、贯彻"预防为主"方针的一项重要法律制度。其适用对象包括一切对环境有影响的新建、扩建和改建项目，技术改造项目，区域开发建设项目等。

【法条】

《环境保护法》

第四十一条　建设项目中防治污染的设施，应当与主体工程同时设计、同时施工、同时投产使用。防治污染的设施应当符合经批准的环境影响评价文件的要求，不得擅自拆除或者闲置。

3. 排污许可制度

凡是需要向环境排放各种污染物的单位或个人，都必须事先向环境保护部门办理申领排污许可手续，经环境保护部门批准获得排污许可证后方能向环境排放污染物。目前我国的排污许可制度是以改善环境质量为目标，以污染物总量控制为基础，规定排污单位许可排放什么污染物、许可污染物排放量、许可污染物排放去向等的一项法律制度，是对排污者排污实施许可的一项环境管理手段。

【法条】

《环境保护法》第四十五条　国家依照法律规定实行排污许可管理制度。

实行排污许可管理的企业事业单位和其他生产经营者应当按照排污许可证的要求排放污染物；未取得排污许可证的，不得排放污染物。

4. 排污收费制度

排污收费制度，是指向环境排放污染物或超过规定标准排放污染物的排污者，依照国家法律和有关规定按标准缴纳费用的制度。排污收费制度是"污染者付费"原则的体现。对排污者而言，缴纳了排污费并不免除负担治理污染、赔偿污染损失和法律规定的其他环保责任。征收的排污费专项用于污染的防治。

【法条】

《环境保护法》

第四十三条　排放污染物的企业事业单位和其他生产经营者，应当按照国家有关规定缴纳排污费。排污费应当全部专项用于环境污染防治，任何单位和个人不得截留、挤占或者挪作他用。

依照法律规定征收环境保护税的，不再征收排污费。

排污费具体征收范围包括污水排污费、废气排污费、固体废物及危险废物排污费、噪声超标排污费等。

五、什么是清洁生产促进法

清洁生产，是指不断采取改进设计、使用清洁的能源和原料、采用先进的工艺技术与设备、改善管理、综合利用等措施，从源头削减污染，提高资源利用效率，减少或者避免生产、服务和产品使用过程中污染物的产生和排放，以减轻或者消除对人类健康和环境的危害。《清洁生产促进法》的立法目的是促进清洁生产，提高资源利用效率，减少和避免污染物的产生，保护和改善环境，保障人体健康，促进经济与社会可持续发展。该法明确规定了清洁生产的推行、清洁生产的实施、鼓励措施及相应的法律责任。

1. 清洁生产的推行

为推行清洁生产，国务院及其部门、地方政府制定出台了有利于实施清洁生产的财政税收政策、产业政策、技术开发和推广政策，编制了国家清洁生产推行规划。加强对清洁生产促进工作的资金投入，定期发布清洁生产技术、工艺、设备和产品导向目录。对浪费资源和严重污染环境的落后生产技术、工艺、设备和产品实行限期淘汰制度。

同时加强对清洁生产的指导、教育和宣传。县级以上人民政府应当指导和支持清洁生产技术和有利于环境与资源保护的产品的研究、开发以及清洁生产技术的示范和推广工作。组织开展清洁生产的宣传和培训，提高国家工作人员、企业经营管理者和公众的清洁生产意识，培养清洁生产管理和技术人员。

另外，各级人民政府应当优先采购节能、节水、废物再生利用等有利于环境与资源保护的产品，并鼓励公众购买和使用节能、节水、废物再生利用等有利于环境与资源保护的产品。

2. 清洁生产的实施

企业在进行技术改造过程中，应当采取以下清洁生产措施：

（1）采用无毒、无害或者低毒、低害的原料，替代毒性大、危害严重的原料；

（2）采用资源利用率高、污染物产生量少的工艺和设备，替代资源利用率低、污染物产生量多的工艺和设备；

（3）对生产过程中产生的废物、废水和余热等进行综合利用或者循环使用；

（4）采用能够达到国家或者地方规定的污染物排放标准和污染物排放总量控制指标的污染防治技术。

产品和包装物的设计，应当考虑其在生命周期中对人类健康和环境的影响，优先选择无毒、无害、易于降解或者便于回收利用的方案。企业对产品的包装应当合理，包装的材质、结构和成本应当与内装产品的质量、规格和成本相适应，减少包装性废物的产生，不得进行过度包装。

生产大型机电设备、机动运输工具以及国务院工业部门指定的其他产品的企业，应当按照国务院标准化部门或者其授权机构制定的技术规范，在产品的主体构件上注明材料成分的标准牌号。

农业生产者应当科学地使用化肥、农药、农用薄膜和饲料添加剂，改进种植和养殖技术，实现农产品的优质、无害和农业生产废物的资源化，防止农业环境污染。禁止将有毒、有害废物用作肥料或者用于造田。

餐饮、娱乐、宾馆等服务性企业，应当采用节能、节水和其他有利于环境保护的技术和设备，减少使用或者不使用浪费资源、污染环境的消费品。

建筑工程应当采用节能、节水等有利于环境与资源保护的建筑设计方案、建筑和装修材料、建筑构配件及设备。建筑和装修材料必须符合国家标准。禁止生产、销售和使用有毒、有害物质超过国家标准的建筑和装修材料。

矿产资源的勘查、开采，应当采用有利于合理利用资源、保护环境和防止污染的勘查、开采方法和工艺技术，提高资源利用水平。

企业应当在经济技术可行的条件下对生产和服务过程中产生的废物、余热等自行回收利用或者转让给有条件的其他企业和个人利用。

3. 清洁生产的鼓励措施

国家建立清洁生产表彰奖励制度。对在清洁生产工作中做出显著成绩的单位和个人，由人民政府给予表彰和奖励。对从事清洁生产研究、示范和培训，实施国家清洁生产重点技术改造项目和本法第二十八条规定的自愿节约资源、削减污染物排放量协议中载明的技术改造项目，由县级以上人民政府给予资金支持。在依照国家规定设立的中小企业发展基金中，应当根据需要安排适当数额用于支持中小企业实施清洁生产。

依法利用废物和从废物中回收原料生产产品的，按照国家规定享受税收优惠。企业用于清洁生产审核和培训的费用，可以列入企业经营成本。

六、什么是循环经济促进法

循环经济，是指在生产、流通和消费等过程中进行的减量化、再利用、资源化活动的总称。《循环经济促进法》的立法目的是促进循环经济的发展，提高资源利用效率，保护和改善环境，实现可持续发展。《循环经济促进法》的主要内容就是对减量化、再利用、资源化活动的规范，对于企业而言，其义务就是要建立健全管理制度，采取措施，降低资源消耗，减少废物的产生量和排放量，提高废物的再利用和资源化水平。

1. 企业的减量化义务

减量化，是指在生产、流通和消费等过程中减少资源消耗和废物产生。减量化的主要措施和要求有以下几方面。

（1）不得生产、进口、销售列入国家发布的淘汰名录的设备、材料和产品，不得使用列入淘汰名录的技术、工艺、设备和材料。

（2）从事工艺、设备、产品及包装物设计，应当优先选择采用易回收、易拆解、易降解、无毒无害或者低毒低害的材料和设计方案，并应当符合有关国家标准的强制性要求，防止过度包装。

（3）企业应当厉行节水、节油。

（4）鼓励建筑节能，禁止损毁耕地烧砖，禁止生产、销售和使用黏土砖。有条件的地区，应当充分利用太阳能、地热能、风能等可再生能源。

（5）餐饮、娱乐、宾馆等服务性企业，应当采用节能、节水、节材和有利于保护环境的产品，减少使用或者不使用浪费资源、污染环境的产品。

（6）鼓励和支持使用再生水。

（7）限制一次性消费品的生产和销售等。

2. 企业的再利用和资源化义务

再利用是指将废物直接作为产品或者经修复、翻新、再制造后继续作为产品使用，或者将废物的全部或者部分作为其他产品的部件予以使用。资源化是指将废物直接作为原料进行利用或者对废物进行再生利用。再利用和资源化的主要措施和要求有以下几点。

（1）企业应当综合利用生产过程中产生的工业废物、余热、余压，提高水的重复利用率，对生产过程中产生的废水进行再生利用。

（2）建设单位应当对工程施工中产生的建筑废物进行综合利用；不具备综合利用条件的，应当委托具备条件的生产经营者进行综合利用或者无害化处置。

（3）支持生产经营者建立产业废物交换信息系统，鼓励和推进废物回收体系建设。

（4）对废电器电子产品、报废机动车船、废轮胎、废铅酸电池等特定产品进行拆解或者再利用，应当符合有关法律、行政法规的规定。

（5）回收的电器电子产品，经过修复后销售的，必须符合再利用产品标准，并在显著位置标识为再利用产品。

（6）国家支持企业开展机动车零部件、工程机械、机床等产品的再制造和轮胎翻新。销售的再制造产品和翻新产品的质量必须符合国家规定的标准，并在显著位置标识为再制造产品或者翻新产品。

3. 促进循环经济的激励措施

国家设立发展循环经济的专项资金，支持循环经济的科技研究开发，循环经济技术和产品的示范与推广，重大循环经济项目的实施，发展循环经济的信息服务等；对于促进循环经济发展的各项活动给予税收优惠、信贷支持等激励政策；同时，国家实行有利于循环经济发展的政府采购政策，优先采购节能、节水、节材和有利于保护环境的产品及再生产品。

第五节　融资管理

关键词：债权融资、股权融资、融资租赁、直接投资、创业投资、私募股权投资、上市、债券

一、企业为什么要融资，融资要注意什么

资金短缺是每一个企业在发展过程中都会面临的问题。在企业持续经营过程中，处处

都要用钱，如更新设备、引进技术、开发产品、开拓市场、扩大规模、并购重组、对外投资等。一句话，企业要谋求发展，就离不开融资。

企业融资首先要规范自身制度建设。融资的关键是用企业的盈利前景吸引投资方，不管通过哪种渠道融资，投资方都需要了解企业的真实状况。例如，创业资本在与企业谈判的过程中，有一个重要的程序就是聘请律师、会计师或审计师对企业进行尽职调查，对企业的存续情况、股权结构、法人治理、资产负债、盈利模式、知识产权、人力资源等各个方面进行摸底。如果企业平时不注重规范建设，管理混乱，甚至连自己都搞不清楚企业的真实状况，那么显然无法让调查方得出一份令人满意的尽职调查结果，更不能说服投资方相信企业值得投资。

此外，企业融资也要根据自身实际，量力而行。因为融资固然是为了企业的发展，但融资本身或者使企业增加负债，或者使企业原有股权结构发生变化，影响老股东对企业的控制力。一旦融资不能给企业带来预期的效益，那么融资无异于饮鸩止渴，不但不会给企业带来财富，反而会使企业背上沉重的包袱。

二、企业融资有哪些渠道

融资渠道可分为两大类：债权融资和股权融资。

债权融资，是指企业通过各种借贷方式进行资金的筹集，这种融资方式将使企业负债。包括银行贷款、民间借贷、典当融资、融资租赁、发行企业（公司）债券等方式。

股权融资，是指企业的出资人（股东）通过赋予投资人某种形式的企业所有权（股权）的方式进行资金的筹资，这种融资方式所获得的资金，企业无须还本付息，但新股东将与老股东共享企业的盈利与增长。包括吸引直接投资、利用创业投资融资、利用私募股权投资融资、上市融资等。

此外，特许经营企业通过依法向加盟商收取特许经营费用的方式，也可以达到融资的目的。

【案例】百度19亿美元收购91无线（资料来源：中关村在线）

2013年7月16日，全球最大的中文搜索引擎——百度宣布与网龙网络有限公司签署谅解备忘录，百度将以19亿美元的价格向网龙收购其持有的91无线网络有限公司100%的股权。交易完成后，该案标的额将超过2005年雅虎对阿里的10亿美元投资，成为中国互联网有史以来最大的收购案。

从2007年诞生的91手机助手起步，91无线是目前国内最大的智能手机服务平台之一，截至2012年12月，91无线平台总下载数达到129亿次，在iPhone和Android两大智能手机客户端的市场渗透率分别超过80%和50%。91无线旗下的核心产品有安卓市场、91助手两大移动应用平台以及 91 手机娱乐、安卓网两大门户网站。

评析： 网龙当年买下 91 无线是 10 万元人民币，几年过去，就以 19 亿美元天价卖出，无疑给无数后来的创业者打了一剂强心针。过去创业的最好出路就是上市，而现在看来，只要产品足够好，不上市也可以卖个好价钱。

【小贴士】

企业（公司）债券：企业或公司为筹集资金而发行的约定在一定期限还本付息的有价证券。

直接投资（Direct Investment，DI）：投资人直接将资本投入企业、从事生产经营活动的投资方式，包括投资人自办企业、收购现有企业、与他人合资或合作经营等模式。

创业投资（Venture Capital，VC）：又称风险投资，是指创业投资企业（或创业投资基金）通过一定的方式向投资者（机构或者个人）筹集创业资本，然后将创业资本投向创业企业，主动地参与创业企业的管理，并为其提供增值服务，做大做强创业企业后通过一定的方式撤出资本，取得投资回报，并将收回的投资投入下一个创业企业的商业投资行为和资本运作方式。[①]

私募股权投资（Private Equity，PE）：所谓"私募"是相对于"公募"即公开募集资金而言的，从广义上看，私募股权投资是通过非公开方式募集资金对企业进行的权益性投资。从这个意义上说，VC 也是一种私募股权投资方式，它和 PE 有很多共同点：它们的资本都主要来自非公开募集方式，它们都是高风险高回报型的投资方式，它们都在投资之前就设计好退出方式。目前国内一般所说的 PE 是从狭义上来使用的，以和 VC 区别。PE 和 VC 的主要区别在于它们的投资偏好不同，PE 偏好已经形成一定规模，并产生稳定现金流的成熟企业，包括已上市企业，而 VC 偏好处于初创乃至发展阶段的新兴创业企业。

首次公开发行股票上市（Initial Public Offering，IPO）：企业的股票经依法核准第一次向社会公众公开发行并在证券交易所上市交易。

三、如何利用创业资本融资

有人把创业投资企业（以下称 VC）与创业企业的投融资关系比作是婚姻，但这是一场非常另类的婚姻，因为尽管也要经历从恋爱到结婚的过程，但是他们却在恋爱之初就策划着离婚。下面我们就来看看这个另类的婚姻如何走完全程。

1. 相亲

市场上"求资若渴"的创业企业多如牛毛，如何才能吸引 VC 的注意力呢？首先创业企

---

① 范柏乃. 创业投资法律制度研究[M]. 北京：机械工业出版社，2005：1.

业要做的就是准备一份完美的商业计划书。商业计划书（Business Plan）好比是一则详尽的征婚启事，是创业企业吸引 VC 的一个关键性文件，也是 VC 评估和筛选投资对象的重要依据。商业计划书一般包括摘要和主文两部分。摘要部分主要包括企业的核心竞争力、基本利润率、持续增长能力、市场占有率、团队资源优势等内容，应力求言简意赅、突出重点，给人以深刻的印象，充分展示企业的亮点和优势。主文部分一般包括企业基本情况、管理团队介绍、盈利模式、研发、市场分析与预测、营销计划、融资计划、财务状况与财务规划、投资风险分析、创业投资的退出路径等内容。

【商业计划书格式示例】（资料来源：神州培训网）

第一部分　摘要

一、公司简介

二、核心产品（服务）

三、已投入的资金及使用

四、市场分析和营销策略

五、核心经营团队

六、融资需求分析

七、融资方案

八、财务分析与预测

第二部分　主报告

第一章　公司基本情况

一、公司的宗旨、目标

二、公司历史沿革

三、公司治理（股东会、董事会、高管团队等）

四、对外投资和关联企业

第二章　技术与产品（服务）

一、核心技术

二、主要产品（服务）

（1）产品（服务）特性

（2）研发情况

（3）知识产权

（4）产品或服务的生产、经营情况（包括原材料供应、现有规模、成本控制等）

第三章　市场分析

一、目标市场的规模、结构

二、消费群体分析

三、目前公司产品（服务）的市场占有情况

四、市场趋势预测

五、行业政策

第四章　竞争分析

一、行业垄断情况

二、主要竞争对手情况

三、潜在竞争对手情况

四、公司产品（服务）竞争优势

第五章　营销计划

一、销售政策制定情况

二、销售网络建设情况

三、促销方式

四、广告策略

五、销售资料统计

六、销售目标

第六章　经营现状及预测

一、目前盈利情况

二、增资后预期销售量、利润率

三、投资报酬率预测

第七章　融资计划

一、资金需求说明

二、资金使用计划及进度

三、融资方式

四、融资担保

五、融资后股权结构

六、投资回报计划

第八章　投资退出方案

一、IPO

二、股权转让

三、股权回购

第九章　投资风险分析

第十章　公司管理情况

一、公司组织结构

二、部门设置

三、管理制度

四、劳动人事

第十一章　财务分析

一、财务分析说明

二、财务数据预测

（1）销售收入明细表

（2）成本费用明细表

（3）工资薪金水平明细表

（4）固定资产明细表

（5）资产负债表

（6）利润及利润分配明细表

（7）现金流量表

（8）财务指标分析

第三部分　附录

（1）营业执照复印件

（2）董事名单及简历

（3）核心团队成员名单及简历

（4）专业术语说明

（5）有关证书

（6）企业形象设计/宣传资料

（7）产品市场成长预测图

（8）主要产品目录

（9）主要客户名单

（10）主要供货商及经销商名单

（11）主要设备清单

（12）其他

2. 恋爱

在有了初步投资意向后，VC 会和创业企业进一步接触，签订意向书，以确立"恋爱关系"。在意向书规定的恋爱期间，创业企业不能"脚踏两只船"，再去接触其他投资机构。之后，VC 会派驻律师、会计师、评估师等专业人士对创业企业的情况展开尽职调查。尽职调查将对企业的存续情况、历史沿革、股权结构、关联企业、对外投资、法人治理、规范运作、资产负债、财务状况、盈利模式、知识产权、人力资源、违法违规等各个方面进行摸底。这个时候，创业企业应当给予积极的配合，提供创业投资企业所需的文件材料，如实回答调查者的问询，包括出具有关提供资料真实性、完整性的承诺函等。当然，为防范自身的风险，创业企业也完全可以利用这一时期，对 VC 的情况进行进一步的调查了解，以确定对方是否诚心诚意、是否与自己"门当户对"。

3. 结婚

如果恋爱成功，下一步双方就要开始谈婚论嫁了，也就是进行签约谈判。为了婚后生活的幸福，这个时候双方需要把该谈的事情谈清楚，把丑话说在前头。谈判涉及的内容一般包括：投资的先决条件、投资方式、价格条款、投资后股权结构的调整、治理结构的调整、章程的修改、业绩要求、投资者权利、退出方式等。一般来说，为了保护自身利益，VC 都会要求设定诸如投资的先决条件、共同出售权、反稀释条款、优先购买权、否决权、对赌条款等条款。

投资的先决条件：VC 会要求在满足一定先决条件的情形下，才按约定向创业企业注资，具体条件的设定要看创业企业的实际情况，如对外担保到期后不得展期、对公司改制的承诺、终止有关合同及项目、雇员离职的限制等。这些先决条件是否能够满足，将成为创业企业能够获得投资的前提，因此创业企业应当三思而后行，千万不能为了融资而盲目允诺。

共同出售权：在创业企业老股东出售其股权时，VC 有权以同样的价格、条件、比例出售股权，以限制老股东退出。

反稀释条款：VC 可能要求企业在后续的融资或增资过程中，不能导致自己股份被摊薄，也就是使其持股比例下降。

优先购买权：为配合反稀释条款，VC 往往要求自己享有优先购买权，即在企业后续融资、增资时，自己享有对增资的优先认购权，以保证自己的持股比例。

否决权：VC 可能要求对企业重大事项的决策方面，自己享有一票否决权，以避免自身利益受损。

对赌条款（Valuation Adjustment Mechanism）：对赌条款实际上是一种估值调整机制。由于企业经营总是存在各种风险，因此双方谈判时对于创业企业的价值只能进行预估，未来的回报无法确定。为了促进创业企业积极创造好的业绩，特别是避免管理层道德风险给企业经营带来的不利影响，VC 往往会和企业管理层约定一个对赌条款，其内容一般是：如果将来企业达到双方约定的经营业绩时，VC 将一部分股权按照一个优惠的价格转让给管理层，如果将来企业没能达到约定的经营业绩时，管理层应按照优惠的价格将一部分股权转让给 VC。这样一方面能激励管理层提升企业的经营业绩；另一方面在经营业绩不理想时，VC 能通过优惠收购管理层持有的部分股权，以弥补自己的损失。

【案例】创投成功案例：蒙牛与摩根士丹利的豪赌（资料来源：阿里巴巴网站）

1999年1月，已过不惑之年的"下岗职工"牛根生创办"蒙牛乳业有限责任公司"，成立之初的蒙牛注册资本为100万元人民币，在全国乳制品企业中排名第1 116位。仅仅过了6年，2004年蒙牛乳业收入超过人民币72亿元；2005年3月，蒙牛占液体奶市场的市场份额达到25.4%，跃居全国第一。

是什么创造了蒙牛神话？回顾蒙牛超常规发展路线上的融资过程，可以发现蒙牛的成功固然离不开牛根生等一批创业者的个人努力，但也要归功于摩根士丹利等国际投资机构对蒙牛的"输血"。

早在2001年，蒙牛已经小有成就，呈现出良好的成长性，但由于自有资金的短缺，大好发展势头面临后续乏力的局面。就在这个时候，摩根士丹利等国际投资机构出现了，首期注资2 600万美元。获得第一轮投资后，蒙牛的业绩增长速度令人惊叹，2003年蒙牛销售收入从1999年的0.37亿元人民币飙升至40.7亿元人民币，后者是前者的110倍。

迅速成长的蒙牛对资金的胃口更大了，摩根士丹利等三家投资机构对蒙牛进行了第二轮投资。这一次注资3 523万美元，条件是摩根士丹利等投资者在蒙牛上市后有权行使换股权，将其总值3 523万美元的换股票据按照每股0.096美元（约合0.74港元）的兑换价兑换成股份，可兑换的股份数达3.68亿股。同时，摩根士丹利等还与蒙牛管理层签署了业绩对赌协议，约定2004—2006年期间，蒙牛每年的盈利平均增长不得低于50%，如果蒙牛未来3年业绩达不到要求，蒙牛管理层就必须将所持有的7.8%公司股权，即7 830万股转让给摩根士丹利等投资者；反之，摩根士丹利等投资者就将把同等数量的股权奖励给蒙牛管理层。

2004年6月，蒙牛在香港上市，共发售3.5亿股，获得206倍的超额认购。2004年12月，摩根士丹利等国际投资者行使第一轮换股权，以此前约定的兑换价换得蒙牛股份1.105亿股。换股成功后，摩根士丹利等立即以6.06港元/股的价格抛售了1.68亿股，套现10.2亿港元。2005年3月，鉴于蒙牛业绩迅猛增长，摩根士丹利等决定提前终止对赌协议，兑现奖励给蒙牛管理层的六千多万股股份。2005年6月15日，摩根士丹利等行使全部的剩余换股权，共计换得股份2.58亿股，并将其中的6 261万股奖励给蒙牛管理层。同时，摩根士丹利等把手中的股票几乎全部抛出变现，共抛出3.16亿股（包括奖给管理层的6 261万股），价格是4.95港元/股，共变现15.62亿港元。而蒙牛的管理层也获得了3.1亿港元的私人财富。

在蒙牛的整个融资过程中，摩根士丹利等国际投资机构两轮共投入了6 120万美元，折合约4.77亿港元。上市时共出售了1亿股蒙牛的股票，套现3.925亿港元；2004年12月，出售1.68亿股，套现10.2亿港元；2005年6月，最后出售2.5亿股（未计入其帮助金牛出售的6 261万股），套现12亿港元。三次套现总金额高达26.125亿港元，摩根士丹利等国际投资机构的投入产出比近550%。

评析：蒙牛与摩根士丹利等国际投资机构的投融资关系，可以说是创业投资"双赢"的成功典范。蒙牛从中获得雄厚的资金支持，实现了跨越式发展，一跃成为行业巨头；摩根士丹利等国际投资机构则如愿以偿地获得了超额的投资回报。当然，蒙牛管理层有胆量和摩根士丹利等签订条件苛刻的业绩对赌协议，是基于其对市场前景的准确判断和对企业自身实力的底气。如果不顾自身实际情况盲目对赌，那么最终不但可能因为"拔苗助长"陷企业于困境，而且企业管理层更将因为失去企业的控制权（股权）而变得一无所有。

谈判往往是艰难的博弈过程，创业企业既要在谈判过程中守住自己的底线，据理力争，又要懂得让步的艺术，以推动谈判的成功。多数情况下，VC 都会提供投资协议的文本供谈判使用，鉴于这些投资协议往往篇幅很长，其中又充满了复杂的法律术语，因此建议创业企业聘请专业律师来帮助自己完成谈判和签约过程。协议签订后，还有一些后续工作要做，包括根据投资协议的有关约定修改企业章程，到工商部门办理变更登记。如果 VC 为境外投资者的，投资协议还需有批准权限的外经贸部门批准方能生效。

4. 离婚

VC 投资的目的，并不是与创业企业"白头偕老"，而是在得到高额回报后退出企业，再去寻找新的投资机会，因此最终的分手是不可避免的。目前国内 VC 退出的渠道主要有 IPO、股权转让、股份回购。

IPO 退出：创业企业成功上市，VC 将其所持股票在公开市场上售出，以获得高额回报。

股权转让：VC 将其所持股份转让给其他投资人，以实现资本退出。鉴于 IPO 的门槛高、周期长，这种退出方式更容易实现。

股份回购：创业企业或其老股东将 VC 所持股份予以回购。老股东回购实际上也是股权转让，没有什么法律障碍；创业企业回购自身股份的主要法律依据是《公司法》第一百四十二条的规定。

【法条】

《公司法》

第一百四十二条 公司不得收购本公司股份。但是，有下列情形之一的除外：

（一）减少公司注册资本；

（二）与持有本公司股份的其他公司合并；

（三）将股份奖励给本公司职工；

（四）股东因对股东大会作出的公司合并、分立决议持异议，要求公司收购其股份的。

公司因前款第（一）项至第（三）项的原因收购本公司股份的，应当经股东大会决议。公司依照前款规定收购本公司股份后，属于第（一）项情形的，应当自收购之日起十日内注销；属于第（二）项、第（四）项情形的，应当在六个月内转让或者注销。

公司依照第一款第（三）项规定收购的本公司股份，不得超过本公司已发行股份总额的百分之五；用于收购的资金应当从公司的税后利润中支出；所收购的股份应当在一年内转让给职工。

另外，如果创业企业经营不善，也就是 VC 的投资失败时，与其看着企业状况日益恶化，损失越来越大，不如将其解散或破产，以便早日全身而退。因此 VC 也可以通过解散创业企业的方式来退出（关于企业解散的法律实务参见本书第六章）。

【超级链接】

一、高新技术企业税收优惠政策知多少？（摘自浙江省中小企业网《浙江省中小微企业政策百问百答》、《财政部、国家税务总局关于进一步鼓励软件产业和集成电路产业发展企业所得税政策的通知（财税〔2012〕27 号）》）

1. 什么是技术先进型服务企业？技术先进型服务企业可享受哪些税收优惠政策？

技术先进型服务企业是指经过认定，从事以下规定范围内业务的企业。技术先进型服务业务认定范围包括以下内容。

（1）信息技术外包服务（ITO）。包括软件研发及外包、信息技术研发服务外包和信息系统运营维护外包等。

（2）技术性业务流程外包服务（BPO）。包括企业业务流程设计服务、企业内部管理服务、企业运营服务和企业供应链服务等。

（3）技术性知识流程外包服务（KPO）。

2. 高新技术企业享有哪些税收优惠政策？国家重点支持的高新技术领域有哪些？

被认定为高新技术企业的，可以减按 15% 的税率征收企业所得税；企业研究开发投入经确认可按当年实际发生的技术开发费用的 150% 抵扣当年应纳税所得额。实际发生的技术开发费用当年抵扣不足部分，可按税法规定在 5 年内结转抵扣；企业经过技术合同登记的技术开发、技术转让合同可以享受免征营业税优惠。

国家重点支持的高新技术领域包括电子信息技术、生物与新医药技术、航空航天技术、新材料技术、高技术服务业、新能源及节能技术、资源与环境技术、高新技术改造传统产业（详见中华人民共和国科技部网站 www.most.gov.cn）。

3. 软件生产企业、集成电路设计企业可享受什么税收优惠？

根据《国务院关于印发进一步鼓励软件产业和集成电路产业发展若干政策的通知》（国发〔2011〕4 号）和《财政部国家税务总局关于进一步鼓励软件产业和集成电路产业发展企

业所得税政策的通知》（财税〔2012〕27号）软件生产企业、集成电路设计企业可享受如下税收优惠。

（1）增值税一般纳税人销售其自行开发生产的软件产品，按17%税率征收增值税后，对其增值税实际税负超过3%的部分实行即征即退政策；增值税一般纳税人将进口软件产品进行本地化改造后对外销售，其销售的软件产品可享受上述增值税即征即退政策；纳税人受托开发软件产品，著作权属于受托方的征收增值税，著作权属于委托方或属于双方共同拥有的不征收增值税；对经过国家版权局注册登记，纳税人在销售时一并转让著作权、所有权的，不征收增值税。

（2）对符合条件的软件企业和集成电路设计企业从事软件开发与测试，信息系统集成、咨询和运营维护，集成电路设计等业务，免征营业税，并简化相关程序。

（3）经认定的集成电路设计企业和符合条件的软件企业的进口料件，符合现行法律法规规定的，可享受保税政策。

（4）集成电路线宽小于0.8微米（含）的集成电路生产企业，经认定后，在2017年12月31日前自获利年度起计算优惠期，第一年至第二年免征企业所得税，第三年至第五年按照25%的法定税率减半征收企业所得税，并享受至期满为止。

（5）集成电路线宽小于0.25微米或投资额超过80亿元的集成电路生产企业，经认定后，减按15%的税率征收企业所得税，其中经营期在15年以上的，在2017年12月31日前自获利年度起计算优惠期，第一年至第五年免征企业所得税，第六年至第十年按照25%的法定税率减半征收企业所得税，并享受至期满为止。

（6）我国境内新办的集成电路设计企业和符合条件的软件企业，经认定后，在2017年12月31日前自获利年度起计算优惠期，第一年至第二年免征企业所得税，第三年至第五年按照25%的法定税率减半征收企业所得税，并享受至期满为止。

（7）国家规划布局内的重点软件企业和集成电路设计企业，如当年未享受免税优惠的，可减按10%的税率征收企业所得税。

（8）符合条件的软件企业按照《财政部 国家税务总局关于软件产品增值税政策的通知》（财税〔2011〕100号）规定取得的即征即退增值税款，由企业专项用于软件产品研发和扩大再生产并单独进行核算，可以作为不征税收入，在计算应纳税所得额时从收入总额中减除。

（9）集成电路设计企业和符合条件软件企业的职工培训费用，应单独进行核算并按实际发生额在计算应纳税所得额时扣除。

（10）企业外购的软件，凡符合固定资产或无形资产确认条件的，可以按照固定资产或无形资产进行核算，其折旧或摊销年限可以适当缩短，最短可为2年（含）。

（11）集成电路生产企业的生产设备，其折旧年限可以适当缩短，最短可为3年（含）。

4. 技术合同收入可以享受哪种税收优惠政策？

根据《财政部、国家税务总局〈关于贯彻落实中共中央国务院关于加强技术创新，发展高科技，实现产业化的决定〉有关税收问题的通知》(财税字〔1999〕273号)，对单位和个人（包括外商投资企业、外商投资设立的研究开发中心、外国企业和外籍个人）从事技术转让、技术开发业务取得的收入，免征营业税。

5. 技术转让收入可享受的企业所得税减免政策是什么？

根据《中华人民共和国企业所得税法》第二十七条的规定，企业符合条件的技术转让所得可以免征、减征企业所得税。《中华人民共和国企业所得税法实施条例》第九十条规定，所称符合条件的技术转让所得免征、减征企业所得税，是指一个纳税年度内，居民企业技术转让所得不超过500万元的部分，免征企业所得税；超过500万元的部分，减半征收企业所得税。

6. 企业研发费用加计扣除政策的具体内容是什么？

所谓加计扣除，是指企业经营过程中发生的特定费用在规定据实列支扣除的基础上，给予增加一定比例的额外扣除，从而减少企业应税所得额，使相关企业少缴纳税款。

《国务院关于实施国家中长期科学和技术发展规划纲要的若干配套政策》(国发〔2006〕6号)规定：允许企业按当年实际发生的技术开发费用的150%抵扣当年应纳税所得额。实际发生的技术开发费用当年抵扣不足部分，可按税法规定在5年内结转抵扣。

《国家税务总局关于印发〈企业研究开发费用税前扣除管理办法（试行）〉的通知》(国税发〔2008〕116号)规定：研发费用计入当期损益未形成无形资产的，允许再按其当年研发费用实际发生额的50%，直接抵扣当年的应纳税所得额；研发费用形成无形资产的，按照该无形资产成本的150%在税前摊销，除法律另有规定外，摊销年限不得低于10年。

7. 哪些研发费用可以享受加计扣除的税收优惠？

根据《国家税务总局关于印发〈企业研究开发费用税前扣除管理办法（试行）〉的通知》(国税发〔2008〕116号)，企业从事《国家重点支持的高新技术领域》和国家发展改革委员会等部门公布的《当前优先发展的高技术产业化重点领域指南（2007年度）》规定项目的研究开发活动，其在一个纳税年度中实际发生的下列费用支出，允许在计算应纳税所得额时按照规定实行加计扣除。

(1) 新产品设计费、新工艺规程制定费以及与研发活动直接相关的技术图书资料费、资料翻译费；

(2) 从事研发活动直接消耗的材料、燃料和动力费用；

(3) 在职直接从事研发活动人员的工资、薪金、奖金、津贴、补贴；

(4) 专门用于研发活动的仪器、设备的折旧费或租赁费；

(5) 专门用于研发活动的软件、专利权、非专利技术等无形资产的摊销费用；

（6）专门用于中间试验和产品试制的模具、工艺装备开发及制造费；

（7）勘探开发技术的现场试验费；

（8）研发成果的论证、评审、验收费用。

二、如何订立风险投资协议（资料来源：人民网）

人民日报海外版律师信箱：

我公司是一家在京注册的内资有限责任公司，并拥有自己的一家网站。最近几家境外风险投资公司计划向我公司投入风险资金，有关投资协议的谈判即将开始。请问：如何订立风险投资协议？它应包含哪些条款？谈判中应注意哪些问题？

××公司：

事实上，境外较为成熟的风险投资公司，都有一整套完整的关于风险投资的格式合同文本。但在我们接触过的类似合同当中，发现其中不乏一些与我国现行法律相抵触的条款。因此，若贵公司拟以境外风险投资公司的格式合同为蓝本，则在订立合同过程中必须对各项条款仔细审视并加以修改。

根据我国《合同法》、《公司法》及其他相关法律，同时结合风险投资本身的行为特征，风险投资协议至少应就以下事项加以约定：

1. 合同主体，即合同各方当事人的名称或姓名及住所；

2. 投资总额，投资方式，投入时间，出资期限；

3. 股权转让，股份比例，每股价格，定价依据，交割方式，交割期限，股权质押；

4. 未来企业管理模式与监控机制，危机处理；

5. 企业管理层的聘用，管理层持股计划，其认购股份的计算方法及发放方式；

6. 员工的聘用，员工持股规定及认购股份的价格计算方式和发放方式；

7. 财务会计制度，各项积金的提取及累积政策，利润分配政策及支付方式，税收制度，外汇管理制度，劳动用工制度；

8. 作为应披露的信息的概念及披露信息的范围与程序；

9. 风险投资的退出（企业上市，企业并购，股份回购，企业破产清算）；

10. 保证及承诺；

11. 违约责任；

12. 其他认为有必要约定的条款（如争议解决方式，个别行为的准据法，不同文字的合同文本的法律效力等）。

比照上述条款，结合贵公司具体情况，务请贵公司订立投资协议时注意以下几点。

1. 贵公司经营范围涉及 ICP 业务，而拟向贵公司投资的风险投资公司来自境外。根据中国国务院有关规定，外资目前尚不允许进入 ISP、ICP 等通信业务领域。一般的做法是将境内的 ICP 业务剥离，这一方式比较适合于贵公司。

2. 若贵公司最终接纳境外风险投资公司的投资，则公司还面临改制为"中外合资经营企业"的问题，因此必须履行相应的报批、审批手续；而贵公司未来的企业制度，无论是在经营管理、劳动管理方面，还是在财务、会计制度、税收、外汇管理方面，都必须遵守中国法律。

3. 未来与贵公司合作的风险投资公司，其投资总额与其认缴股份之间的比例，应符合国家有关规定。

4. 关于股份比例，建议中方应至少占1/3强，以避免在未来可能出现的企业转售及并购过程中处于过分劣势的地位。

5. 关于企业管理模式与监控机制方面，应尽可能说服投资方以间接管理的模式参与公司管理与监控，从而使企业管理层保持一定的稳定性。这样不仅有利于企业经营管理的延续性，而且更有利于风险投资公司尽早收回投资、实现回报（因某些二板证券市场对其上市公司管理层的稳定性有限制性规定）。

6. 风险资金的退出条款，是风险投资协议中的重头戏。风险资金退出的常见方式，包括企业上市、企业并购和股份回购，而这其中每一种方式所涉及的法律问题均较为复杂，由于篇幅所限，恕不赘述。

鉴于风险投资涉及一系列相当复杂的法律课题，且针对不同企业亦有不同的侧重点，非只言片语所能尽言，在此仅作简单答复，谨供参考。

北京市观韬律师事务所律师　周唯
《人民日报海外版》（2000 年 09 月 01 日第五版）

【实务演练】

1. 请根据自己拟创业企业的实际情况，拟定企业的产品（服务）质量管理制度和财务管理制度。

2. 通过一个质量问题的案例，谈谈企业应当如何正确应对质量危机事件。

3. 通过一个不正当竞争的案例，谈谈你对企业合法参与市场竞争的理解。

4. 结合自己拟创业企业的实际情况，谈谈你的拟创业企业如何实施 HSE 管理。

5. 为自己拟创业企业制定一份吸引风险投资的商业计划书。

【案例评析】

北京奇虎科技有限公司等与腾讯科技（深圳）有限公司等不正当竞争纠纷案

2011 年 6 月 10 日，腾讯科技（深圳）有限公司、深圳市腾讯计算机系统有限公司（以下统一简称腾讯）向广东省高级人民法院起诉称：原告是提供互联网综合服务的互联网公司，腾讯QQ即时通信软件和腾讯QQ即时通信系统是原告的核心产品和服务。2010年10月29日，原告发现两被告——北京奇虎科技有限公司、奇智软件（北京）有限公司（以下统一简称奇虎），通过其运营的www.360.cn网站向用户提供"360扣扣保镖"（以下简称扣扣保镖）软件下载，并通过各种途径进行推广宣传。该软件直接针对腾讯QQ软件，自称具有"给QQ体检"、"帮QQ加速"、"清QQ垃圾"、"去QQ广告"、"杀QQ木马"、"保QQ安全"和"隐私保护"等功能模块，实质上是打着保护用户利益的旗号，污蔑、破坏和篡改腾讯QQ软件的功能；同时通过虚假宣传，鼓励和诱导用户删除腾讯QQ软件中的增值业务插件、屏蔽原告的客户广告，并将其产品和服务嵌入原告的QQ软件界面，借机宣传和推广自己的产品。被告的上述行为不仅破坏了原告合法的经营模式，导致原告产品和服务的完整性和安全性遭到严重破坏，原告的商业信誉和商品声誉亦遭到严重损害。被告的上述行为违反了公认的商业道德，构成不正当竞争，减少了原告的增值业务交易机会和广告收入，给原告造成了无法估量的损失，亦导致用户不能再享受优质、安全、有效的即时通讯服务，最终损害用户的利益。两被告共同实施了涉案不正当竞争行为，应承担连带责任。故请求法院判令两被告立即停止涉案不正当竞争行为，赔礼道歉，消除影响，并连带赔偿原告经济损失1.25亿元。

　　广东省高级人民法院认为，被告奇虎以保护用户利益为名，推出扣扣保镖软件，诋毁原告QQ软件的性能，鼓励和诱导用户删除QQ软件中的增值业务插件、屏蔽原告的客户广告，其主要目的是将自己的产品和服务嵌入原告的QQ软件界面，依附QQ庞大的用户资源推销自己的产品，拓展360软件及服务的用户。被告在给原告造成了严重经济损失的同时推销自己的产品，增加自己的交易机会，违反了诚实信用和公平竞争原则，构成不正当竞争。遂判决：一、奇虎赔偿腾讯经济损失及合理维权费用共计500万元。二、奇虎连续15日在其网站（www.360.cn、www.360.com）首页显著位置，在新浪网（www.sina.com）、搜狐网（www.sohu.com）和网易网（www.163.com）网站首页显著位置，连续7日在《法制日报》和《中国知识产权报》第一版显著位置就其不正当竞争行为向腾讯赔礼道歉，消除影响。

　　奇虎不服一审判决，向最高人民法院上诉。最高人民法院于2014年2月18日作出终审判决，维持了广东省高级人民法院的一审判决。最高院的终审判决认为，正当的市场竞争是竞争者通过必要的付出而进行的诚实竞争。不付出劳动或者不正当地利用他人已经取得的市场成果，为自己谋取商业机会，从而获取竞争优势的行为，属于食言而肥的不正当竞争行为。本案中，根据现已查明的事实，奇虎公司在经营扣扣保镖时，将自己的产品和服务嵌入QQ软件界面，取代了被上诉人QQ软件的部分功能，其根本目的在于依附QQ软件强大的用户群，通过对QQ软件及其服务进行贬损的手段来推销、推广360安全卫士，从而增加上诉人的市场交易机会并获取市场竞争优势，此行为本质上属于不正当地利用他人市场成果，为自己谋取商业机会从而获取竞争优势的行为。同时，最高院指出，互联网行业鼓励自由竞争和创新，但这并不等于互联网领域是一个可以为所欲为的法外空间。竞争自由和创新自由必须以不侵犯他人合法权益为边界，互联网的健康发展需要有序的市场环境和明确的市场竞争规则作为保障。是否属于互联网精神鼓励的自由竞争和创新，仍然需要以是否有利于建立平等公平的竞争秩序、是否符合消费者的一般利益和社会公共利益为标准来进行判断，而不是仅有某些技术上的进步即应认为属于自由竞争和创新。否则，任何人均可以技术进步为借口，对他人的技术产品或者服务进行任意干涉，就将导致借技术进步、创新之名，而行"丛林法则"之实。本案中，上诉人以技术创新为名，专门开发扣扣保镖对被上诉人 QQ 软件进行深度干预，难以认定其行为符合互联网自由和创新之精神，故对此上诉理由不予支持。

（资料来源：最高人民法院）

评析： 腾讯 QQ 和奇虎 360 是国内较大的两个客户端软件，双方为了各自的利益，从 2010 年到 2013 年期间，上演了一系列互联网攻守战。2010 年 9 月，奇虎推出 360 "隐私保护器"，专盯 QQ 是否侵犯用户隐私，腾讯随后将 360 告上法庭，要求其停止侵权。同年 11 月，腾讯发表公开信，要求用户在 QQ 和 360 之间二选一，此举引致众多 QQ、360 用户不满。此事虽经工信部出面调停，但双方并未真正休战，而是把战场从网络搬到了法庭。本案以腾讯胜诉告终，然而这并不是 "3Q 大战" 的尾声，本案进行的同时，奇虎也起诉腾讯滥用市场支配地位（该案被称做 "互联网反垄断第一案"），再次将战火烧到最高人民法院。2014 年 10 月 8 日，最高人民法院作出该案终审判决，依然判定奇虎败诉。不过，在此前的 2014 年 4 月 18 日，奇虎总算在与腾讯的诉讼大战中扳回一城，北京市西城法院对奇虎诉腾讯名誉侵权案作出一审判决，判定腾讯公司败诉，并判罚其在腾讯网首页向奇虎公司公开道歉七天。

从本案终审判决来看，法院的态度非常鲜明，互联网不是法外空间，互联网的竞争也必须正当、合法。这也许正是腾讯与奇虎，王老吉与加多宝等重量级企业之间的诉讼大战给人们带来的启示。经过这些诉讼大战的磨炼和洗礼，我们的企业必将越来越懂得，依法经营、合法竞争才是企业发展之正轨，而这正是我国商业文明和法治文明进步的基石。

第六章

企业解散法律实务

本章要点提示

☑ 企业解散的原因和后果
☑ 如何进行企业解散前的清算
☑ 企业破产及其法定程序

对于一个雄心勃勃、满怀憧憬的创业者来说，你可能会考虑未来企业发展方方面面的问题，而对于本章的主题，你也许会说："解散？在我的字典里根本就没有这个词！"我们并不想打击你的信心，可是我们必须提醒你，企业的解散是一个每时每刻都在发生的事实，而且一个企业的解散未必都是坏事，有时候解散一个危机重重的企业，不啻是一种长痛不如短痛的解脱，有时候，恰恰是为了进一步的发展而解散企业，如因企业合并、分立而导致的解散。

第一节 企业解散的概念、原因、法律后果

关键词：企业解散、强制解散、任意解散

一、什么是企业解散

企业解散是指企业依法停止一切业务经营活动，着手处理善后事务，经批准注销后，企业的法律主体资格消灭的法律行为。通俗地说，就是企业的"死亡"。

在现实经济活动中，由于各种原因，企业也会像我们人一样面临"死亡"的命运。有些时候，这是由于企业违反了法律、行政法规的规定，在外部强制力量的干预下被迫解散，如法院判决解散等，我们称为强制解散；有时候则是企业根据章程、协议的约定或自己的意愿决定解散，包括因强制解散以外的其他原因导致的解散，我们称为任意解散。

企业生命的终止并不是一个自然的生理过程，它必须按照法律的规定，在出现合法的

解散事由的前提下依法进行。

【法条】

《公司法》

第一百八十条　公司因下列原因解散：

（一）公司章程规定的营业期限届满或者公司章程规定的其他解散事由出现；

（二）股东会或者股东大会决议解散；

（三）因公司合并或者分立需要解散；

（四）依法被吊销营业执照、责令关闭或者被撤销；

（五）人民法院依照本法第一百八十二条的规定予以解散。

第一百八十二条　公司经营管理发生严重困难，继续存续会使股东利益受到重大损失，通过其他途径不能解决的，持有公司全部股东表决权百分之十以上的股东，可以请求人民法院解散公司。

《合伙企业法》

第八十五条　合伙企业有下列情形之一的，应当解散：

（一）合伙期限届满，合伙人决定不再经营；

（二）合伙协议约定的解散事由出现；

（三）全体合伙人决定解散；

（四）合伙人已不具备法定人数满30天；

（五）合伙协议约定的合伙目的已经实现或者无法实现；

（六）依法被吊销营业执照、责令关闭或者被撤销；

（七）法律、行政法规规定的其他原因。

《个人独资企业法》

第二十六条　个人独资企业有下列情形之一时，应当解散：

（一）投资人决定解散；

（二）投资人死亡或者被宣告死亡，无继承人或者继承人决定放弃继承；

（三）被依法吊销营业执照；

（四）法律、行政法规规定的其他情形。

企业解散是一个法律概念，它和我们平时所使用的企业"倒闭"、"关门"、"歇业"、"停业"等概念既有联系又有区别。

企业解散是企业生命的终止，从这点上看，"倒闭"、"关门"和解散的意思有一致的地方，但不同的是，从企业解散的原因看，既存在企业主动决定解散，也存在企业被迫解散的情况，而"倒闭"一般是被动的，"关门"可能是被动的，也可能是主动的。

"歇业"、"停业"有可能是永久性的，也可能是暂时性的，而企业解散是企业永久性停止营业。

二、企业解散在法律上将产生什么后果

1. 停止一切业务经营活动，退出市场

企业一旦解散，即应停止一切积极的业务经营活动，除为实现清算目的由清算组织代表公司处理未了结业务外，不得开展新的业务经营活动。

2. 成立清算组织，进入清算程序

除因公司合并或分立导致的解散无须清算外，其他企业解散后均应依法成立清算组织，企业由正常经营的状态进入清算状态。清算中的企业仍可以自己的名义从事民事活动和诉讼活动，但是企业原来的代表机关及业务执行机关丧失职能、停止工作，由清算组织取而代之。如公司原先的法定代表人现在不再代表公司。

3. 经批准注销登记后，企业主体资格消灭

企业解散后，无论是否需要经过清算程序，都必须依法向企业登记机关申请注销登记。注销登记申请经批准后，企业作为一个法律主体的资格就此消灭，一个企业便真正宣告"死亡"。需要指出的是，作为无限责任企业，合伙企业和个人独资企业注销登记后，其投资人（合伙企业的普通合伙人、个人独资企业的投资人）对企业的债务仍须依法承担责任。

三、如果企业主动选择解散，该如何做

（1）股东或合伙人可以事先对企业解散的条件作出约定，一旦条件具备，即可解散企业。

公司股东可以在公司章程中对公司的经营期限预先作出规定，一旦营业期限届满，公司即可解散，同时股东也可以在章程中规定其他解散事由。例如，有的公司章程规定了公司的经营期限（如 10 年），当公司经营期限届满后，公司就可以解散了。合伙企业的合伙人同样可以对合伙期限、合伙企业解散事由作出约定，当合伙期限届满，合伙人决定不再经营的，或者合伙企业解散事由出现，合伙企业即可解散。

（2）如果没有事先约定解散事由的，企业投资人还有权在企业存续过程中随时决定企业解散。

公司的股东会、股东大会有权通过决议决定是否解散公司；合伙企业的全体合伙人一致决定的，可以解散合伙企业；至于个人独资企业的解散问题，当然是它的投资人一个人

说了算。

（3）当公司合并或者分立时，可根据实际情况来决定是否需要解散公司以及解散哪一家公司。

如甲公司以吸收的方式合并乙公司，相当于甲公司"吃掉"乙公司，则甲公司存续，乙公司必须解散。如甲、乙两公司决定以新设公司的方式进行合并，则甲、乙两公司均需解散，另外设立一个新公司（丙公司）。

公司分立时，如原公司将其全部财产分给新设公司，原公司不复存在的，则原公司应当解散。如原公司只将部分财产分给新设公司的，则无须解散。

四、如果公司章程规定的营业期限已经届满或者公司章程规定的其他解散事由出现，但又不想解散公司，该怎么办

股东可以通过修改公司章程的相关规定来避免公司的解散，如对章程有关营业期限的条款进行修改，延长公司的营业期限。

为使公司继续存续而修改章程的决议，有限责任公司须经持有 2/3 以上表决权的股东通过，股份有限公司须经出席股东大会会议的股东所持表决权的 2/3 以上通过。

【法条】

《公司法》

第一百八十一条 公司有本法第一百八十条第（一）项情形的，可以通过修改公司章程而存续。

依照前款规定修改公司章程，有限责任公司须经持有三分之二以上表决权的股东通过，股份有限公司须经出席股东大会会议的股东所持表决权的三分之二以上通过。

顺便说一句，同样的问题也会出现在合伙企业身上。虽然《合伙企业法》对此没有明确规定，但是我们认为以上规定的精神应当同样适用于合伙企业。当合伙协议约定的解散事由出现、约定的合伙目的已经实现等情形下，如果合伙人并不愿意解散企业的，应当允许合伙人通过依法修改合伙协议的方式使企业存续，毕竟这些都属于合伙人意思自治的领域，法律没必要管得太死。

五、在哪些情形下企业将被强制解散

强制解散包括以下情形。

1. 行政性强制解散

公司、合伙企业依法被吊销营业执照、责令关闭或者被撤销，个人独资企业被吊销营业执照的，应当解散。这是企业严重违反工商、税收、劳动、市场、环境保护等法律法规和规章时，由有关行政主管机关作出行政决定，从而导致企业被迫解散。如公司成立后无正当理由超过 6 个月未开业或开业后连续停业 6 个月以上的，将被公司登记机关吊销营业执照。

2. 法院判决解散

根据《公司法》的规定，在出现公司僵局时，股东可以通过诉讼解散公司，即当公司经营管理发生严重困难，继续存续会使股东利益受到重大损失，通过其他途径不能解决的，持有公司全部股东表决权 10%以上的股东，可以请求人民法院解散公司。

3. 破产解散

企业不能清偿到期债务，被人民法院依法宣告破产，企业自人民法院作出破产宣告之日起即告解散。此外，企业还可能面临其他一些不得不解散的情况。

（1）合伙企业的合伙人已不具备法定人数满 30 天。

按照《合伙企业法》的规定，合伙企业必须有 2 个以上的合伙人。要避免这种情况的发生，很简单，30 天内赶快再去找一个合伙人。

（2）合伙协议约定的合伙目的已经实现或者无法实现。

（3）个人独资企业的投资人死亡或者被宣告死亡，无继承人或者继承人决定放弃继承。

六、企业如被强制解散，企业投资人、负责人、高管对企业解散需承担哪些责任

对企业破产或因违法被吊销营业执照、责令关闭等情形负有个人责任的企业负责人、高管将面临日后担任企业高管的 3 年禁令。如果高管违反忠实义务、勤勉义务致使企业破产的，还须对企业承担赔偿损失等民事责任。

【法条】

《公司法》

第一百四十六条 有下列情形之一的，不得担任公司的董事、监事、高级管理人员：

……

（三）担任破产清算的公司、企业的董事或者厂长、经理，对该公司、企业的破产负有个人责任的，自该公司、企业破产清算完结之日起未逾三年；

（四）担任因违法被吊销营业执照、责令关闭的公司、企业的法定代表人，并负有个

人责任的，自该公司、企业被吊销营业执照之日起未逾三年；

......

《企业破产法》

第一百二十五条　企业董事、监事或者高级管理人员违反忠实义务、勤勉义务，致使所在企业破产的，依法承担民事责任。

有前款规定情形的人员，自破产程序终结之日起三年内不得担任任何企业的董事、监事、高级管理人员。

七、如何避免企业的强制解散

根据上述介绍，避免企业被强制解散，必须从以下三个方面入手：

（1）依法经营，避免因违反法律法规而被行政处罚；

（2）加强管理，控制负债和经营风险，稳步发展，避免资不抵债而面临破产；

（3）依法治理，健全公司法人治理结构，协调好股东之间的关系，避免公司陷入僵局。

第二节　清　算

关键词：清算、清算组的职权、清算程序、清算财产的分配

一、什么是清算

企业解散时，需对其债权债务进行清理，了结其存续期间的法律关系，这就是清算。也就是说，在企业作为一个法律主体消灭之前，必须对其财产、债权债务进行清理，该讨债的讨债，该还钱的还钱，一切未了事务均做一了结，至此方能"赤条条"了无牵挂，干干净净退出市场。

二、清算由谁来负责

清算是企业投资人的法定义务。因此，一般情况下，清算由企业投资人来进行，具体来说：

（1）有限责任公司的清算组由股东组成；

（2）股份有限公司的清算组由董事或者股东大会确定的人员组成；

（3）合伙企业的清算人由全体合伙人担任；

（4）个人独资企业则由投资人自行清算。

如果企业投资人怠于履行清算义务的，债权人及其他有关人员可以申请人民法院指定清算人员。

如果企业投资人不履行清算义务，导致债权人损失的，债权人还可以向法院提起诉讼，要求其对企业的债务承担连带清偿责任或者赔偿责任。创业者千万别做这种不负责任的投资人，即使企业经营失败也要依法清算，善始善终。

【案例】未经清算注销公司，二股东被判代公司还债（资料来源：《人民法院案例选》总第43辑）

1994年甲、乙二人共同投资设立A公司。1995年12月A公司因生产经营需要向B公司借款40万元，双方约定利率为月息10.08‰，还款日期为1996年3月13日。借款到期后，A公司除了支付一部分利息外，其余本息未付。1999年6月因公司经济状况不佳A公司向工商部门提出注销登记申请，并于申请表中注明公司债权债务已经清理完毕，如有债务，由甲和乙承担。同年11月10日，工商部门核准注销了A公司。但自公司决定解散至工商部门核准注销期间，A公司并未按照《公司法》的规定进行清算，工商部门亦未审查。期间B公司诉至法院，要求A公司还本付息。

本案诉讼过程中因A公司已经注销，法院将被告变更为甲、乙二人。甲、乙二人承认A公司欠款的事实，但是他们认为A公司已注销，他们作为公司股东不应对原公司债务承担清偿责任。另以账册丢失为由，拒不提供公司账务簿及资产状况。

本案历经一审、二审，终审法院认为A公司决定解散后应当进行清算而不进行清算，甲、乙二股东的行为损害了债权人B公司的利益，应当由甲、乙二股东在接收A公司资产的范围内承担返还责任或赔偿责任。鉴于甲、乙二股东拒不提供公司账册，无法判断其接收A公司资产的具体形态和数额，但从举证责任分析，有证据证明持有证据的一方当事人无正当理由拒不提供，如果对方当事人主张该证据的内容不利于证据持有人的，可以推定该主张成立，据此可以推定甲、乙二人接收的资产大于或等于债权，赔偿责任的份额可以确定为40万元本金及利息损失。因此判决甲、乙二人赔偿B公司40万元及其利息。

评析：甲、乙二人作为A公司的股东，在A公司解散时有义务进行清算，但他们未经清算就将A公司注销了，导致B公司无法向A公司主张权利。甲、乙二人的行为不但违反了股东应尽的义务，而且侵害了债权人B公司的合法权益，理应承担法律责任。如果甲、乙二人可以逃避法律的制裁的话，那么无异于鼓励这种不负责任的行为，鼓励企业恶意逃债。

本案发生在1999年，当时类似纠纷的法律依据还不足，因此法院在判决时颇费了番论证推敲的工夫。如果发生在今天，那么就可以根据2008年5月最高人民法院出台的《关于适用〈中华人民共和国公司法〉若干问题的规定（二）》第二十条"公司未经清算即办理注销登记，导致公司无法进行清算，债权人主张有限责任公司的股东、股份有限公司的董事和控股股东，以及公司的实际控制人对公司债务承担清偿责任的，人民法院应依法予以支持"的规定，直接要求甲、乙二人偿还 B 公司借款。

三、清算组有哪些职责

清算组一般有以下职责。

（1）清理企业财产。

这是清算组的基本职责，也就是说把企业的财产情况查清楚，并编好资产负债表和财产清单等相关材料。

（2）通知债权人前来申报债权。

（3）处理公司未了结的业务。

（4）清缴税款。

（5）清理债权、债务。

（6）处理企业清偿债务后的剩余财产。

在清偿企业全部的债务之后，如仍有剩余财产的，依法向企业投资人分配剩余财产。

（7）代表企业参加诉讼或仲裁。

清算组织在清算过程中必须恪尽职守，依法履行职责，不得隐匿财产、转移财产，不得以权谋私、借机牟取非法利益，否则将面临法律的制裁。

四、清算要经过哪些程序

清算组成立后，应当立即开始以下清算程序。

（1）通知债权人。清算组应当在成立之日起 10 日内通知债权人，并于 60 日内在报纸上公告，以催告债权人前来申报其债权。

（2）清理企业财产。清算组在通知债权人的同时，应当调查和清理公司的财产，如实编制公司资产负债表、财产清单和债权、债务目录。

（3）制定清算方案。财产清理完毕后，清算组应当制订清算方案，提出收取债权和清偿债务的具体安排。

（4）进行财产分配。根据清算方案，清算组把企业未了结的业务一一处理完毕，收取企业享有的债权后，可以进行财产分配，包括清偿企业的债务，分配剩余财产。

（5）办理企业注销登记。清算结束后，清算组织应当制作清算报告，经依法确认后报企业登记机关，按照登记机关的要求办理注销登记。公司注销的，还须在报纸等媒体上进行公告。

五、清算后的企业财产怎么分

一般的分配顺序如下：

（1）支付清算费用；

（2）支付职工工资、社会保险费用、法定补偿金；

（3）缴纳税款；

（4）清偿企业债务；

（5）分配给企业投资人。

注意，企业投资人是排在最后的，如果在前面的分配过程中没有剩余财产的，企业投资人只能空手而归。那么企业投资人可不可以在清算之前先把自己的投资收回或者分配企业的财产呢？答案是不可以。清算是分配财产的先决条件、前置程序，如果未经清算，企业投资人就开始把企业的财产往自己兜里搬，企业财产又怎么可能得到彻底清理？又如何保障企业职工、债权人等的合法权益？总之，这是绝对不允许的，是一种非常严重的违法行为。

六、清算过程中发现企业"资不抵债"怎么办

如果清算过程发现企业所有财产不足以偿付其债务的，那就意味着企业破产了，这时应当向人民法院申请宣告破产，企业被依法宣告破产的，根据《企业破产法》的规定来进行破产清算。

第三节　破　产

关键词：破产、破产宣告、债务人财产、破产财产、重整、和解、管理人、债权人会议、债权人委员会

一、什么是破产

破产通常是指一个经济体无力偿还债务的事实状态。从法律的角度看，破产是债务人不能清偿到期债务时，由法院主持债务人财产的清理、分配，使债权人得到公平清偿的法律程序。

我国目前只有《企业破产法》（2007 年 6 月 1 日起施行），还没有个人破产法。

需要注意的是，我国《企业破产法》所说的企业是指各类企业法人，包括有限责任公司、股份有限公司、三资企业、国有企业等，不包括不具备法人资格的合伙企业、个人独资企业。但是合伙企业的债权人也可以向法院申请破产清算，如果合伙企业破产清算的，参照《企业破产法》执行。

二、如何申请破产

1. 申请标准

企业不能清偿到期债务，并且资产不足以清偿全部债务或者明显缺乏清偿能力时，可以申请破产。

2. 申请人

申请人分为三种情况：债务人（破产企业）自己、债权人或者清算责任人。

清算责任人是指企业已经解散但未清算或者未清算完毕，已经发现资不抵债的，依法负有清算责任的人应当向法院申请破产清算。前面我们介绍过，负有清算责任的人一般就是企业的投资人，如有限责任公司的清算责任人是股东。

3. 管辖法院

破产案件由债务人住所地人民法院管辖。

4. 申请需提交的材料

向法院提出破产申请，应当提交破产申请书和有关证据。

破产申请书上要载明申请人、被申请人的基本情况、申请目的、申请的事实和理由等事项。债务人提出申请的，还应当向法院提交财产状况说明、债务清册、债权清册、有关财务会计报告、职工安置预案以及职工工资的支付和社会保险费用的缴纳情况。

5. 申请的受理

债务人自己申请或者清算责任人申请的，法院会在收到申请之日起 15 日内裁定是否受理。债权人提出破产申请的，法院会在 5 日内通知债务人。债务人可以在 7 日内提出不同意见，法院将最终作出是否受理的裁定。特殊情况下，法院裁定受理的期限可以延长 15 日。

三、法院受理破产申请后，将产生哪些法律后果

法院受理破产申请后，债务人（破产企业）就处于破产程序的约束之中，企业不得任意行为，企业事务要由法院指定的管理人来处理。

（1）债务人财产冻结，不得擅自处分。

债务人财产包括破产申请受理时属于债务人的全部财产，以及破产申请受理后至破产程序终结前债务人取得的财产。

破产申请受理后，债务人擅自处分财产的行为无效，包括以下内容。

① 对个别债权人的债务清偿。例如，公司现有资产 20 万元，欠 A、B、C、D 四个债权人各 10 万元债务，鉴于 A 平时和该公司关系好，先把 A 的 10 万元还掉。这种做法是不允许的，对 B、C、D 不公平，违反了破产法公平清偿的原则。

② 为逃避债务而隐匿、转移财产。

③ 虚构债务或者承认不真实的债务。

另外，债务人的债务人或者财产持有人这时要向管理人清偿债务或者交付财产，而不能直接向债务人清偿或交付财产。

（2）出资不到位的出资人必须补足出资。

（3）未了业务由管理人决定是否继续履行。法院受理破产申请后，管理人对破产申请受理前成立而债务人和对方当事人均未履行完毕的合同有权决定解除或者继续履行。

（4）债务人涉诉程序的特别规定。法院受理破产申请后，有关债务人财产的保全措施应当解除，执行程序应当中止；已经开始而尚未终结的有关债务人的民事诉讼或者仲裁应当中止直至管理人接管债务人的财产；有关债务人的民事诉讼，只能向受理破产申请的人民法院提起。

四、破产企业的事务由谁做主，由谁管理

法院受理破产申请后，企业原有的决策管理层停止工作，由管理人接手，同时债权人组成债权人会议、债权人委员会，监督管理人的工作。

1. 管理人

法院裁定受理破产申请的同时，将为债务人指定管理人。管理人由有关部门、机构的人员组成的清算组或者依法设立的律师事务所、会计师事务所、破产清算事务所等社会中介机构担任。

【法条】

《企业破产法》

第二十五条　管理人履行下列职责：

（一）接管债务人的财产、印章和账簿、文书等资料；

（二）调查债务人财产状况，制作财产状况报告；

（三）决定债务人的内部管理事务；

（四）决定债务人的日常开支和其他必要开支；

（五）在第一次债权人会议召开之前，决定继续或者停止债务人的营业；

（六）管理和处分债务人的财产；

（七）代表债务人参加诉讼、仲裁或者其他法律程序；

（八）提议召开债权人会议；

（九）人民法院认为管理人应当履行的其他职责。

2. 债权人会议

债权人会议由依法申报债权的债权人组成。

【法条】

《企业破产法》

第六十一条　债权人会议行使下列职权：

（一）核查债权；

（二）申请人民法院更换管理人，审查管理人的费用和报酬；

（三）监督管理人；

（四）选任和更换债权人委员会成员；

（五）决定继续或者停止债务人的营业；

（六）通过重整计划；

（七）通过和解协议；

（八）通过债务人财产的管理方案；

（九）通过破产财产的变价方案；

（十）通过破产财产的分配方案；

（十一）人民法院认为应当由债权人会议行使的其他职权。

3. 债权人委员会

债权人会议可以决定设立债权人委员会。债权人委员会由债权人会议选任的债权人代表和1名债务人的职工代表或者工会代表组成。债权人委员会成员最多不得超过9人。

【法条】

《企业破产法》

第六十八条　债权人委员会行使下列职权：

（一）监督债务人财产的管理和处分；

（二）监督破产财产分配；

（三）提议召开债权人会议；

（四）债权人会议委托的其他职权。

五、企业申请破产了，高管可以立即另谋高就吗

法院受理破产申请后，企业高管不但不能立即另谋高就，还不能随便离开住所地，并且要承担相应的法定义务。

【法条】

《企业破产法》

第十五条 自人民法院受理破产申请的裁定送达债务人之日起至破产程序终结之日，债务人的有关人员承担下列义务：

（一）妥善保管其占有和管理的财产、印章和账簿、文书等资料；

（二）根据人民法院、管理人的要求进行工作，并如实回答询问；

（三）列席债权人会议并如实回答债权人的询问；

（四）未经人民法院许可，不得离开住所地；

（五）不得新任其他企业的董事、监事、高级管理人员。

前款所称有关人员，是指企业的法定代表人；经人民法院决定，可以包括企业的财务管理人员和其他经营管理人员。

如果违反上述义务的，相关人员将受到法律的制裁，例如：

（1）无正当理由拒不列席债权人会议的，法院可以拘传、罚款；

（2）拒不如实回答法院、管理人、债权人询问的，法院可以罚款；

（3）拒不向法院提交或者提交不真实的财产状况等资料的，法院可以罚款；

（4）拒不移交财产、印章和账簿、文书等资料的，或者伪造、销毁有关财产证据材料的，法院可以罚款；

（5）擅自离开住所地的，法院可以训诫、拘留、罚款；

（6）有隐匿、转移财产、虚构债务等恶意逃债行为的，要承担赔偿责任。

六、什么是宣告破产，有哪些法律后果

1. 破产宣告

破产申请受理后，债务人确实无法清偿债务或提供足额担保，或者无法重整或与债权

人达成和解的，法院将依法宣告债务人破产。债务人被宣告破产后，债务人成为"破产人"，债务人财产称为"破产财产"，法院受理破产申请时对债务人享有的债权称为"破产债权"。

2. 破产财产的变价和分配

宣告破产后，管理人将拟订破产财产变价方案，提交债权人会议讨论，然后按照通过的方案适时变价出售破产财产，最后进行分配。

破产财产的分配规则是先用于清偿破产费用和共益债务，然后依照下列顺序清偿：

（1）破产人所欠职工的工资和医疗、伤残补助、抚恤费用，所欠的应当划入职工个人账户的基本养老保险、基本医疗保险费用，以及法律、行政法规规定应当支付给职工的补偿金；

（2）破产人欠缴的除前项规定以外的社会保险费用和破产人所欠税款；

（3）普通破产债权。

破产财产不足以清偿同一顺序的清偿要求的，按照比例分配。

【法条】

《企业破产法》

第四十一条　人民法院受理破产申请后发生的下列费用，为破产费用：

（一）破产案件的诉讼费用；

（二）管理、变价和分配债务人财产的费用；

（三）管理人执行职务的费用、报酬和聘用工作人员的费用。

第四十二条　人民法院受理破产申请后发生的下列债务，为共益债务：

（一）因管理人或者债务人请求对方当事人履行双方均未履行完毕的合同所产生的债务；

（二）债务人财产受无因管理所产生的债务；

（三）因债务人不当得利所产生的债务；

（四）为债务人继续营业而应支付的劳动报酬和社会保险费用以及由此产生的其他债务；

（五）管理人或者相关人员执行职务致人损害所产生的债务；

（六）债务人财产致人损害所产生的债务。

3. 破产程序的终结

破产人无财产可供分配或者在最后分配完结后，经管理人提出申请，法院将依法裁定终结破产程序。之后，由管理人持法院终结破产程序的裁定，向破产人的原登记机关办理注销登记。

破产程序终结后 2 年内，如果发现破产人还有应当追回或可供分配的其他财产的，可以追加分配。

七、企业如何避免被强制宣告破产

企业一旦被申请破产，并不意味着只能走向"死亡"，还可以通过重整或者和解寻求债权人的谅解，从而使企业获得重生的机会。

1. 重整

根据《企业破产法》的规定，在下列情况下可以申请重整：债务人自己或者债权人一开始就可以直接申请重整，而非破产；债权人申请对债务人进行破产清算的，在人民法院受理破产申请后、宣告债务人破产前，债务人或者出资额占债务人注册资本 1/10 以上的出资人，可以向法院申请重整。

重整的关键是制订可操作的计划，债务人或者管理人应当自法院裁定债务人重整之日起 6 个月内，同时向法院和债权人会议提交重整计划草案。重整计划必须依法如期制订，一旦债务人或者管理人未按期提出重整计划草案的，法院将裁定终止重整程序，并宣告债务人破产。

重整的机会来之不易，债务人必须倍加珍惜，避免出现以下导致法院裁定终止重整程序，并宣告债务人破产的情形。

（1）在重整期间，债务人的经营状况和财产状况继续恶化，缺乏挽救的可能性；债务人有欺诈、恶意减少债务人财产或者其他显著不利于债权人的行为；由于债务人的行为致使管理人无法执行职务。

（2）重整计划草案未获得债权人会议通过且未获得法院批准，或者已通过的重整计划未获得法院批准的。

（3）债务人不能执行或者不执行重整计划的。

2. 和解

债务人可以直接向法院申请和解；也可以在法院受理破产申请后、宣告债务人破产前，申请和解。另外，债务人与全体债权人还可以就债权债务的处理自行达成协议的，请求法院裁定认可，并终结破产程序。

债务人申请和解，应当提出和解协议草案。和解协议由债权人会议通过并经法院裁定认可后，即可执行。

但是如果和解协议草案经债权人会议表决未获得通过，或者已经债权人会议通过的和解协议未获得法院认可，还有债务人不能执行或者不执行和解协议的，法院将裁定终止和解程序，并宣告债务人破产。所以，拟订和解协议草案一定要慎重，而一旦通过了之后一定要严格执行，否则还是避免不了破产的结局。

【超级链接】

关于有限责任公司注销登记的办事指南（资料来源：杭州市工商局）

有限公司注销应于解散事由出现之日起15日内成立清算组，并于清算组成立之日起首先做好三项工作：一是10日内通知债权人；二是60日内在报纸上公告；三是10日内将清算组成员、清算组负责人名单向公司登记机关备案。清算组应按《公司法》要求开展清算工作，并于公告之日起45日后，在清算结束之日起30日内向原工商登记机关申请注销登记。

注销登记应提交的材料：

（1）公司清算组负责人签署的《公司注销登记申请书》。

（2）《指定代表或者共同委托代理人的证明》及指定代表或委托代理人的身份证复印件。

（3）清算组成员备案通知书。

（4）公司因营业期限届满或因股东会决议解散，应提交股东会决议（国有独资有限公司提交国有资产监督机构的批准文件，一人有限公司提交股东的书面决定）；公司被依法责令关闭的，应提交有关行政机关责令关闭的文件；公司被法院依法裁定解散、破产的，应提交法院的裁定文件；公司被登记机关依法撤销公司设立登记或吊销营业执照的，应提交公司登记机关撤销公司设立登记的决定或行政处罚决定书。

（5）经确认的清算报告，确认形式是指股东会决议（国有独资有限公司提交出资人或其授权部门的文件，一人有限公司提交股东的书面决定）；如属公司被法院依法裁定解散、破产的，应提交人民法院出具的破产财产分配方案裁定书及终结裁定书。

（6）刊登清算注销公告的报纸报样。

（7）公司营业执照正副本。

（8）法律、行政法规规定公司注销必须报经有关部门批准的，提交有关部门的批准意见。

附：杭州市工商局公司注销公告样式

××公司注销公告

本公司股东会（出资人）已决定解散本公司，请债权人自接到本公司书面通知书之日起三十日内，未接到通知书的自本公告之日起四十五日内，向公司清算组申报债权登记，逾期不申报的视其为没有提出要求。

【实务演练】

A 公司是由股东甲、股东乙、股东丙三人合资设立的有限责任公司，营业期限为自 1998 年 10 月 1 日起至 2008 年 10 月 1 日止。

（1）假设现在是 2008 年 9 月底，请你作为该公司总经理，为董事会起草一份关于公司依法解散的方案，方案应根据《公司法》的有关规定，列明公司解散、清算、注销全过程需要办理的事项及其相关期限。

（2）假设 A 公司股东不希望公司解散，那么他们应该怎么做？

（3）假设 A 公司在清算过程中发现公司财产不足清偿债务，该怎么处理？

（4）假设 A 公司因不能清偿到期债务被债权人申请破产清算，法院受理了该破产申请。现在请你为 A 公司出出主意，看有哪些办法可以避免 A 公司被宣告破产。

【案例评析】

亿元家族企业因遗产纠纷被强制解散

浙江××泵业有限公司是温州一家颇具知名度的家族企业，创办人吴××早年凭着自己的聪明才智和大胆打拼，发明了具有国际领先的技术××牌水泵，先后获得多项国内外发明大奖。至 2001 年 7 月，吴××在温州、上海办有多家企业（包括上海××泵业有限公司），资产总值超亿元。

天有不测风云。2001 年 7 月，吴××遇车祸突然去世，从此这个家族企业陷入无休止的纷争之中，其妻儿为了争夺遗产频频对簿公堂，最终导致浙江××泵业有限公司（以下称浙江公司）和上海××泵业有限公司（以下称上海公司）被法院判决解散，吴××一手创办的亿万企业资产就此分崩离析。

遗产分割之诉

吴××与前妻生有两个孩子，儿子吴甲和女儿吴乙。1986 年，离异后的吴××又与陈××组建了新家庭，并生下第二个儿子吴丙。吴××死后，吴甲与陈××之间矛盾凸现，为遗产分割争执不下，最后诉至温州市中级人民法院。2004 年 10 月 26 日，温州市中级人民法院作出一审判决确定：陈××享有浙江公司 40.75% 的股权，吴丙享有 9.25% 的股权（合计 50%）；陈××享有上海公司 41.5% 的股权，吴丙享有 9.25% 的股权（合计 50%）；而吴甲和吴乙则合计享有两公司余下的 50% 股权。

解散公司之诉

遗产诉讼结束后，双方的矛盾非但没有化解，反而愈演愈烈。吴甲控制下的浙江公司、上海公司一直没有召开股东会议，也不办理股权变更，致使遗产诉讼的判决无法落到实处。从 2003 年 7 月开始，双方多次发生冲突，甚至大打出手，造成人员受伤。

2006 年 4 月 6 日，陈××、吴丙母子再次向温州市中级人民法院提起诉讼，称浙江公司、上海公司长期不召开股东会，已经处于僵局状态。三年来，他们未能查阅公司会计账簿，也得不到股东分红。浙江公司磁性分公司被注销企业用电，不能正常经营生产。吴甲还以妻子的名义在上海另设上海加兴泵业有限公司，经营浙江公司、上海公司同类产品，极大地损害了股东的权益。因此请求法院解散这两家公司。

而浙江公司、上海公司和吴甲则辩称，公司经营管理并非发生严重困难，股东利益也未受到重大损害。目前，两公司经营状况良好，拥有自主的知识产权，在职工就业、国家税收、社会慈善事业等方面有着不少贡献，人民法院不宜强制解散公司。

该案历经一审、二审，先后由温州市中级人民法院、浙江省高级人民法院两级法院审理。在审理过程中，为避免公司解散，法院曾多次组织双方调解，提出了多种可供选择的方案，但最终由于双方分歧过大而无法达成一致。

在调解失败的情况下，法院认为，由于股东之间产生矛盾，两公司近三年来无法正常召开股东会，公司机构不能按照法定程序对公司的经营管理作出决策，应当认定两公司已经陷入僵局。两公司和吴甲辩称公司经营管理正常，实际上是吴甲单方控制公司经营管理的结果，并未由此化解股东之间的纠葛。公司僵局的持续，无疑使各股东因陷于纠纷而遭受重大损失。依照我国《公司法》第一百八十条、第一百八十二条等规定，在无其他途径可解决公司僵局的情况下，浙江公司、上海公司合计持有表决权 50% 的股东陈××、吴丙诉请公司解散有事实依据和法律依据。况且，本案二审审理期间，浙江公司章程规定的营业期限已于 2006 年 12 月 26 日届满，各股东也未就公司章程修改事项作出须持有 2/3 以上表决权的股东通过的股东会议决议，所以浙江公司解散的其他法定事由也已经出现。2006 年 12 月 28 日，浙江省高级人民法院作出终审判决，解散浙江公司和上海公司。

清算公司之争

在浙江省高级人民法院作出终审判决之后，原以为事情终于有个了断，可是解散公司的进展却异常艰难。原来，根据我国《公司法》第一百八十三条的规定，有限责任公司解散，必须由股东组成清算组进行清算。而关系如此恶劣的浙江公司、上海公司的股东们显然无法一起组成清算组，两公司的清算程序迟迟不能启动。

打破僵局的是一份判决书。原来早在 2002 年间，因浙江公司经济困难，陈××曾筹资 140 万元借给浙江公司。遗产纠纷发生后，陈××另案起诉浙江公司，要求偿还这笔借款。最终法院判决浙江公司应归还陈×× 140 万元。凭着这份判决书，陈××以债权人的身份向法院申请对浙江公司进行清算。因为我国《公司法》第一百八十三条还规定："逾期不成立清算组进行清算的，债权人可以申请人民法院指定有关人员组成清算组进行清算。人民法院应当受理该申请，并及时组织清算组进行清算。"根据这一规定，温州市中级法院受理了陈××的申请，并指定组成清算组，浙江公司的清算程序终于启动了。

（资料来源：法制日报、浙江法院网）

评析：本案例中出现了两种公司解散的事由。一种是根据《公司法》第一百八十条第1款第（五）项、第一百八十二条的规定，在公司陷入僵局时的解散，这也是陈××诉请解散浙江公司、上海公司的法律依据。另一种则是根据《公司法》第一百八十条第1款第（一）项"公司章程规定的营业期限届满"的规定，鉴于浙江公司在诉讼过程中章程规定的营业期限已于2006年12月26日届满，因此即便不考虑前一种情形，浙江公司也应该解散。

从本案例中，我们还可以发现，《公司法》关于清算的规定其实还是有漏洞。《公司法》规定有限责任公司的清算组由股东组成。但本案例中的股东们根本无法坐到一起，怎么清算？现在浙江公司是开始清算了，那是因为浙江公司正好欠了陈××的债，陈××作为债权人申请法院启动清算程序，但是上海公司怎么办？

所幸天无绝人之路，2008年5月最高人民法院出台了《关于适用〈中华人民共和国公司法〉若干问题的规定（二）》，根据其第七条第（三）款的规定，陈××也可以以股东的身份申请法院指定清算组对上海公司进行清算。

【法条】

《关于适用〈中华人民共和国公司法〉若干问题的规定（二）》

第七条 公司应当依照公司法第一百八十三条的规定，在解散事由出现之日起十五日内成立清算组，开始自行清算。

有下列情形之一，债权人申请人民法院指定清算组进行清算的，人民法院应予受理：

（一）公司解散逾期不成立清算组进行清算的；

（二）虽然成立清算组但故意拖延清算的；

（三）违法清算可能严重损害债权人或者股东利益的。

具有本条第二款所列情形，而债权人未提起清算申请，公司股东申请人民法院指定清算组对公司进行清算的，人民法院应予受理。

读完整个案例，不禁令人扼腕。当然，最应该感到痛心的人是吴××，他辛辛苦苦一手打造的亿万企业资产，原本应该发扬光大，孰料就此功亏一篑。同时，我们也深深体会到，有限责任公司既有"资合"性质又有"人合"性质，而"人合"——股东的和谐关系是其中非常重要的要素，如果股东之间不能相互信任、精诚合作，那么公司的发展就会陷入僵局，乃至公司的生存都将岌岌可危。

第七章

常见创业法律纠纷处理

本章要点提示

- ☑ 常见的创业法律纠纷
- ☑ 如何申请仲裁
- ☑ 如何打官司
- ☑ 如何聘请律师

近年来，众多大学生掀起了一浪又一浪的创业热潮，其热情就像火焰一样燃烧。作为缓解就业压力、促进经济发展的一条重要途径，大学生创业从未像今天这样引起社会各界的关注。但是，大学生在创业过程中遭遇法律尴尬的事例却时有发生。

【案例】四兄弟讨欠款真不易（资料来源：计世网）

四兄弟企业策划工作室是河南省 2003 年度大学生自主创业典型，这家企业的定位是市场调研、营销策划、销售代理、长期顾问及企业 CIS 形象系统设计。使四兄弟企业策划工作室一度陷入困境的是某市一所医院。2003 年 4 月，四兄弟工作室代理了一个节能炊具的销售业务。该医院在免费试用满意后订购了 1 000 套，四兄弟工作室将这批价值 9 万元的炊具于 2003 年 12 月 20 日交付该医院。但在随后收取货款时，该医院却无故拖欠货款，并不予以退货。这不仅给四兄弟工作室造成了巨大损失，还严重损害了四兄弟工作室的信誉。区区 9 万元对于大企业来说也许不算什么，可是对于一个学生创业企业来说却可能是毁灭性的打击。

可见，创业仅靠热情远远不够，创业意味着冒险和付出，也意味着失败和挫折，创业之路可谓荆棘丛生。大学生在创业之前，有没有做好应付可能出现的各种法律纠纷的准备呢？知道怎样通过法律武器保护自己的权利吗？本章将具体介绍如何申请仲裁、打官司以及如何聘请律师等法律救济中必然面对的基本常识。

第一节　常见创业法律纠纷的种类

关键词：法律纠纷、劳动争议、经济纠纷、行政争议、劳动仲裁

一、常见法律纠纷有哪些类型

法律纠纷是法律所调整的各种社会关系之间发生的纠纷的总称。在大学生创业实践中常见的法律纠纷有劳动争议、经济纠纷、行政争议等几种类型。

1. 劳动争议

劳动争议是指劳动关系双方当事人因实现劳动权利和履行劳动义务而发生的纠纷，又称劳动纠纷。劳动争议具有如下特征：（1）劳动争议主体一方为用人单位，另一方必须是劳动者；（2）劳动争议主体之间必须存在劳动关系；（3）劳动争议是在劳动关系存续期间发生的；（4）劳动争议的内容必须与劳动权利义务有关。

近几年，据劳动部门统计，全国的劳动争议案件数量均呈逐年大幅攀升趋势。企业因为裁员、辞退员工、工资社保待遇等而引发的劳动纠纷案例越来越多，这对于企业依法处理劳动争议的能力提出了更高的要求。

【案例】不懂劳动法规吃苦头（资料来源：计世网）

创业心气一贯很高的小陈遇到了公司最惨淡的时候，连环的诉讼使他的小公司面临崩溃的边缘。大学一毕业，小陈就筹资在北京市大兴区开办了自己的公司，为了降低成本，他雇用了当地的农民。尽管规模不大，也没有什么大的收入，但当老板的感觉让小陈很陶醉。几个月前，一个"多事"的农民辞职后就把公司告了，他要求公司补缴社会保险。根据北京市的相关规定，公司要给这个农民补缴近万元的社会保险费。事实很清楚，小陈败诉了。得知这个情况，其他员工纷纷提出诉讼，要求公司补缴社会保险。算下来，金额超过十余万元。

2. 经济纠纷

经济纠纷是指在经济法领域发生的各种法律纠纷。经济法体系庞杂，包括《公司法》、《反垄断法》、《反不正当竞争法》、《消费者权益保护法》、《产品质量法》、税法、《价格法》等。在大学生创业实践中，经济纠纷也表现得种类繁多。但最常见的是各类合同纠纷，本章开头的案例"四兄弟讨款真不易"就是一起典型的买卖合同纠纷。

3. 行政争议

在创业过程中，创业者往往需要与各行政职能部门打交道，如企业设立登记、前置审批、纳税等，其中创业者是被管理的一方，而行政机关是拥有行政职权的管理者。行政争议是指因行政机关行使行政职权的行为所引起的争议。构成行政争议必须同时具备以下四个条件：（1）争议的双方，其中有一方是行政机关。（2）争议是由行政机关实施行政管理引起的。（3）行政争议必须以特定的具体行政行为为前提。（4）这种争议是法律争议。即当事人不服行政机关的裁处，提出复议或诉讼，是法律允许的；而且不管是提出行政争议还是解决行政争议，都必须依照法定程序进行。

【案例】彭××不服邮电局通信行政处罚案（资料来源：中国普法网）

彭××是一个体工商户，未经批准在娄底市开设永盛电讯行，经营移动通信终端设备及配件。期间委托广东省番禺市外贸公司职工黄××从广东购进一批三无移动电话（无邮电部进网标志、无进网许可证或无邮电部进网批文）及配件进行销售。1996年10月17日，娄底地区邮电局稽查大队进行查处，开具通信行政案件没收物品清单，扣押8台移动电话和部分配件。同年11月4日，娄底地区邮电局作出通信行政处罚决定书，给予彭××以下处罚："责令停止经营，限收到决定书之日起30日内，补办其相关手续；没收大哥大8台；退回配件；经营手续办齐后方可经营。"

彭××不服娄底地区邮电局的处罚决定，向湖南省娄底市人民法院提起行政诉讼。彭××认为被告娄底地区邮电局没收她的移动电话及配件事实不清，证据不足，程序严重违法，被处罚对象错误，请求撤销被告处罚决定，并返还没收物品。此案经两级法院审理，法院终审判决：（1）撤销被告娄底地区邮电局（湘娄）通稽查字（1996）第81号通信行政处罚决定。（2）由娄底地区邮电局重新作出具体行政行为。

评析：永盛电讯行没有办理工商营业执照和经营移动电话许可证，销售三无移动电话，其行为违反了通信管理行政法规，亦违反了工商管理行政法规，系非法经营，应当处罚。但被告认定彭××为处罚主体，显然是主体错误；责令停止经营，却没按我国《行政处罚法》的规定告知当事人听证权利，也没有组织听证，且作出处罚决定前以没收清单代替扣押清单，程序违法。因此被告的处罚决定应当撤销，由被告重新作出具体行政行为。

二、法律纠纷如何解决

法律纠纷解决方式一般来说有以下五种。

（1）调解。争议当事人如果不能协商一致，可以要求有关机构调解。

（2）仲裁。争议当事人协商不成、不愿调解的，可根据合同中规定的仲裁条款或双方在纠纷发生后达成的仲裁协议向仲裁机构申请仲裁。具体内容详见本章第二节。

（3）行政申诉。它是指申诉人（公民、法人和其他组织）以书信、走访等形式向国家行政机关及其工作人员反映情况、表达意愿的行为。如《消费者权益保护法》第三十九条规定，消费者和经营者发生消费者权益争议的，可以向有关行政部门投诉。

（4）行政复议。公民、法人或其他组织认为行政机关的具体行政行为侵犯其合法权益，可以按照法定的程序和条件向作出该具体行政行为的上一级行政机关（行政机关所属的人民政府或上一级主管部门）提出申请，受理申请的行政机关应对该具体行政行为进行复查并作出复议决定。

（5）诉讼。俗称"打官司"，包括民事诉讼、行政诉讼、刑事诉讼。本章第三节将介绍如何打民事官司。

三、如何申请劳动仲裁

劳动仲裁是指劳动争议仲裁机构对劳动争议当事人争议的事项，根据劳动方面的法律、法规、规章和政策等的规定，依法作出裁决，从而解决劳动争议的一项劳动法律制度。

1. 劳动仲裁与经济仲裁的区别

劳动仲裁不同于仲裁法规定的一般经济纠纷的仲裁，其不同点在于以下几方面。

（1）申请程序不同。经济纠纷仲裁要求双方当事人在事先或事后达成仲裁协议，然后才能据此向选定的仲裁机构提出仲裁申请；而劳动争议的仲裁，则不要求当事人事先或事后达成仲裁协议。

（2）仲裁机构设置不同。仲裁法规定的仲裁机构，主要在直辖市、省会城市及根据需要在其他设区的市设立；而劳动争议仲裁机构的设置，主要是在省、自治区的市、县设立，或者在直辖市的区、县设立。

（3）裁决的效力不同。仲裁法规定经济仲裁实行"一裁终局制度"，即仲裁裁决作出后，当事人就同一纠纷再申请仲裁或者向人民法院起诉的，仲裁委员会或者人民法院不予受理；劳动争议仲裁，当事人对裁决不服的，除劳动争议调解仲裁法规定的几类特殊劳动争议外，可以向人民法院起诉。

2. 劳动仲裁的适用范围

适用于我国境内的用人单位与劳动者发生的劳动争议：（1）因确认劳动关系发生的争议；（2）因订立、履行、变更、解除和终止劳动合同发生的争议；（3）因除名、辞退和辞职、离职发生的争议；（4）因工作时间、休息休假、社会保险、福利、培训以及劳动保护发生的争议；（5）因劳动报酬、工伤医疗费、经济补偿或者赔偿金等发生的争议；（6）法律、法规规定的其他劳动争议。

3. 劳动仲裁的基本程序

发生劳动争议，当事人不愿协商、协商不成或者达成和解协议后不履行的，可以向调解组织申请调解；不愿调解、调解不成或者达成调解协议后不履行的，可以向劳动争议仲裁委员会申请仲裁；达成调解协议后，一方当事人在协议约定期限内不履行调解协议的，另一方当事人可以依法申请仲裁。

劳动争议由劳动合同履行地或者用人单位所在地的劳动争议仲裁委员会管辖。双方当事人分别向劳动合同履行地和用人单位所在地的劳动争议仲裁委员会申请仲裁的，由劳动合同履行地的劳动争议仲裁委员会管辖。

申请人申请仲裁应当提交书面仲裁申请，并按照被申请人人数提交副本。仲裁申请书应当载明下列事项：（1）劳动者的姓名、性别、年龄、职业、工作单位和住所，用人单位的名称、住所和法定代表人或者主要负责人的姓名、职务；（2）仲裁请求和所根据的事实、理由；（3）证据和证据来源、证人姓名和住所。书写仲裁申请确有困难的，可以口头申请，由劳动争议仲裁委员会记入笔录，并告知对方当事人。

4. 仲裁时效

劳动争议申请仲裁的时效期间为 1 年。仲裁时效期间从当事人知道或者应当知道其权利被侵害之日起计算。因当事人一方向对方当事人主张权利，或者向有关部门请求权利救济，或者对方当事人同意履行义务而中断。从中断时起，仲裁时效期间重新计算。因不可抗力或者有其他正当理由，当事人不能在规定的仲裁时效期间申请仲裁的，仲裁时效中止。从中止时效的原因消除之日起，仲裁时效期间继续计算。劳动关系存续期间因拖欠劳动报酬发生争议的，劳动者申请仲裁不受仲裁时效期间的限制；但是，劳动关系终止的，应当自劳动关系终止之日起 1 年内提出。

第二节 如何申请仲裁

关键词：仲裁、仲裁范围、仲裁申请书、仲裁协议、仲裁受理

【案例】签好仲裁协议 保护自己的合法权利（资料来源：商都法律网）

某采暖设备公司（甲方）与某房地产开发公司（乙方）于 2007 年订立了暖气片购销合同，在接受了甲方的送货后，乙方以种种借口为由拒不付款，无奈之下，甲方向临沂仲裁委员会提出仲裁请求，将乙方推向了被申请人的位置。临沂仲裁委员会根据合同中订立的"双方发生纠纷协商解决，协商不成由临沂仲裁委员会仲裁"的条款，及时予以立案。仲裁庭依法定程序对本案进行了认真细致的审理，下达了仲裁裁决，甲方最终得到了货款，从而维护了自己的合法权益。

作为解决经济纠纷的一种途径，仲裁以其公正、快捷、灵活、收费低廉、一裁终局等特点，在全世界范围内被普遍采用。但在仲裁实践中，我们发现许多本来可以通过仲裁方式解决的案件，由于没有仲裁协议或仲裁协议不规范而不能得到及时处理。本节将根据《中华人民共和国仲裁法》（1995 年 9 月 1 日起施行）、《最高人民法院关于适用〈中华人民共和国仲裁法〉若干问题的解释》（2006 年 9 月 8 日起施行）等法律规定介绍我国仲裁制度的主要内容。

一、什么是仲裁

仲裁，从字义上解释，"仲"表示地位居中，"裁"表示衡量、判断，"仲裁"一般是指居中"公断"。仲裁作为一个法律概念，通常指争议双方当事人在争议发生之前或者争议发生之后达成协议，自愿将争议交给第三者作出裁决，争议双方当事人有义务履行该裁决的一种解决争议的方式。主要分为对经济纠纷的经济仲裁和对劳动争议的劳动仲裁。

经济仲裁的特征有以下几点。

（1）仲裁以双方当事人的自愿选择为前提。在仲裁中，当事人享有选定仲裁员，选择仲裁地、仲裁语言以及适用法律的自由。当事人还可以就开庭审理、证据的提交和意见的陈述等事项达成协议，设计符合自己特殊需要的仲裁程序。

（2）仲裁的客体必须是当事人之间发生的一定范围的争议。换言之，不是所有民事争议都可以用仲裁方式来解决的，某些人身关系争议，如婚姻、收养、监护、继承纠纷，是不适用仲裁的。

（3）仲裁程序简单，方式灵活，审理快捷。仲裁实行"一裁终局"的原则，避免了诉讼程序的烦琐和冗长。

（4）仲裁一般不公开进行。这主要是为了保护当事人的商业秘密和商业信誉。

（5）仲裁裁决可以在国际上得到承认和执行。截至 2005 年 2 月 28 日，《承认及执行外国仲裁裁决公约》（1958 年《纽约公约》）的缔约国已经达到 135 个。根据该公约，仲裁裁决可以在这些缔约国得到承认和执行，《纽约公约》于 1987 年对中国生效。

二、仲裁的适用范围有哪些

哪些纠纷可以通过仲裁方式解决，哪些纠纷不能通过仲裁方式解决，这就是仲裁的适用范围。我国《仲裁法》的第二条规定"平等主体的公民，法人和其他组织之间发生的合同纠纷和其他财产权益纠纷，可以仲裁"。

仲裁法规定可以仲裁的合同纠纷，不仅限于经济合同纠纷，还包括技术合同、著作权合同、商标许可使用合同、房地产合同以及涉外经济合同和海事、海商中的合同纠纷等。

仲裁法所说的"其他财产权益纠纷"，指的是侵权纠纷，主要有房地产侵权纠纷、因产品质量问题引发的侵害消费者权益纠纷、证券交易纠纷和知识产权领域中的侵权纠纷。

需要注意的是，《仲裁法》第七十七条规定：劳动争议和农业集体经济组织内部的农业承包合同纠纷的仲裁，另行规定。也就是说，这类纠纷不属于仲裁法所规定的仲裁范围。

三、如何写仲裁申请书

仲裁申请书是争议的一方当事人，即申请人根据仲裁协议将已发生的争议正式提交约定的仲裁机构申请裁决以保护其合法权益的法律文书。

仲裁申请书分为首部、正文、尾部（含附项）三部分。

（1）首部。依次写明：① 文书名称，在上部正中写"仲裁申请书"或"申请书"。② 申请人的身份事项，包括申请人的姓名、性别、年龄、职业、工作单位和住所。申请人是法人或者其他组织的，应写明单位全称、住所和法定代表人或者主要负责人的姓名、职务。③ 被申请人的身份事项，与申请人的各项相同。

（2）正文。正文是仲裁申请书的主体部分，包括仲裁请求和所根据的事实、理由。

① 仲裁请求。主要是请求仲裁委员会解决民事权益纠纷的具体事项，也即申请人所达到的要求，如购销合同拖欠货款纠纷，可以提出何时返还货款、承担违约金的数额，如果违约造成损失的，还可以提出赔偿损失的数额及仲裁费用的承担等内容。仲裁请求要求写得具体、合法，做到"四要四不要"：一要明确，不要含糊；二要具体，不要笼统；三要合法合理，不要无理要求；四是在申请时提出仲裁请求要周密考虑，不要遗漏。

② 事实。即双方争议的事实或被申请人侵权的事实及其证据。申请事实的具体内容主要有：当事人之间的法律关系；纠纷发生发展过程；争议的焦点和主要内容；对方应承担的责任；自己有责任的亦应提到。所根据的事实要如实陈述、具体清楚、实事求是、有理有据。

事实必须要有证据支持。申请人负有举证责任，申请人举证时要注意写清楚证据名称、内容及证明的对象；说明证据的来源和可靠程度；写明证人的姓名、住所。

③ 理由。在事实陈述清楚之后，应概括地分析纠纷的性质、危害、结果及责任，同时提出仲裁请求所依据的法律条款，以论证仲裁请求的合理性和合法性。

（3）尾部。依次写明：致送仲裁委员会名称；仲裁申请人签名盖章；仲裁申请时间等。

【仲裁申请书样式】[①]

仲裁申请书

申请人：（写明基本情况）

被申请人：（写明基本情况）

案由：

仲裁请求：

事实和理由：

  ……

  此致

×××仲裁委员会

附：本申请书副本　份

申请人：
年　月　日

四、如何签订仲裁协议

  仲裁协议是指双方当事人自愿将他们之间发生的合同纠纷和其他财产权益纠纷提交仲裁机构仲裁的约定，仲裁协议可以独立于合同存在，合同的变更、解除、终止或者无效不影响仲裁协议的法律效力。仲裁协议包括合同中订立的仲裁条款和以其他方式在纠纷发生前或者发生后达成的请求仲裁的协议。仲裁条款是合同中的一项条款，通常写在"合同争议解决的方式"一条中，仲裁协议的其他书面方式是指独立于合同之外的书面形式的仲裁协议，这类协议的形式包括信函往来、电传、电报。

  根据仲裁法的规定，有效的仲裁协议一般应具备以下内容：（1）请求仲裁的意思表示；（2）仲裁事项；（3）选定的仲裁委员会。

【仲裁条款示例】（资料来源：中国国际经济贸易仲裁委员会）

  凡因本合同引起的或与本合同有关的任何争议，均应提交中国国际经济贸易仲裁委员会，按照申请仲裁时该会现行有效的仲裁规则进行仲裁。仲裁裁决是终局的，对双方均有约束力。

[①] 符启林. 21 世纪中国律师文书范本[M]. 北京：中国人民公安大学出版社，2000：351

第三节 如何打官司

关键词：起诉、诉讼管辖、诉讼费、举证、财产保全、强制执行、答辩、反诉、上诉

经济纠纷产生后，当事人之间若不能通过协商调解的方式去解决，最终就可能走上法庭，这就是我们通常所说的打官司。本节主要结合《中华人民共和国民事诉讼法》（1991 年4月9日起施行，2012 年8月31日第二次修正）、《最高人民法院关于民事诉讼证据的若干规定》（2002 年4月1日起施行）和《诉讼费用交纳办法》（2007 年4月1日起施行）等法律规定介绍打民事官司应注意的事项。

一、什么叫打官司

打官司是法律用词诉讼的俗称，从字义上讲，"诉"是告的意思，即告诉、告发、控告；"讼"的基本含义是争或争辩。诉讼是指公民、法人或其他组织在权益受到侵犯或发生争议的情况下，依法以自己的名义向人民法院提起诉讼，要求人民法院予以审判的行为。由于诉讼所解决的争讼案件的性质和所依据的实体法律不同，可以将诉讼划分为不同的类别。在我国，一般将诉讼划分为刑事诉讼、民事诉讼、行政诉讼。这三类诉讼由于性质不同，依据的实体法不同，在具体内容和形式上也各有不同。

二、如何提起民事诉讼——起诉

1. 起诉要符合的条件

当事人的起诉并不必然引起诉讼程序的开始，法院对于不符合法定起诉条件的，则裁定不予受理。起诉必须符合下列条件。

（1）原告是与本案有直接利害关系的公民、法人和其他组织。

（2）有明确的被告。"明确的被告"一是指被告的基本情况要清楚，如公民的姓名、性别、年龄、民族、工作单位、住址等，法人或者其他组织的名称、住所地、法定代表人或负责人的姓名、职务等要明确、具体。二是指控对象要实际存在，已死亡的公民或已注销的法人单位不能作为当事人。

（3）有具体的诉讼请求和事实、理由。

（4）属于人民法院受理民事诉讼的范围和受诉人民法院管辖。

2. 怎样写起诉状

告状首先得有状纸——起诉状。起诉状的主要内容有当事人的基本情况、案由、诉讼请求、事实和理由等。

（1）当事人的基本情况。包括自然人的姓名、性别、年龄、民族、国籍、工作单位、住所地；法人的名称、住所地、法定代表人的姓名、职务。

（2）案由。当事人之间讼争的法律关系及其争议，通俗地说就是打的是什么官司。例如，因为讨债打官司，案由就写民间借贷纠纷。

（3）诉讼请求。写明请求解决争议的权益和争议的事实，以及请求人民法院依法解决原告一方要求的有关民事权益争议的具体事项。例如，请求还款、履行合同、要求赔偿等。有几项请求的，要一一列出。

（4）事实与理由。事实部分，要明确写清双方纠纷的原因、经过、现状等。理由部分，要针对事实，分清是非曲直，明确责任，并引用相关法条加以证明。

（5）尾部。要注明致送法院的名称，写明"此致××法院"；写清起诉人和起诉的时间。自然人要由本人签字，法人要由法定代表人签字，并加盖法人单位的公章。

提交起诉状的同时，还要附上证据及证据清单（写明证据来源、证明对象、证人姓名和住所地等）。

【起诉状样式】（资料来源：浙江法院网）

民事起诉状

原告：（写明基本情况）

被告：（写明基本情况）

案由：

诉讼请求：

事实与理由：

   ······

  此致

×××人民法院

 附：本诉状副本　份

起诉人：

年　月　日

3. 到哪个法院去告状

到哪个法院告状就是诉讼管辖问题。以民事诉讼为例，管辖主要有以下规定。

一是级别管辖。它是指划分上下级法院之间受理第一审民事案件的分工和权限的管辖。法律规定：基层法院管辖第一审民事案件。中级法院直接受理的一审案件有重大涉外案件，即争议标的额大，或者案情复杂，或者居住地国外的当事人人数众多的涉外案件；在本辖区内有重大影响的案件以及最高法院确定由中级法院审理的案件。

二是地域管辖。就是划分同级法院受理第一审案件的范围。我国对一般地域管辖实行"原告就被告"的原则，即被告的住所地在哪个法院管辖，就由哪个法院受理。

此外，还有特殊地域管辖或专属管辖，这是以诉讼标的所在地、法律事实所在地为标准所确定的管辖。如因不动产纠纷提起的诉讼，由不动产所在地人民法院管辖。

三、如何完成举证义务

根据《最高人民法院关于民事诉讼证据的若干规定》（以下简称证据规则）第二条规定："当事人对自己提出的诉讼请求所依据的事实或者反驳对方诉讼请求所依据的事实有责任提供证据加以证明。"那么举证应注意哪些问题呢？

（1）举证责任的分担。根据证据规则，如果一方提出诉讼请求，就必须对其所依据的事实加以举证，如果一方反驳对方的诉讼请求，或者针对原告的诉讼请求提起反诉，那么，反驳方或反诉方就应当对其所依据的事实进行举证。但以下六种事实无须当事人举证证明：众所周知的事实；自然规律及定理；根据法律规定或者已知事实和日常生活经验法则能推定出的另一事实；已为人民法院发生法律效力的裁判所确认的事实；已为仲裁机构的生效裁决所确认的事实；已为有效公证文书所证明的事实。当事人有相反证据足以推翻的除外。

（2）举证不能的后果。证据规则规定，没有证据或者证据不足以证明当事人的事实主张的，由负有举证责任的当事人承担不利后果。

（3）法院调查收集证据问题。提供证据，从本质上来讲是当事人的义务，但考虑到有些证据由当事人提交比较困难，因此当事人可以申请法院取证。法院调查收集证据限于以下三种情况：属于国家有关部门保存并须人民法院依职权调取的档案材料；涉及国家秘密、商业秘密、个人隐私的材料；当事人及其诉讼代理人确因客观原因不能自行收集的其他材料。

（4）关于鉴定。申请鉴定是当事人应负的举证义务，鉴定机构、鉴定人员由当事人协商确定，不能协商一致的，则由法院指定。申请鉴定应当在举证期限内提出。对需要鉴定的事项负有举证责任的当事人，如果在指定的期限内无正当理由不提出申请或者拒不提供相关材料，以致案件事实无法通过鉴定结论予以认定的应承担举证不能的后果。

（5）关于举证期限。当事人应当在双方协商确定或法院指定的举证期限内完成举证，逾期举证的，法院将不组织质证，该证据不能作为定案依据。

（6）关于质证。证据应当在法庭上出示，由当事人质证，未经质证的证据，不能作为认定案件事实的依据。质证时，当事人应当围绕证据的真实性、关联性、合法性，针对证据证明力有无以及证明力大小，进行质疑、说明与辩驳。

四、如何申请财产保全

在诉讼中，如果出现当事人一方恶意抽逃资金，变卖、挥霍、转移、隐藏财产和标的物，以及由于争议标的物自身属性而发生腐烂、变质、毁损的现象，那么，法院判决生效后就无财产可供执行或难以执行。为此当事人可以申请法院对争议的财产或争议的标的物采取财产保全措施，在一定时期内限制当事人对该项财产的支配、处分权。

当事人申请财产保全，应当提交以下材料：

（1）申请书。申请书应当载明：当事人及其基本情况；申请财产保全的具体数额；申请采取财产保全措施的方式；申请理由。

（2）被申请人的明确地址或住所地，以及被申请人的开户银行及账号等财产线索。

（3）有效的担保手续。

采用现金担保的，应当提供与请求范围价值相当的现金。采用实物担保的，应当提供与请求范围价值相当的动产或不动产。采用保证人担保的，应当向人民法院提交担保书、营业执照副本的复印件、资产负债表、损益表，并应加盖保证人的单位公章。担保书中应明确担保事项和担保金额。

【财产保全申请书格式】（资料来源：浙江法院网）

财产保全申请书

申 请 人：（写明基本情况）

被申请人：（写明基本情况）

上列申请人与被申请人，因　　　纠纷，于　　年　月　　日向你院起诉在案（或申请人即将提起诉讼），被申请人有损毁（或隐匿）诉讼争执标的物的可能（或者其他原因），为此，申请给予实施财产保全。

请求事项：

事实和理由：

　　此致

×××人民法院

　　　　　　　　　　　　　　　　　　　　申请人：
　　　　　　　　　　　　　　　　　　　　　年　月　日

五、打官司要交多少钱

打官司需要交纳必要的诉讼费用。如果你确实无力交纳，可以依法申请减免诉讼费用。

1. 诉讼费用的种类

当事人应当向人民法院交纳的诉讼费用包括案件受理费；申请费；证人、鉴定人、翻译人员、理算人员在人民法院指定日期出庭发生的交通费、住宿费、生活费和误工补贴。

2. 案件受理费交纳标准

财产案件根据诉讼请求的金额或者价额，按照下列比例分段累计交纳：

（1）不超过 1 万元的，每件交纳 50 元；

（2）超过 1 万元至 10 万元的部分，按照 2.5%交纳；

（3）超过 10 万元至 20 万元的部分，按照 2%交纳；

（4）超过 20 万元至 50 万元的部分，按照 1.5%交纳；

（5）超过 50 万元至 100 万元的部分，按照 1%交纳；

（6）超过 100 万元至 200 万元的部分，按照 0.9%交纳；

（7）超过 200 万元至 500 万元的部分，按照 0.8%交纳；

（8）超过 500 万元至 1 000 万元的部分，按照 0.7%交纳；

（9）超过 1 000 万元至 2 000 万元的部分，按照 0.6%交纳；

（10）超过 2 000 万元的部分，按照 0.5%交纳。

非财产案件（部分）按照下列标准交纳。

（1）知识产权民事案件，没有争议金额或者价额的，每件交纳 500～1 000 元；有争议金额或者价额的，按照财产案件的标准交纳。

（2）劳动争议案件每件交纳 10 元。

（3）商标、专利、海事行政案件每件交纳 100 元；其他行政案件每件交纳 50 元。

3. 申请费（部分）交纳标准

（1）强制执行申请费，没有执行金额或者价额的，每件交纳 50～500 元。执行金额或者价额不超过 1 万元的，每件交纳 50 元；超过 1 万元至 50 万元的部分，按照 1.5%交纳；超过 50 万元至 500 万元的部分，按照 1%交纳；超过 500 万元至 1 000 万元的部分，按照 0.5%交纳；超过 1 000 万元的部分，按照 0.1%交纳。

（2）财产保全申请费，财产数额不超过 1 000 元或者不涉及财产数额的，每件交纳 30 元；超过 1 000 元至 10 万元的部分，按照 1%交纳；超过 10 万元的部分，按照 0.5%交纳。但是，当事人申请保全措施交纳的费用最多不超过 5 000 元。

4. 诉讼费用的负担

诉讼费用一般由原告预交，由败诉方负担，胜诉方自愿承担的除外。部分胜诉、部分败诉的，人民法院根据案件的具体情况决定当事人各自负担的诉讼费用数额。

六、如何申请法院执行

申请执行是指生效法律文书中享有权利的当事人，因义务人逾期拒不履行义务，为实现其合法权益，而请求人民法院依法强制执行的行为。如何申请法院执行呢？

1. 执行法院

你应当向第一审人民法院或者与第一审人民法院同级的被执行的财产所在地人民法院申请执行。

2. 申请执行期限

申请执行的期间为 2 年。申请执行时效的中止、中断，适用法律有关诉讼时效中止、中断的规定。规定的期间，从法律文书规定履行期间的最后 1 日起计算；法律文书规定分期履行的，从规定的每次履行期间的最后 1 日起计算；法律文书未规定履行期间的，从法律文书生效之日起计算。

3. 申请执行应该提交的材料

（1）强制执行申请书；

（2）作为执行根据的生效法律文书；

（3）申请执行人的身份证明；

（4）继承人或者权利承受人申请执行的，提交继承或者承受权利的证明文件。

法院受理执行申请后，将在 3 日内向被执行人发出执行通知，责令其在指定的期间履行。被执行人逾期不履行的，法院可强制执行。法院的执行措施包括：冻结、划拨存款，扣留、提取收入；查封、扣押、拍卖、变卖财产；搜查隐匿财产；强制迁出房屋等。

七、如何答辩、反诉

如果突然收到法院送达的原告起诉状、证据、案件受理通知书等材料，成了被告，你该如何应对呢？作为被告，你应当在法院规定的期限内进行答辩，并提交足以证明你主张的证据；如果你认为就双方的争议原告还应当向你承担法律责任时，你还可以提起反诉。

1. 答辩

答辩是被告的权利也是被告的义务，被告应当在法院指定的答辩期内提交书面答辩状，阐明对原告诉讼请求及所依据的事实和理由的意见。也就是说，你认为原告的诉讼请求是否成立，事实的陈述是否清楚、准确，理由是否充分，本案应当如何处理等，都要在答辩状中写清楚。

【答辩状样式】（资料来源：浙江法院网）

民事答辩状

答辩人：（写明基本情况）

答辩人因与　　　　　　　　纠纷一案，提出答辩如下：

......

此致

×××人民法院

附：本答辩状副本　　份

答辩人：

年　月　日

2. 反诉

反诉是相对于原告提出的诉讼请求——本诉而言的。被告有权针对原告的本诉提出独立的反请求，目的是抵消或吞并原告的诉讼请求。提起反诉，除应当符合起诉的一般条件外，还应符合以下要求：

（1）反诉要以本诉为基础，以本诉的原告为被告；

（2）反诉必须与本诉有联系，例如，甲要求乙返还其走失的牲畜，乙提出反诉，要求甲赔偿乙在饲养该牲畜期间的损失等；

（3）反诉只能向审理本诉的同一人民法院提出；

（4）反诉与本诉必须适用同一诉讼程序，如不得在再审程序中提出反诉；

（5）反诉应在举证期限届满前提出。

【反诉状样式】（资料来源：浙江法院网）

反诉状

反诉人（本诉被告）：（写明基本情况）

被反诉人（本诉原告）：（写明基本情况）

案由：

反诉请求：（写明请求抵消或吞并本诉标的具体数额和方法）

事实与理由：

......

此致

×××人民法院

附：本反诉状副本　　份

反诉人：

年　月　日

八、如何提起上诉

如果你对一审裁判结果不满意，可以向上级法院提起上诉，请求上级法院再次审理你的案子。在一审判决书送达之日起 15 日内、裁定书送达之日起 10 日内，你必须向上一级人民法院提出上诉。如果在法定期限内，双方当事人都没有提出上诉，那么一审裁判即发生法律效力。

上文中我们介绍了打官司的主要事项，但法律是一门复杂、高深的技术，隔行如隔山，所以最好还是委托专业的律师去办理更加妥当。

第四节　如何聘请律师

关键词：律师、法律顾问、律师事务所、委托代理协议、授权委托书、律师费

创业过程中，事前的法律咨询和纠纷发生后的法律介入越来越普遍，由于多数创业的大学生并不精通法律，因此需要聘请律师，那么如何聘请律师呢？

一、哪些情况需要聘请律师

根据《中华人民共和国律师法》（2008 年 6 月 1 日起施行，2012 年 10 月 26 日第二次修正）第二十八条的规定，律师可以从事下列业务：（1）接受自然人、法人或者其他组织的委托，担任法律顾问；（2）接受民事案件、行政案件当事人的委托，担任代理人，参加诉讼；（3）接受刑事案件犯罪嫌疑人的委托，为其提供法律咨询，代理申诉、控告，为被逮捕的犯罪嫌疑人申请取保候审，接受犯罪嫌疑人、被告人的委托或者人民法院的指定，担任辩护人，接受自诉案件自诉人、公诉案件被害人或者其近亲属的委托，担任代理人，参加诉讼；（4）接受委托，代理各类诉讼案件的申诉；（5）接受委托，参加调解、仲裁活动；（6）接受委托，提供非诉讼法律服务；（7）解答有关法律的询问、代写诉讼文书和有关法律事务的其他文书。

概括起来，创业过程中可以在下列情况下聘请律师：

（1）聘请律师担任企业法律顾问；

（2）委托律师参与诉讼、仲裁、调解活动；

（3）委托律师参与商务谈判、出具法律意见书等非诉讼法律服务；

（4）委托律师提供法律咨询、代写法律文书等。

二、如何选聘律师

（1）到正规的律师事务所聘请执业律师。律师事务所是律师的执业场所，只有取得《律师执业证书》，才能在律师事务所从事律师业务。因此，到正规的律师事务所聘请律师，可以保证律师具备合法的执业资格，这是选聘好的律师的前提条件。另外，运转有序、管理规范的正规律师事务所才能保证律师服务的质量，并提供充分的后备保障。

（2）选择律师既要看业务能力，也要看职业道德。不同的律师在不同的领域各有所长，你应该根据自己所面临的法律问题对症下药，选择有专长、有经验的律师。同时律师的职业道德非常重要。负责、敬业的律师不会包打官司（保证打赢官司），他通常会仔细询问、了解案情，把你的有利处境分析给你听，也会告诉你风险所在；他会认真向你解释有关签订聘用律师合同的情况及收费状况，并给你充分的时间考虑、选择。不要盲目相信大牌律师，要选择能认真对待你委托事项的律师。

（3）与律师所在的律师事务所签订律师聘用合同，即委托代理协议。与律师洽谈顺利的话，在正式委托律师的时候你需要和律师所在的律师事务所签订委托代理协议。律师事务所通常都会向你提供一份固定格式的委托代理协议。签订委托代理协议和签订其他经济合同一样，你一定要仔细审定其中的内容，并把双方商定的内容用书面形式固定下来，对协议内容有异议的要及时提出。

（4）向律师出具授权委托书。如果委托律师代理诉讼案件的，还必须签署一份给律师的授权委托书，详细表明你对律师授权的委托事项和权限。向律师授权绝非一件纯程序性的工作，因为律师在授权范围内所做的一切都被看作你亲自做的（包括他的过错），所以你一定要慎重决定。此外，当事人在聘请律师时，还必须向律师如实陈述案情，不得隐瞒、夸大或缩小，既要如实讲清自己有利的一面，也要如实陈述自己不利的一面。只有这样，律师才能全面把握案情，并据此作出相应的判断。

三、律师费如何收取

聘请律师需要向律师事务所支付费用。根据国家发展改革委员会和司法部制定的《律师服务收费管理办法》（2006年12月1日起执行）的规定，你可能需要向律师事务所支付的费用包括三类：律师服务费、代委托人支付的费用和异地办案差旅费。除此之外，律师事务所及承办律师是不能以任何名义向委托人收取其他费用的。

1. 律师服务费

律师服务费是律师提供法律服务收取的费用，一般称为律师费。按照规定，律师代理各类诉讼案件实行政府指导价，提供其他法律服务实行市场调节价。政府指导价的基准价和浮动幅度由各省、自治区、直辖市人民政府价格主管部门会同同级司法行政部门制定，具体要根据各地物价、司法部门制定的标准来执行。市场调节价由律师事务所与委托人协商确定，协商时应当考虑以下主要因素：（1）耗费的工作时间；（2）法律事务的难易程度；（3）委托人的承受能力；（4）律师可能承担的风险和责任；（5）律师的社会信誉和工作水平等。

律师服务收费可以根据不同的服务内容，采取计件收费、按标的额比例收费和计时收费等方式。计件收费一般适用于不涉及财产关系的法律事务；按标的额比例收费适用于涉及财产关系的法律事务；计时收费可适用于全部法律事务。办理涉及财产关系的民事案件时，委托人被告知政府指导价后仍要求实行风险代理的，律师事务所可以实行风险代理收费，其最高收费金额不得高于收费合同约定标的额的30%。

2. 代委托人支付的费用

代委托人支付的费用是指律师事务所在提供法律服务过程中代委托人支付的诉讼费、仲裁费、鉴定费、公证费和查档费等，这些不属于律师服务费，由委托人另行支付。

3. 异地办案差旅费

异地办案差旅费是指律师前往异地办案产生的交通、住宿等开支。律师事务所需要预收异地办案差旅费的，应当向委托人提供费用概算，经协商一致，由双方签字确认。

上述第2项和第3项费用结算时，律师事务所应当向委托人提供代其支付的费用和异地办案差旅费清单及有效凭证。不能提供有效凭证的部分，委托人可不予支付。

由于我国各地经济发展水平不同，加上各律师事务所和律师的实际情况不同，个案的收费标准总是存在差异，有的差距还比较大。

四、怎样解聘不合适的律师

由于各种原因，你可能发现所聘请的律师不合适。在这种情况下，你可以与律师事务所协商解除委托关系，律师费一般按照律师实际工作的进度来支付。但是，如果委托代理协议对律师费的处理有约定的，则应当按照协议约定来处理。

另外，如果你认为律师在处理委托事务过程中给你造成损害，或发现律师执业过程中存在违反《律师法》、律师职业道德和执业纪律行为的，还可以向其所在律师事务所、当地律师协会等投诉，必要时可以向人民法院提起诉讼。

以下行为都属于律师违反《律师法》或律师职业道德和执业纪律的行为：

（1）同时在两个以上律师事务所执业；

（2）私自接受委托，私自向委托人收取费用，收受委托人的财物或其他利益；

（3）接受委托后，无正当理由的，拒绝辩护或者代理；

（4）在同一案件中，为双方当事人担任代理人；

（5）利用提供法律服务的便利牟取当事人争议的权益，或者接受对方当事人的财物；

（6）不客观告知委托人所委托事项可能出现的法律风险，故意对可能出现的风险作不恰当的表述或作虚假承诺等；

（7）未按照法律规定的期限、时效以及与委托人约定的时间，及时办理委托事务的。

【超级链接】

一、人民法院民事诉讼风险提示书（2003 年 12 月 23 日最高人民法院审判委员会第 1302 次会议通过）

为方便人民群众诉讼，帮助当事人避免常见的诉讼风险，减少不必要的损失，根据《中华人民共和国民法通则》、《中华人民共和国民事诉讼法》以及最高人民法院《关于民事诉讼证据的若干规定》等法律和司法解释的规定，现将常见的民事诉讼风险提示如下。

1. 起诉不符合条件

当事人起诉不符合法律规定条件的，人民法院不会受理，即使受理也会驳回起诉。

当事人起诉不符合管辖规定的，案件将会被移送到有权管辖的人民法院审理。

2. 诉讼请求不适当

当事人提出的诉讼请求应明确、具体、完整，对未提出的诉讼请求人民法院不会审理。

当事人提出的诉讼请求要适当，不要随意扩大诉讼请求范围；无根据的诉讼请求，除得不到人民法院支持外，当事人还要负担相应的诉讼费用。

3. 逾期改变诉讼请求

当事人增加、变更诉讼请求或者提出反诉，超过人民法院许可或者指定期限的，可能不被审理。

4. 超过诉讼时效

当事人请求人民法院保护民事权利的期间一般为两年（特殊的为一年）。原告向人民法院起诉后，被告提出原告的起诉已超过法律保护期间的，如果原告没有对超过法律保护期间的事实提供证据证明，其诉讼请求不会得到人民法院的支持。

5. 授权不明

当事人委托诉讼代理人代为承认、放弃、变更诉讼请求，进行和解，提起反诉或者上诉等事项的，应在授权委托书中特别注明。没有在授权委托书中明确、具体记明特别授权事项的，诉讼代理人就上述特别授权事项发表的意见不具有法律效力。

6. 不按时交纳诉讼费用

当事人起诉或者上诉，不按时预交诉讼费用，或者提出缓交、减交、免交诉讼费用申请未获批准仍不交纳诉讼费用的，人民法院将会裁定按自动撤回起诉、上诉处理。

当事人提出反诉，不按规定预交相应的案件受理费的，人民法院将不会审理。

7. 申请财产保全不符合规定

当事人申请财产保全，应当按规定交纳保全费用而没有交纳的，人民法院不会对申请保全的财产采取保全措施。

当事人提出财产保全申请，未按人民法院要求提供相应财产担保的，人民法院将依法驳回其申请。

申请人申请财产保全有错误的，将要赔偿被申请人因财产保全所受到的损失。

8. 不提供或者不充分提供证据

除法律和司法解释规定不需要提供证据证明外，当事人提出诉讼请求或者反驳对方的诉讼请求，应提供证据证明。不能提供相应的证据或者提供的证据证明不了有关事实的，可能面临不利的裁判后果。

9. 超过举证时限提供证据

当事人向人民法院提交的证据，应当在当事人协商一致并经人民法院认可或者人民法院指定的期限内完成。超过上述期限提交的，人民法院可能视其放弃了举证的权利，但属于法律和司法解释规定的新的证据除外。

10. 不提供原始证据

当事人向人民法院提供证据，应当提供原件或者原物，特殊情况下也可以提供经人民法院核对无异的复制件或者复制品。提供的证据不符合上述条件的，可能影响证据的证明力，甚至可能不被采信。

11. 证人不出庭作证

除属于法律和司法解释规定的证人确有困难不能出庭的特殊情况外，当事人提供证人证言的，证人应当出庭作证并接受质询。如果证人不出庭作证，可能影响该证人证言的证据效力，甚至不被采信。

12. 不按规定申请审计、评估、鉴定

当事人申请审计、评估、鉴定，未在人民法院指定期限内提出申请或者不预交审计、评估、鉴定费用，或者不提供相关材料，致使争议的事实无法通过审计、评估、鉴定结论予以认定的，可能对申请人产生不利的裁判后果。

13. 不按时出庭或者中途退出法庭

原告经传票传唤，无正当理由拒不到庭，或者未经法庭许可中途退出法庭的，人民法院将按自动撤回起诉处理；被告反诉的，人民法院将对反诉的内容缺席审判。

被告经传票传唤，无正当理由拒不到庭，或者未经法庭许可中途退出法庭的，人民法院将缺席判决。

14. 不准确提供送达地址

适用简易程序审理的案件，人民法院按照当事人自己提供的送达地址送达诉讼文书时，因当事人提供的己方送达地址不准确，或者送达地址变更未及时告知人民法院，致使人民法院无法送达，造成诉讼文书被退回的，诉讼文书也视为送达。

15. 超过期限申请强制执行

向人民法院申请强制执行的期限，双方或者一方当事人是公民的为一年，双方是法人或者其他组织的为六个月。期限自生效法律文书确定的履行义务期限届满之日起算。超过上述期限申请的，人民法院不予受理。

16. 无财产或者无足够财产可供执行

被执行人没有财产或者没有足够财产履行生效法律文书确定义务的，人民法院可能对未履行的部分裁定中止执行，申请执行人的财产权益将可能暂时无法实现或者不能完全实现。

17. 不履行生效法律文书确定义务

被执行人未按生效法律文书指定期间履行给付金钱义务的，将要支付迟延履行期间的双倍债务利息。

被执行人未按生效法律文书指定期间履行其他义务的，将要支付迟延履行金。

二、庭审程序和当事人的权利义务（资料来源：萧山法院网）

开庭审理是大部分案件的必经阶段，用老百姓的话讲叫"过堂"。你可能是头一回打官司，第一次走进法庭，对开庭的程序、当事人的权利义务及庭审规则不太了解。这里，我们向你简要介绍一下。

1. 庭审前的准备

在案件正式开庭之前，书记员先核对双方当事人和应到庭的其他诉讼参与人的到庭情况，并向审判长报告，能正常开庭的，由书记员宣布法庭纪律，然后正式开庭。

2. 审判长宣布开庭

开庭审理的第一项工作是由审判长再次逐一核对到庭的当事人。包括当事人的姓名、年龄、职业告示。这里提醒你注意，在报姓名、年龄时，应该报身份证登记的姓名和出生年、月、日，不能报自己的小名、绰号和虚岁年龄。随后，审判长宣布案由及本案合议庭组成人员名单。宣布名单的时候，要听清楚了，因为这直接关系到你是否申请回避。

3. 申请回避

回避是指法院的某一案件的审判人员和其他有关人员，与案件有利害关系或其他关系，有可能影响案件公正处理时，退出该案的审理。审判人员必须回避的情形有是本案的当事人或当事人、诉讼代理人的近亲属；本案的处理结果直接或间接涉及审判人员的切身利益的；与本案当事人有其他关系，可能影响对案件公正审理的。例如，你发现审判人员是对方当事人的一个老同学，觉得可能会影响公正审理，对你产生不利的影响，这时候，你可以提出回避申请。但是否准许，由法院决定。经常有这样的情况，虽然审判人员与当事人有一定的关系，但只要不至于影响案件的公正审判，就不需要回避，否则，就会影响审判工作的正常进行。

4. 诉讼权利和义务

在整个诉讼程序中，审判长会根据案件所处的不同阶段，告知你享有的诉讼权利和义务。主要诉讼权利有委托代理人的权利；申请回避的权利；申请执行的权利；查阅案件庭审的材料的权利；请求自费复制案件庭审材料和法律文书的权利；自行和解的权利；放弃或变更诉讼请求的权利；提起反诉的权利；请求重新鉴定、调查或者勘验的权利；认为法庭笔录有误，申请补正的权利；使用本民族语言、文字进行民事诉讼的权利等。这些诉讼权利，分散贯穿于诉讼的始终，你可以在各个阶段，依法行使权利，维护自己的合法权益。

权利和义务是对等的，诉讼中，你在享有这些权利的同时，还必须履行下列义务：不得滥用诉权；遵守诉讼秩序，遵守法庭纪律；履行发生法律效力的判决、裁定和调解书，维护法律尊严。

在庭审中，审判长宣布当事人的权利后，进行法庭调查、法庭辩论、法庭调解三个阶段，在这三个阶段中，可以行使诉讼权利，如陈述事实、举证质证、发表辩论意见、阐述理由、拿出调解意向和方案等。但是，有一点要注意，在陈述事实、举证质证、发表意见时，必须围绕案件的事实和双方争议的焦点，如果与案件无关，审判长可以予以制止。如果你觉得在开庭时，未能充分发表你的意见，还可以在休庭后，将意见写成书面材料提交法庭。

5. 调解与裁判

上述环节结束后，开庭审理即告一段落，如果双方当事人达成了调解协议，合议庭应及时制作调解书，对调解书协议内容予以确认，调解书经双方当事人签收后，即发生法律效力。如果双方当事人未能够达成调解协议，合议庭将进行合议，对案件作出裁判，并及时制作裁判文书，进行宣判。

除涉外案件外，一般一审适用简易程序审理的民事案件，法定的审理期限为三个月，一审适用普通程序审理的民事案件，法定的审理期限为六个月，但有特殊情况需要延长的，经批准可以延长审理期限。

【实务演练】

根据下列材料拟写一份民事起诉状和一份财产保全申请书。

王××于2007年6月20日，以生意经营资金困难为由，向李××借了10 000元，并约定于2008年5月1日前还清。后王××逾期没有还清借款，经李××多次催讨，王××拒不还款。现李××拟起诉到法院，为防止王××转移或隐匿财产，起诉的同时打算申请财产保全，请求法庭依法查封王××10 000元的银行存款。李××愿以自住房一套作申请财产保全担保。

【案例评析】

大学生创业遭遇骗局 父母给的辛苦钱全亏了

据《金陵晚报》报道：大学生小丁在大学食堂承包的店面关门了，结果是亏本3.5万多元。雪上加霜的是，老板截留了他的7 000多元营业款。

2006年7月小丁大学毕业后，怀揣创业梦想和从父母处"借"来的钱，向某老板租了一大学食堂的店面做面条生意。一开始小丁登广告找了个厨师，厨师张口便要2 000元的技术转让费，说是行规。小丁不懂，急于开张做生意，就答应了。接下去，厨师的私事也多了起来，以多种名目从小丁处拿走了6 000元，最后干脆就不来了。后来小丁才发现，厨师采购相关配料都虚报了价格，从中骗取了不少钱。

店面租金已经预交，生意还得继续做下去。他尝试自己下厨，坚持着自己的梦想。但他毕竟不懂厨艺，生意惨淡，难以为继。一晃到了年底，小丁必须找一个厨师，也要及时支付下学期的店面租金，因为和老板签的合同中有约定，如果不及时支付下学期的房租，那么就视同违约，需要支付违约金5 000元（这钱小丁已经预交）。

这时家里明确表态，不再给予小丁资金支持，小丁无力继续了，但他此时心里还盘算着将店面转租出去，这样他可以不必支付违约金。可是转来转去，小丁都没能将食堂店面转出去，直到2007年3月16日他才书面通知老板，自己不做了，希望老板转租出去。老板很恼火，不但要小丁承担5 000元的违约金，还要小丁赔偿他以后可能损失的租金，为此扣留了小丁上学期的7 000元营业款。老板讲出了自己的想法：第一，小丁没有及时交纳租金，已经违约，5 000元违约金就不能退还；第二，小丁没有及时通知自己，导致自己现在转租很困难，这也需要小丁承担责任。

一筹莫展的小丁向《金陵晚报》法援热线求援。援助律师认为，小丁的行为确系违约行为，而且给老板带来了损失，要承担赔偿责任。双方在合同中约定了违约金，而在我国法律中，违约金不是用作惩罚的，而是用来补偿损失的。一般来讲，如果损失低于违约金，那就以违约金为赔偿标准，如果损失高于违约金，那么违约方还需要支付多出来的部分。再来看小丁与老板之间的问题，小丁给老板带来的损失就是开学到3月16日这段时间的租金，算下来并没有超过5 000元，因此小丁交纳了5 000元违约金就已经尽到了赔偿责任。老板扣留小丁的营业款是没有法律依据的。在律师的帮助下，小丁要回了7 000元。

评析：小丁失败的一个重要原因是法律意识薄弱，期望用道德解决一切问题。他与厨师以及老板的关系充分表现了这一点。大学生初次踏进社会，需要适应和磨炼，学会用法律手段维护自身权益更是不可缺少，希望大学生创业者能从小丁的失败中汲取一些教训。

参 考 文 献

1．[美]罗杰•勒鲁瓦•米勒．汤姆森商法教程[M]．第五版．阎中坚等，译．北京：中国时代经济出版社，2003．

2．刘宗桂．法律基础教程[M]．北京：法律出版社，2003．

3．吴强．创业辅导手册[M]．南京：南京大学出版社，2006．

4．陈高林等．创业法制管理[M]．北京：清华大学出版社，2005．

5．徐剑明．自主创业实务[M]．北京：中国经济出版社，2007．

6．吴益仙．大学生成功创业[M]．北京：中国科学技术出版社，2006．

7．魏振瀛．民法[M]．北京：北京大学出版社，高等教育出版社，2000．

8．江平，李国光．最新公司法条文释义[M]．北京：人民法院出版社，2006．

9．王宗玉，殷琳娜．企业公司法典型案例[M]．北京：中国人民大学出版社，2003．

10．肖建中．连锁加盟创业指南[M]．北京：中国经济出版社，2006．

11．张国平．当代企业基本法律制度研究[M]．北京：法律出版社，2004．

12．李宇龙．企业产权改革法律实务[M]．北京：法律出版社，2005．

13．李江宁，蔡忠杰．企业改制与产权交易全程要略[M]．济南：山东人民出版社，2006．

14．中国电子商务法律网．成功网商创业指南：网上开店法律应用百问[M]．北京：法律出版社，2006．

15．蒋志培．网络与电子商务法[M]．北京：法律出版社，2001．

16．张樊．企业电子商务中的法律风险及防范[M]．北京：中国法制出版社，2007．

17．韩国文．创业学[M]．武汉：武汉大学出版社，2007．

18．李学东，潘玉香．大学生创业实务教程[M]．北京：经济科学出版社，2006．

19．袁晓玲等．小企业经营管理谋略与技巧——大学生创业全程指导[M]．北京：科学出版社，2004．

20．范柏乃．创业投资法律制度研究[M]．北京：机械工业出版社，2005．

21．彭丁带．美国风险投资法律制度研究[M]．北京：北京大学出版社，2005．

22．吴弘．证券法教程[M]．北京：北京大学出版社，2007．

23．顾功耘．商法教程[M]．第 2 版．上海：上海人民出版社，北京：北京大学出版社，2006．

24．范健．商法[M]．第 2 版．北京：高等教育出版社，北京大学出版社，2002．

25．童兆洪．公司法法理与实证[M]．北京：人民法院出版社，2003．

26．祝铭山．股东权益纠纷[M]．北京：中国法制出版社，2004．

27．李大玲，王文莲．企业创办实训教程[M]．北京：经济科学出版社，中国铁道出版社，2006．

28．石先广．劳动合同法深度释解与企业应对[M]．北京：中国法制出版社，2007．

29．后东升．企业合同管理法律实务[M]．北京：人民法院出版社，2005．

30．王宝发．合同纠纷的预防与解决[M]．北京：法律出版社，2002．

31．于泽辉．商标与专利代理[M]．北京：法律出版社，2004．

32．潘静成，刘文华．经济法[M]．北京：中国人民大学出版社，2005．

33．朱为群．税法学[M]．上海：立信会计出版社，2004．

34．杨紫烜，徐杰．经济法学[M]．第 3 版．北京：北京大学出版社，2001．

35．李彬．自主创业速查手册[M]．北京：法律出版社，2007．

36．种明钊．竞争法[M]．北京：法律出版社，2002．

37．创业培训教材编委会，劳动和社会保障部教材办公室．企业商标权益保护[M]．北京：中国劳动社会保障出版社，2004．

38．刘春田．知识产权法[M]．第 2 版．北京：高等教育出版社，北京大学出版社，2003．

39．陈信勇．劳动与社会保障法[M]．杭州：浙江大学出版社，2007．

40．朱未萍，张瑾．企业法律环境[M]．北京：科学出版社，2008．

41．吴江水．完美的防范——法律风险管理中的识别、评估与解决方案[M]．北京：北京大学出版社，2010．

42．项先权、唐青林．企业家刑事法律风险防范[M]．北京：北京大学出版社，2008．

43．李秀芳，刘娟，王策．进出口贸易实务研究——策略、技巧、风险防范[M]．天津：天津大学出版社，2013．

44．赵学清，李世成．外商投资与进出口贸易法律实务教程[M]．北京：中国人民大学出版社，2013．

45．中国石油化工集团公司安全监管局，中国石化青岛安全工程研究院．中国石化 HSE 管理体系建设理论与实践[M]．北京：中国石化出版社，2013．

46．孙燕君，孙琳．黄光裕的不归路——国美帝国的兴盛与危局[M]．北京：企业管理出版社，2009．

附录　主要法律法规索引

《民法通则》（1987 年 1 月 1 日起施行，2009 年 8 月 27 日修正）

《私营企业暂行条例》（1988 年 7 月 1 日起施行）

《个体工商户条例》（2011 年 11 月 1 日起施行，2014 年 2 月 19 日修订）

《公司法》（2006 年 1 月 1 日起施行，2013 年 12 月 28 日修正）

《个人独资企业法》（2000 年 1 月 1 日起施行）

《合伙企业法》（2007 年 6 月 1 日起施行）

《商业特许经营管理条例》（2007 年 5 月 1 日起施行）

《商业特许经营备案管理办法》（2011 年 11 月 7 日修订，2012 年 2 月 1 日起施行）

《商业特许经营信息披露管理办法》（2012 年 1 月 18 日修订，2012 年 4 月 1 日起施行）

《直销管理条例》（2005 年 12 月 1 日起施行）

《电子签名法》（2005 年 4 月 1 日起施行，2015 年 4 月 24 日修正）

《互联网信息服务管理办法》（2000 年 9 月 25 日起施行，2011 年 1 月 8 日修订）

《网络交易管理办法》（2014 年 3 月 15 日起施行）

《企业名称登记管理规定》（1991 年 9 月 1 日起施行，2012 年 11 月 9 日修订）

《企业登记程序规定》（2004 年 7 月 1 日起施行）

《企业名称登记管理实施办法》（2004 年 7 月 1 日起施行）

《个体工商户名称登记管理办法》（2009 年 4 月 1 日起施行）

《企业经营范围登记管理规定》（2004 年 7 月 1 日起施行）

《公司登记管理条例》（1994 年 7 月 1 日起施行，2014 年 2 月 19 日修订）

《企业法人登记管理条例》（1988 年 7 月 1 日起施行，2014 年 2 月 19 日修订）

《合伙企业登记管理办法》（1997 年 11 月 19 日起施行，2014 年 2 月 19 日修订）

《个人独资企业登记管理办法》（2000 年 1 月 13 日起施行，2014 年 2 月 20 日修订）

《个体工商户登记管理办法》（2011 年 11 月 1 日起施行，2014 年 2 月 20 日修订）

《企业信息公示暂行条例》（2014 年 10 月 1 日起施行）

《人民币银行结算账户管理办法》（2003 年 9 月 1 日起施行）

《税收征收管理法》（2001 年 5 月 1 日起施行，2015 年 4 月 24 日第 3 次修正）

《税收征收管理法实施细则》（2002 年 10 月 15 日起施行，2013 年 7 月 18 日第 2 次修订）

《工伤保险条例》（2010 年 12 月 10 日修订，2011 年 1 月 1 日起施行）

《社会保险法》（2011 年 7 月 1 日起施行）

《社会保险费征缴暂行条例》（1999 年 1 月 22 日起施行）

《社会保险登记管理暂行办法》（1999 年 3 月 19 日起施行）

《劳动法》（1995 年 1 月 1 日起施行，2009 年 8 月 27 日修正）

《劳动合同法》（2008 年 1 月 1 日起施行，2012 年 12 月 28 日修正）

《就业促进法》（2008 年 1 月 1 日起施行，2015 年 4 月 24 日修正）

《工资支付暂行规定》（1995 年 1 月 1 日起施行）

《专利法》（1985 年 4 月 1 日起施行，2008 年 12 月 27 日修正）

《专利法实施细则》（2001 年 7 月 1 日起施行， 2010 年 1 月 9 日第 2 次修订）

《商标法》（1983 年 3 月 1 日起施行，2013 年 8 月 30 日第 3 次修正，修正内容 2014 年 5 月 1 日起施行）

《商标法实施条例》（2014 年 4 月 29 日修订，2014 年 5 月 1 日起施行）

《计算机软件保护条例》（2002 年 1 月 1 日起施行，2013 年 1 月 30 日第 2 次修订）

《计算机软件著作权登记办法》（2002 年 2 月 20 日起施行）

《合同法》（1999 年 10 月 1 日起施行）

《对外贸易法》（2004 年 7 月 1 日起施行）

《进出口商品检验法》（1989 年 8 月 1 日起施行，2013 年 6 月 29 日第 2 次修正）

《海关法》（1987 年 7 月 1 日起施行，2013 年 12 月 28 日第 3 次修正）

《消费者权益保护法》（1994 年 1 月 1 日起施行，2013 年 10 月 25 日第 2 次修正）

《反不正当竞争法》（1993 年 12 月 1 日起施行）

《关于禁止侵犯商业秘密行为的若干规定》（1998 年 12 月 3 日起施行）

《产品质量法》（1993 年 9 月 1 日起施行，2009 年 8 月 27 日第 2 次修正）

《食品安全法》（2015 年 4 月 24 日修订， 2015 年 10 月 1 日起施行）

《反垄断法》（2008 年 8 月 1 日起施行）

《广告法》（2015 年 4 月 24 日修订，2015 年 9 月 1 日起施行）

《会计法》（2000 年 7 月 1 日起施行）

《企业会计准则》（2007 年 1 月 1 日起施行）

《企业财务通则》（2007 年 1 月 1 日起施行）

《现金管理暂行条例》（1988 年 10 月 1 日起施行，2011 年 1 月 8 日修订）

《发票管理办法》（1993 年 12 月 23 日起施行，2010 年 12 月 10 日修订）

《增值税暂行条例》（2009 年 1 月 1 日起施行）

《营业税暂行条例》（2009 年 1 月 1 日起施行）

《企业所得税法》（2008 年 1 月 1 日起施行）

《企业所得税法实施条例》（2008 年 1 月 1 日起施行）

《个体工商户税收定期定额征收管理办法》（2007 年 1 月 1 日起施行）

《个体工商户建账管理暂行办法》（2007 年 1 月 1 日起施行）

《安全生产法》（2002 年 11 月 1 日起施行，2014 年 8 月 31 日第 2 次修正）

《环境保护法》（2014 年 4 月 24 日修订，2015 年 1 月 1 日起施行）

《大气污染防治法》（2000 年 9 月 1 日起施行）

《水污染防治法》（2008 年修订，2008 年 6 月 1 日起施行）

《环境影响评价法》（2003 年 9 月 1 日起施行）

《清洁生产促进法》（2003 年 1 月 1 日起施行，2012 年 2 月 29 日修正）

《节约能源法》（2007 年修订，2008 年 4 月 1 日起施行）

《循环经济促进法》（2009 年 1 月 1 日起施行）

《企业破产法》（2007 年 6 月 1 日起施行）

《仲裁法》（1995 年 9 月 1 日起施行，2009 年 8 月 27 日修正）

《最高人民法院关于适用〈中华人民共和国仲裁法〉若干问题的解释》（2006 年 9 月 8 日起施行，2008 年 12 月 16 日修订）

《劳动争议调解仲裁法》（2008 年 5 月 1 日起施行）

《民事诉讼法》（1991 年 4 月 9 日起施行，2012 年 8 月 31 日第 2 次修正）

《最高人民法院关于民事诉讼证据的若干规定》（2002 年 4 月 1 日起施行，2008 年 12 月 16 日修订）

《诉讼费用交纳办法》（2007 年 4 月 1 日起施行）

《律师法》（2008 年 6 月 1 日起施行，2012 年 10 月 26 日第 2 次修正）

《律师服务收费管理办法》（2006 年 12 月 1 日起执行）